LAURENCE HONNORAT

W0387593

HUBERT REEVES
« TOUT N'EST PAS FOUTU ! »

Son héritage humaniste et scientifique

éditions
TÉLÉMAQUE

© Éditions Télémaque, 2025
92, avenue de France, 75013 Paris
www.editionstelemaque.com
ISBN : 978-2-7533-0544-1

LAURENCE HONNORAT

HUBERT REEVES
« TOUT N'EST PAS FOUTU ! »

Son héritage humaniste et scientifique

éditions
TÉLÉMAQUE

À Aurore,

ma petite-fille, née le 24 avril,
jour où l'on célèbre le télescope spatial Hubble.

Trente-cinq ans plus tôt,
à bord de la navette *Discovery*,
cinq astronautes de la mission STS-31
placent en orbite un miroir
tourné vers l'infini.

Avec lui, l'humanité découvre :
les amas d'étoiles, enfin discernées une à une,
les nébuleuses, leurs filaments et leurs souffles de gaz,
et les céphéides, témoins des distances dans l'Univers.

Aurore, tu ouvres à peine tes yeux !

Aujourd'hui, la lumière t'éblouit.
Demain, tu parcourras le monde,
Et au-delà de l'atmosphère.

En signe de bienvenue sur cette belle planète,
je t'offre ces mots d'Hubert Reeves :
« L'Univers a une histoire, et nos vies en font partie ».

Belles explorations à toi,
petite étoile !

SOMMAIRE

4. Il essaime

5. Et demain ?

PRÉFACE

Il y a vingt ans, je plongeais mes yeux d'adolescent dans *Patience dans l'azur* pour la première fois. En dévorant ce chef-d'œuvre d'Hubert Reeves, je trouvais une réponse extraordinaire au désir d'espace, de connaissance et de poésie qui affolait mon imagination à chaque fois que je regardais vers le ciel. Par la justesse du choix de ses mots et la délicatesse de ses phrases, Reeves m'avait définitivement hameçonné : je voyais se dessiner lentement sous sa plume la perspective de pouvoir être à la fois scientifique et poète. Il devenait possible de décortiquer l'Univers avec une tendre minutie, sans l'abîmer, sans rien enlever à mon enthousiasme pour la beauté de son ciel étoilé ni à l'ivresse qui saisissait mon cœur lorsque je cherchais à en saisir l'ensemble. Soudainement, le mot « expliquer » n'avait plus rien d'austère : Reeves avait projeté de magnifiques couleurs sur mon désir d'apprendre. Avec ce livre, il offrait un premier cadre, à la fois rigoureux et esthétique, à une passion qui avait agité ma curiosité jusqu'alors dans une naïve confusion.

Pour introduire cet ouvrage, Reeves cite Paul Valéry : « Patience, Patience, – Patience dans l'azur ! – Chaque atome de silence – Est la chance d'un fruit mûr ». Je me souviens avoir trébuché sur ces vers, être vexé de ne pas en saisir immédiatement le sens, et me sentir étranger à un secret dissimulé derrière le magnifique titre de l'ouvrage, *Patience dans l'azur.* La patience ! Qualité maîtresse pour les astronautes, essentielle et dure comme une paroi de granit sur laquelle on tenterait péniblement de rouler son rocher. Être patient, c'est le premier conseil qui m'a été prodigué par Thomas Pesquet lorsque j'ai été sélectionné par l'Agence Spatiale Européenne en 2022. La carrière d'un astronaute ne se fait pas en un jour, ni même en un an : elle se développe dans une constante incertitude. Les programmes spatiaux sont des objets du temps long, à sang-froid. En écoutant Thomas me conseiller de ne pas me presser, je pensais donc immédiatement au livre de Reeves qui me soufflait déjà, à sa façon, ce précieux conseil vingt ans plus tôt.

Quelques lignes plus loin, Reeves écrivait : « À chaque seconde, l'Univers prépare quelque chose. Il monte lentement les marches de la complexité ». En relisant ces lignes, je ne peux m'empêcher de mesurer l'empreinte profonde de ces mots sur ma propre existence. Si j'avais le privilège d'en être l'auteur, j'en ferais même une maxime d'astronaute : « travailler chaque seconde à monter les marches de la complexité ». Existe-t-il un sommet à cette ascension ? Je n'en suis pas sûr. Pour explorer l'espace, il me semble qu'il faille s'éveiller sans cesse à plus de complexité, plus de nuances, plus de difficultés. D'innombrables personnes travaillent à rendre l'Univers un peu plus connu : chacune et chacun, en se hissant sur une nouvelle marche de la complexité, lève le voile sur de nouveaux mystères. Pour autant, je ne vois rien de pénible à cet éternel escalier de nos efforts de connaissance : il y a quelque chose de profondément réjouissant à ne pas voir la frontière de ce que l'on peut connaître.

Pour finir, je m'autorise à vous en faire la confession sans détour : j'ai une très grande admiration pour Hubert Reeves. J'ai la conviction que c'est une chance extraordinaire que d'admirer une personne : croiser quelqu'un à qui l'on souhaite ressembler, c'est découvrir un chemin déjà en partie éclairé. On se sent un peu moins seul : dans cette direction, l'Univers vous apparaît un peu moins absurde. Ces personnes qui nous inspirent, ce sont de petites bougies qui brillent dans la grande obscurité de l'inconnu, de l'inquiétude. Hubert Reeves est un véritable exemple pour moi. Parce qu'il offrait la science avec une très grande élégance et une profonde pédagogie. Parce qu'il avait saisi la fragilité de nos écosystèmes et l'urgence climatique très tôt dans sa génération. Parce qu'il m'a appris à m'enthousiasmer de la beauté du monde, de ses mystères et des lois qui le régissent.

Il y a 20 ans, Reeves marquait durablement mon esprit en ouvrant son livre sur des vers de Paul Valéry. Alors que j'ai l'incroyable chance d'introduire une œuvre qui lui est dédiée, je ne peux pas résister, en grand admirateur, à la tentation de faire un peu comme lui. Voici donc une autre citation du même poète, que j'aime imaginer prononcée par celui qui m'a lancé sur le chemin de la science : « Les événements sont l'écume des choses. Mais c'est la mer qui m'intéresse ».

Je vous souhaite un bon vol entre ces pages.

Arnaud Prost

Membre de la réserve des astronautes de l'Agence Spatiale Européenne
Pilote opérationnel de l'Armée de l'Air et de l'Espace
Ingénieur d'essai de la Direction Générale de l'Armement

AVANT-PROPOS

C'est la nuit. Par le hublot, la ville de Montréal approche et scintille. Telle une pouponnière d'étoiles, elle abrite des milliers de vies : des cœurs qui battent, qui doutent, qui s'enflamment ou s'éteignent. Des visages connus ou pas, tous uniques.

Avant même de commencer ce livre, j'en rédige instinctivement la quatrième de couverture, comme une promesse. Je l'efface ensuite, sans l'oublier. Elle me donne l'élan, l'amorce de l'histoire : un regard bleu azur, pétillant et malicieux ; des mots justes, joyeux, parfois espiègles ; une kyrielle de questionnements empreints d'humanité.

Raconter Hubert Reeves, son œuvre polyphonique, c'est entrer dans un monde où la science dialogue avec la philosophie et la poésie. J'écoute ses collègues, ses amis, sa famille, et quelques voix inattendues. Leurs précieux témoignages nourrissent le tableau que je trace ici : celui d'un amoureux inconditionnel du vivant, qui nous confie ses clés pour, à notre tour, mieux habiter le monde.

1
LE TERREAU DE SON ENFANCE

La nature, le ciel
Complicité au fil de l'eau
Contes et légendes
Apprendre, quel bonheur !

LA NATURE, LE CIEL

Quai de l'horloge. Sur la plage le temps s'est figé. L'ombre des parasols perfore le sol blanc. Le Saint-Laurent retient sa respiration sous la glace. Le Pont Jacques Cartier projette son symétrique sur l'unique espace encore liquide. Le bleu du ciel est intense ; le froid aussi.

L'église du Parc de Westmount a tiré des rideaux de stalactites glacées sur ses fenêtres en ogive. Le long de la promenade, des bancs presque ensevelis se signalent à coups de lignes horizontales. Plantés là, les sapins baumiers ou blancs, patientent, monochromes.

Des forêts d'érables, de chênes et de frênes s'inscrivent plus au nord, sur le territoire du Mont-Royal. Le gabbro, une roche magmatique noire, dense et constellée de microcristaux, forme le socle de la colline. Il résulte du refroidissement lent du magma en profondeur. Zones humides et clairières alternent leurs sols saturés en eau ou couverts d'herbes hautes, de fougères, d'asters et verges d'or. Les écureuils gris et noirs, les renards roux, les moufettes, les ratons laveurs et les marmottes vivent ici. Il n'est pas rare d'entendre le tambourinage d'un grand pic, de croiser la trajectoire d'une mésange, d'une paruline, d'une hirondelle, d'un cardinal ou d'un geai bleu. Furtives, la salamandre et la couleuvre se cachent. La vie est partout, même silencieuse.

Au cimetière Notre-Dame-des-Neiges, les silhouettes sombres des tilleuls, des sapins et des cèdres se mêlent aux monuments funéraires. Le chêne des marais retient son feuillage roux. Les hortensias sauvages, regroupés en bosquets, surplombent la neige du haut de leurs branchages enchevêtrés. Le crocus attend le retour du printemps. La tulipe et la jonquille aussi.

13 juillet 1932, Joseph Jean-Louis Hubert Reeves naît au sud-ouest du Québec, sur l'île de Montréal, au confluent du Saint-Laurent et de la rivière des Outaouais. Ses parents, Manon Beaupré et Joseph-Aimé Reeves organisent son baptême deux jours plus tard, par beau temps, comme le précise son faire-part de naissance. Le monde est alors plongé dans la Grande Dépression amorcée trois ans plus tôt par le krach boursier. La crise américaine impacte directement l'économie canadienne. Entre 1929 et 1933, le revenu moyen par habitant au Québec diminue d'environ 44 %. Pendant l'hiver 1932, près d'un quart des citoyens vivent grâce à l'aide gouvernementale et aux œuvres de charité. Les chômeurs et leur famille sont incités à coloniser les régions éloignées telles l'Abitibi-Témiscamingue et le Bas-Saint-Laurent. Trois plans de colonisation, Gordon, Vautrin et Auger-Rogers, sont mis en œuvre avec l'appui fort de l'Église qui prône le retour des valeurs traditionnelles et encourage les citoyens à quitter les villes.

Hubert grandit dans un Québec catholique, frappé par cette crise économique majeure qui va durer dix ans. Le début de la Seconde Guerre mondiale y met un terme en stimulant la production et l'emploi dans les secteurs de l'armée et de la production d'objets militaires. En 1943, une loi rend l'école obligatoire et gratuite pour les enfants de 6 à 14 ans. Une fois la croissance rétablie, dès 1950, le centre-ville devient particulièrement dynamique. Les travaux de construction du métro sont entrepris en 1966 et l'année d'après, l'exposition universelle s'installe sur les îles Sainte-Hélène et Notre-Dame. Fondé en 1931, le Jardin botanique de Montréal demeure l'un des plus importants au monde.

En 1942, la famille Reeves s'établit dans une maison du quartier de Côte-des-Neiges, sur le versant nord du mont Royal. Ce quartier résidentiel en pleine expansion accueille une population variée, composée de familles de la

classe moyenne, d'intellectuels, de commerçants et d'immigrants européens, dont de nombreux réfugiés de la Seconde Guerre mondiale. Le tramway, qui circule sur l'axe principal, facilite l'accès au centre-ville et contribue au dynamisme du quartier. Côte-des-Neiges offre un cadre paisible et verdoyant, propice à l'épanouissement d'Hubert, alors âgé de dix ans. La nature foisonne à quelques pas de chez lui ; les écoles et les librairies aussi. En 1943, l'Université de Montréal inaugure son pavillon principal et attire une communauté universitaire dynamique.

Montréal, blanche ou verte, figée ou bouillonnante, vibrante et cosmopolite, moderne et empreinte d'histoire, c'est la ville des contrastes et des couleurs, chaleureuse sans condition.

Quand l'automne s'en vient, tout bascule. Rouge écarlate, rose et vert tendres, fuchsia ou jaune ocre, orange, c'est la valse des feuilles partout, jusqu'au sol. Elles viennent couvrir les mousses délicates qui parfois se faufilent sur les troncs et se hissent jusqu'aux hautes branches. Dans les lacs, les étangs et les mares, l'eau s'empare des pigments, les ajuste à sa palette et duplique la scène. Chaque nuage plonge. Le ciel tout entier s'invite à la fête.

« Les oiseaux chantent dans le feuillage obscurci et les arbres s'enfoncent avec moi dans la nuit ».
Hubert Reeves

Le feu s'éteint ; le Soleil descend, franchit la ligne orangée à l'horizon et disparaît. Le ciel s'assombrit et gagne en profondeur. Le silence avance. Les premières étoiles scintillent et ouvrent le bal. La voûte céleste se déploie, infinie. « Avez-vous vu le ciel ? » lance Manon Beaupré, la mère d'Hubert. C'est son invitation à la contemplation, au respect et à l'humilité.

« Ma mère disposait des fauteuils face à l'ouest et nous invitait à nous y prélasser pour admirer le jeu merveilleux des lumières qui embrasaient le ciel et l'eau ».

Le ciel québécois fascine Hubert dès son plus jeune âge. Ces premières nuits sous les étoiles lui ouvrent un second accès au monde ; un immense laboratoire, le prolongement de son imaginaire et la promesse d'assouvir sa curiosité d'enfant. Il observe les constellations d'Orion, de la Lyre et du Scorpion en repérant leurs plus brillantes étoiles, Bételgeuse, Véga et Antarès. Notre galaxie, La Voie lactée, qu'il décrit telle un long ruban blanc, guide et capte son regard. Son émerveillement est intense.

« Mon père nous emmenait quelquefois dehors pour nous montrer les constellations. Il en connaissait quelques-unes, pas beaucoup, mais ça suffisait. Il nous présentait la Grande Ourse et Cassiopée. Je me souviens de l'espèce de solennité qu'il y avait à sortir pour un petit enfant. C'est impressionnant. Il y a une telle intensité émotive qui passe quand c'est votre père qui vous enseigne quelque chose ».

À la période estivale, un rendez-vous familial, presque un rituel, le conduit à Bellevue, aujourd'hui intégrée à la ville de Léry. À une trentaine de kilomètres de Montréal, cette bourgade de villégiature s'étire le long des rives du lac Saint-Louis. En 1908, les grands-parents d'Hubert, Charlotte Tourangeau et Ulric Beaupré, font construire la « maison de Bellevue » par l'architecte Charbonneau. Toute en bardage en bois, peinte en blanc et recouverte d'un toit en tôle d'acier vert sapin, cette bâtisse surplombe le lac du haut de son premier étage rehaussé d'un grenier.

Sur le chemin du Lac-Saint-Louis, une épaisse rangée de fleurs champêtres s'impose sur toute la largeur de la propriété, en particulier des pissenlits géants de l'oncle Raoul qui ponctuent de touches jaunes intenses l'entrée de la demeure. À l'arrière, le terrain planté de huit pommiers file jusqu'à l'eau où un accès a été aménagé, non loin d'un peuplier baumier.
Colombe, sa sœur Manon et leur mère Charlotte aiment jardiner. Des pommes de terre, des carottes, des haricots, des pois et des choux, mais aussi de la rhubarbe et de la ciboulette. Chaque enfant dispose d'un petit carré de terre pour cultiver son potager. Hubert choisit d'y planter des glaïeuls

multicolores, des cosmos et un cyprès nain.
Une galerie extérieure court autour de la maison, sauf sur son unique façade tournée vers le lac d'où surgit, grandiose, l'archipel des Îles-de-la-Paix, barrière naturelle et brise-vagues.
La maison de Bellevue est un véritable paradis. Sans doute pour la beauté des paysages, la pureté du ciel, la sérénité du lac et l'abondance de la végétation, mais pas seulement. Elle est aussi le lieu de moments privilégiés passés en famille. L'ambiance y est souvent à la fête. Les amis se joignent à la famille. Passionnés par la pêche à la ligne, Ulric, son beau-frère Raoul et d'autres convives passent des heures entières sur le lac à l'affût du doré.

Dans les bois, aux abords de la maison familiale, vivent des écureuils gris et des tamias rayés. Parfois au crépuscule les cerfs de Virginie s'aventurent dans les clairières. La nuit, le cri du grand-duc d'Amérique résonne. Aux abords des sentiers poussent des framboisiers et des mûriers sauvages. Les trilles blancs et les violettes tapissent les zones ombragées.

Hubert observe attentivement cette nature foisonnante, sensible à chaque frémissement, à chaque souffle de vie, à la beauté qui surgit en chemin. Il ressent une profonde admiration pour la complexité du vivant qui tisse des liens invisibles entre l'animal, le végétal et le minéral, dans une harmonie fragile.

« Herbes folles à lier, rosée de ma déraison
Sous la table des collines
Je cherche une place d'enfant très écouteur ».
Pierre Dubois

COMPLICITÉ AU FIL DE L'EAU

Madeleine Caron, fille de Colombe, est une avocate québécoise. Elle est reconnue pour son expertise en droit international et en droit de la personne. C'est la fille de Maximilien Caron, qui devient en 1944 le premier professeur de droit. Le pavillon de la faculté de droit à l'Université de Montréal porte son nom. Avant cette date, la fonction d'enseignement est réservée exclusivement aux avocats et aux juges. Maximilien Caron est nommé doyen de la faculté de droit de Montréal en 1961.

Madeleine est la cousine préférée d'Hubert. Née le 3 mars 1933, elle est de sept mois sa cadette.

« Je me souviens d'un Noël sur le boulevard Saint-Joseph. Je m'en souviens comme si c'était hier. Toute la famille était là. Comme nos mères étaient sœurs, les familles se recevaient pendant les fêtes. Ce Noël, je crois que c'était chez nous. Nous étions tout petits. Hubert et moi avions peut-être quatre ans. On jouait ensemble. On était déjà complices. On l'a toujours été ». ***Madeleine Caron, avocate, cousine d'Hubert***

Parfois avec sa sœur Hélène, sa cousine Mariette et ses cousins Maurice et André, Madeleine part explorer les Îles-de-la-Paix. Le plus souvent, c'est avec Hubert qu'elle embarque sur une chaloupe ou un canoë. Si les vents sont favorables, il faut ramer avec vigueur pendant au moins une heure avant d'atteindre l'épaisse barrière de joncs qui ceinture les terres et en compromet l'accès pour quiconque ne connaît pas les lieux.

« Aller aux îles, était pour moi la promesse d'un enchantement. L'impression que faisait sur moi ce lieu était si intense que j'en oubliais de ramer ».

Loin devant se dessinent quelques érables argentés et de vastes marais. Les îles constituent une halte appréciée des oiseaux migrateurs : canards colverts, hirondelles bicolores et guifettes noires. Elles abritent aussi de petits mammifères tels que le rat musqué, le vison d'Amérique, le castor et le coyote, ainsi que certaines espèces rares comme la tortue serpentine. Entre deux plongeons, les grenouilles progressent de nénuphar en nénuphar tandis que virevoltent des libellules bleues aux reflets métalliques.

Madeleine et Hubert observent, amoureux de la nature et silencieux de sorte qu'aucun signe, aucun mouvement furtif ne leur échappe. Chaque scène les invite à la contemplation. La beauté s'immisce partout. Leurs baignades restent rares ; les mouches à chevreuil, nombreuses, piquent.

« Je pouvais passer des heures à rester sans bouger pour voir arriver les tortues, les oiseaux, le ciel… J'ai toujours aimé les marécages parce que c'est tellement plein de vie, de toutes sortes de variétés, de toutes sortes de formes ».

De retour à Bellevue, la nuit tombée, la famille s'installe au bord du lac sur le vieux banc de bois. Tout proche, le télescope qu'Hubert construit à quinze ans, avec l'aide d'un ami, à partir d'un miroir en verre et d'un trépied récupérés dans un laboratoire en démantèlement au collège Jean-de-Brébeuf. Ils refont l'argenterie du miroir, puis adaptent à un tube de cheminée, un oculaire qui grossit cinquante fois. L'instrument possède une focale d'un mètre cinquante.

Après quelques tentatives pour pointer avec précision une toute petite portion de ciel, Saturne et ses anneaux, aux contours rendus flous par l'optique artisanale de l'instrument, se révèlent. Au-dessus des têtes, des myriades d'étoiles scintillent. « C'est donc beau ! », s'exclame Manon. Identifier et observer Mars et Vénus, la galaxie d'Andromède, la constellation d'Orion et l'amas d'étoiles des Pléiades éveille la curiosité et provoque les imaginaires, jusque très tard dans la nuit.

« Quand la comète de Halley est passée en 1910, ma mère l'a vue... Dans mon enfance, elle m'a souvent raconté comment la comète de Halley faisait le quart du ciel et comment c'était extrêmement impressionnant. Et je crois que, d'une certaine façon, ça a peut-être influencé ma vocation, le fait que je suis devenu astronome. C'est le plus vieux souvenir d'astronomie que j'ai ».

Madeleine et Hubert se passionnent pour la musique classique. Les notes s'envolent du phonographe familial et résonnent dans toutes les pièces de la maison, notamment celles de *Et exultavit*, le morceau préféré d'Hubert dans le *Magnificat* de Bach. La voix humaine, Hubert l'a souvent répété, est restée toute sa vie son instrument préféré.

« Écouter... Mozart... ou Stravinsky, tels étaient les grands moments émotifs et culturels de nos étés. J'ai rarement connu de plaisirs plus intenses ».

« On avait quinze, seize ans et on lisait Paul Eluard, puis on écoutait Bach. C'était notre bonheur. Tout mon bagage culturel, je l'ai construit avec Hubert. Évidemment, je ne me suis pas arrêtée à 20 ans de lire, d'écouter de la musique ou d'aller au théâtre. Mais je ne peux pas écouter *Le Sacre du Printemps* et *La messe en Si mineur* de Bach, sans penser à lui ». *Madeleine Caron*

La complicité au fil de l'eau, c'est celle d'Hubert avec Madeleine, mais aussi avec sa fratrie, sa famille et ses amis.

Joseph-Henri Le Tourneux, ami d'Hubert, est son aîné de quelques années. Un été, il lui rend visite à plusieurs reprises. Joseph-Henri, jeune homme érudit dont on dit qu'il lit Saint-John Perse, Kierkegaard et Heidegger, impressionne le jeune Hubert. Lors de leurs escapades en canoë sur le lac Saint-Louis, Joseph-Henri partage ses réflexions sur la littérature et la philosophie. Ces échanges fascinent Hubert et l'inspirent profondément.

« Son aura, la valeur qu'il donnait aux choses de l'esprit et de la culture, créaient une atmosphère exaltante. Il était, en quelque sorte, le grand prêtre qui donnait leur sens aux idées… Il faisait reculer toujours plus loin l'horizon des connaissances et donnait l'envie d'aller jusque-là, et même au-delà ».

À bord des goélettes, Hubert part naviguer sur le Saint-Laurent, bleu ou gris, jusqu'à l'océan Atlantique, par le détroit de Belle-Isle. Ces embarcations à faible tirant d'eau assurent la liaison entre les grands ports et les villages côtiers – dont beaucoup restent inaccessibles par la route – tant que le fleuve n'est pas prisonnier de la glace. Elles transportent entre autres du bois, du poisson et des matériaux de construction. Quelques passagers y prennent place.

Elles partent des principaux ports : Québec, Trois-Rivières, Montréal, Baie-Comeau, Sept-Îles, Rimouski, Matane et Gaspé. Elles font escale dans les îles et les villages côtiers pour charger et décharger des marchandises. Afin de sécuriser la navigation dans l'estuaire où le jeu complexe des courants et des marées créent des conditions périlleuses, les phares et les vigies signalent les récifs et les bancs de sable, tandis que les pilotes du Saint-Laurent bénéficient d'une formation spécialisée.

Allongé de longues heures sur le pont, Hubert contemple le ballet des lumières : les signaux des phares côtiers, les feux de l'embarcation et l'éclat des étoiles, superbes. Le regard perdu à l'horizon, il rêve à d'autres contrées, aux merveilles qui se cachent au-delà de cette ligne.

« La ligne acérée de l'horizon marin m'interpellait avec insistance. Elle avivait mon envie d'aller voir au-delà et mon désir profond de visiter la planète ».

Une randonnée pédestre de dix jours et de cent kilomètres par les sentiers côtiers, conduit Hubert de Baie-Saint-Paul à Baie-des-Rochers, dans le comté de Charlevoix. Il part avec ses amis, parmi lesquels Gilles Tremblay, né en 1932 comme lui, qui devient compositeur et musicien québécois reconnu pour ses œuvres contemporaines et son exploration de nouvelles sonorités. Gilles propose des intervalles de notes inhabituels, plus petits que les demi-tons traditionnels de la musique classique et intègre le silence comme élément musical. Il superpose les sons, mélange les timbres, étend les modes de jeux par des glissandos ou des percussions sur le corps des instruments. Il sculpte et enrichit le paysage sonore.

Au-delà de la musique, Gilles et Hubert partagent deux autres centres d'intérêt : la nature et l'écologie.

« J'ai le vif souvenir d'un jour ensoleillé d'octobre dans les Laurentides, au nord de Montréal. L'automne avancé donne aux feuillages des teintes douces à l'œil. Les collines arrondies et multicolores s'étendent à perte de vue. Le Soleil descend vers l'horizon. Je respire voluptueusement l'air sec et froid. Une rumeur cacophonique, comme un bruit grinçant de poulies rouillées, alerte mon attention. Une escadrille d'oies sauvages progresse lentement parmi les rares nuages blancs ».

En 1955, Madeleine épouse le psychiatre Jean Montpetit, qui consacre sa carrière au soin et à l'accompagnement des enfants et des adolescents.
Le 7 septembre de la même année, à 23 ans, Hubert se marie avec Francine Brunel. Une dizaine d'années plus tard, Francine devient chansonnière,

rive gauche à Paris, puis pionnière et ardente défenseure de la chanson traditionnelle québécoise. Compositrice, chanteuse et guitariste, elle est aussi connue en tant que chercheuse indépendante en musicologie et en ethnologie. Elle est la fille de Jules Brunel, biologiste et botaniste qui a été pendant de nombreuses années compagnon de route et de recherche du frère Marie-Victorin, éminent botaniste canadien et pionnier de la recherche au Québec.

De l'union entre Hubert et Francine, naissent Gilles, Nicolas, Benoît et Evelyne, leurs quatre enfants.

« Hubert, c'est comme s'il était indissociable de moi, c'est comme si nous nous étions fabriqués ensemble ». ***Madeleine Caron***

Leurs engagements familiaux et professionnels respectifs séparent Hubert et Madeleine mais ils ne manquent jamais une seule occasion de se revoir et partager de nouveaux bonheurs.

Incompatibilité

Sous mes pieds, sur ma tête et partout le silence,
Le silence qui fait qu'on voudrait se sauver,

Le silence éternel et la montagne immense,
Car l'air est immobile et tout semble rêver.

On dirait que le ciel, en cette solitude,
Se contemple dans l'onde, et que ces monts, là-bas,
Écoutent, recueillis, dans leur grave attitude,
Un mystère divin que l'homme n'entend pas.

Et lorsque par hasard une nuée errante
Assombrit dans son vol le lac silencieux,
On croirait voir la robe ou l'ombre transparente
D'un esprit qui voyage et passe dans les cieux.

Charles Baudelaire

Sans âge

Nous approchons
Dans les forêts
Prenez la rue du matin
Montez les marches de la brume
Nous approchons
La terre en a le cœur crispé
Encore un jour à mettre au monde
Le ciel s'élargira
Nous en avions assez
D'habiter dans les ruines du sommeil
Dans l'ombre basse du repos
De la fatigue à l'abandon
La terre reprendra la forme de nos corps vivants
Le vent nous subira
Le soleil et la nuit passeront dans nos yeux
Sans jamais les changer
Notre espace certain notre air pur est de taille
À combler le retard creusé par l'habitude
Nous aborderons tous une mémoire nouvelle
Nous parlerons ensemble un langage sensible.

Paul Eluard

CONTES ET LÉGENDES

« Si vous apprenez bien vos leçons, je vous raconterai une histoire. » Telle est la promesse de Charlotte Tourangeau, la grand-mère maternelle d'Hubert, née vers 1872. Issue d'un milieu ouvrier, elle a quitté l'école à dix ans mais son orthographe est impeccable. Elle aime l'ordre, la clarté, la discipline. Charlotte est une conteuse hors pair. Elle maîtrise l'art du récit avec une aisance naturelle et improvise avec audace de nouvelles histoires. Elle s'empare de contes célèbres, les transpose dans des décors de son choix et leur invente des suites inattendues. Elle aime aussi intriquer plusieurs scènes : Riquet à la Houppe se mêle à la Belle au Bois Dormant, Blanche-Neige au Petit Poucet qui se retrouve promu prince charmant ! Le conte est bien plus qu'un divertissement : il structure les imaginaires, rassure ou inquiète, transmet des valeurs et des visions du monde. Charlotte agit en véritable pédagogue du merveilleux.

« Lorsqu'on me demande d'où me vient le goût de raconter des histoires sur l'Univers, les étoiles, les atomes, ou de poser des devinettes, c'est à ces instants magiques que je pense. D'aussi loin que je me rappelle, j'ai voulu suivre ses traces ».

Le soir, installée sur un fauteuil à bascule, les enfants assis devant elle, Charlotte commence toujours par une histoire remontant à sa propre enfance ; *Le Petit Chaperon rouge*, ou *Le Petit Poucet,* par exemple. Rapidement, son répertoire s'élargit. *L'Encyclopédie de la jeunesse* devient sa référence. C'est une collection encyclopédique destinée aux jeunes lecteurs, dont la Société Grolier de Montréal publie la première version en douze volumes en 1923. Un grand classique dans les familles. À la rubrique *Histoires, contes et récits* de chaque tome, une dizaine de titres sont proposés : *Tom Pouce, L'Échelle d'or, Le Cheval et le Renard, L'anneau de la Sorcière, La miraculeuse tapisserie de Pénélope*… De remarquables gravures de Rodolphe Vincent et Odette Fumet illustrent chaque texte. Charlotte lit, mémorise, puis raconte. Ce n'est jamais du mot à mot. Elle brode, elle invente, elle modernise. « *Barbe Bleue* vit dans le château de Bellevue, une étonnante construction kitsch située sur la même rive à quelques encablures, et part en yacht sur le lac Saint-Louis ». Les enfants, intrigués et sous le charme, prolongent ce moment privilégié d'un étonnant silence.

Hubert, lui, absorbe tout. Il écoute la structure, guette les rebondissements, note ce qui le surprend, ce qu'il retient. Il est attentif au rythme, aux silences, aux inflexions. La voix de Charlotte modèle l'imaginaire. Elle ne raconte pas seulement une histoire : elle joue une partition vivante.

« Je pouvais l'écouter indéfiniment. Je ressentais le plaisir qu'elle éprouvait à faire rêver, baissant la voix pour mieux nous captiver et retenir notre attention, ralentissant le débit de ses paroles pour exciter notre curiosité, jouant de notre impatience à connaître la suite : “Et après ? Et après ?” ».

Enfant, Hubert est sous le charme. Les récits de grand-maman Charlotte mobilisent tout son être. Attentif à chaque détail, il guette la moindre échappatoire pour y laisser s'engouffrer son imagination. Il saisit la fulgurance des mots, l'effet de surprise des bifurcations intempestives et l'importance de la cohérence pour maintenir l'écoute. La voix de Charlotte va crescendo, s'estompe ou s'éloigne, parfois même disparaît. La musicalité se superpose au récit, le teinte d'émotions et participe de sa compréhension. Charlotte séduit l'auditoire par son habileté à tisser des liens et par son audace à emprunter des sentiers inexplorés. Sa joie de conter est contagieuse et pour Hubert, son talent aussi.

« Être au monde, c'est être individuellement et collectivement le monde. Il n'y a pas d'autre interface entre la société et nous que les images et le langage que nous partageons, les émotions qui les activent, les récits que nous avons inventés, ce que nous appelons les mythes ».
Hervé Fischer

Après le récit, vient souvent le dessert. Charlotte régale les enfants avec une exquise compote faite de pommes du jardin, accompagnée d'une crème fraîche qu'elle a elle-même confectionnée à partir du lait des vaches de la ferme d'en face. Les histoires flottent encore dans l'air.

HISTOIRES, CONTES ET RÉCITS

Extrait de l'Encyclopédie de la Jeunesse

La tapisserie miraculeuse de Pénélope

Pénélope, célèbre princesse grecque de l'ancien temps, était la femme d'Ulysse, guerrier valeureux de qui l'on raconte maints exploits.

Un jour, Ulysse annonça à sa femme que la guerre avait éclaté avec Troye : il fallait qu'il partit rejoindre ses compagnons d'armes.

Pénélope se sentit bien triste de rester ainsi toute seule dans son palais, mais elle se promit d'être brave et d'attendre courageusement le retour de son époux. Mais la guerre dura de longues années, et Ulysse resta si longtemps absent que tout le monde le croyait tué. Seule, Pénélope était convaincue qu'il vivait encore.

Un beau jour, des princes étrangers vinrent dans le pays et, chacun d'eux, admirant la beauté de Pénélope, offrit de l'épouser, lui assurant qu'Ulysse était mort.

Mais Pénélope refusa de les croire et ne voulut plus les écouter : alors les princes lui déclarèrent qu'ils ne s'en iraient pas tant qu'elle n'aurait pas promis d'épouser l'un d'entre eux.

Pénélope en fut fort affligée, mais, tout en tirant l'aiguille, elle imagina un jour une ruse pour gagner du temps. « Quand j'aurai achevé cette tapisserie », leur dit-elle, en leur montrant un magnifique travail, « je choisirai un autre mari ».

Et Pénélope se mit à travailler du matin au soir à sa tapisserie, mais, la nuit, elle défaisait tous les points qu'elle avait faits dans la journée, de sorte qu'elle ne la termina jamais.

Les princes s'étonnaient de la voir toujours à l'ouvrage, mais comme la princesse avait refusé de se marier tant que le travail ne serait pas terminé, ils étaient bien obligés d'attendre et de la laisser en paix.

Enfin, au bout de vingt ans d'absence, Ulysse revint de la guerre et il trouva sa femme qui l'attendait fidèlement.

APPRENDRE, QUEL BONHEUR !

Louis-Paul Lalonde est né le 17 octobre 1896 à Montréal. Il étudie sous la direction du Frère Marie-Victorin. Lorsque la Première Guerre mondiale éclate, le Canada impose la mobilisation obligatoire pour soutenir l'effort de guerre britannique. Afin d'échapper à la conscription, Louis-Paul suit les conseils de sa mère et se réfugie à l'abbaye cistercienne Notre-Dame du Lac, plus connue sous le nom d'abbaye d'Oka.

« Louis-Paul, c'était l'amoureux de Manon quand elle était jeune. J'ai des photos. Ma mère m'a dit qu'elle les avait surpris en train de s'embrasser dans le salon. Manon n'a jamais cessé de l'aimer ». ***Madeleine Caron***

Située dans les Laurentides, près du lac des Deux-Montagnes, cette abbaye devient son havre de paix. Il s'efforce de renoncer à son amour pour Manon et se consacre pleinement à la recherche et à la méditation. Il porte le nom de Père Louis-Marie. Dès lors, l'étude de la nature et la contemplation spirituelle s'entrelacent dans son existence.

En 1925, il obtient une maîtrise en sciences naturelles à l'Université Laval de Québec. Trois ans plus tard, après avoir terminé ses études à l'Université Harvard, il devient le premier Canadien français et le premier prêtre catholique à être titulaire d'un doctorat en biologie de cette institution.

« Le naturaliste passe sa vie à lire le plus beau des livres, celui de la nature. Il apprend à voir, à sentir, à goûter et à aimer toutes ces choses merveilleuses... Il joue un rôle dans son milieu familial, d'abord en cultivant et en faisant apprécier cette belle nature, ces fleurs, ces arbres... ». *Père Louis-Marie*

Nommé directeur du laboratoire de botanique de l'Institut agricole d'Oka, il y enseigne également la génétique. Ses travaux sur la culture des céréales et l'amélioration des espèces locales lui valent une reconnaissance qui s'étend au-delà des cercles académiques.

Soucieux de mettre en valeur le travail accompli par la communauté monastique, il participe à la fondation de la Revue d'Oka. Cette publication relate les activités de l'abbaye, en particulier les recherches et l'enseignement des moines, en soulignant leur contribution au développement de l'agriculture québécoise.
Le Père Louis-Marie est à l'origine de la création de l'herbier de l'Institut, qui s'est enrichi au fil des ans pour rassembler plus de 75 000 espèces. En 1931, il publie sa *Flore-Manuel de la province de Québec*, un ouvrage qui demeure une référence pour plusieurs générations de botanistes.

Depuis 1962, une réserve écologique porte son nom. Située au sud-est de Maniwaki, dans la vallée de la Moyenne Gatineau, elle protège une forêt de résineux. *L'herbier Louis-Marie*, autrefois conservé à l'Institut, a depuis été transféré à l'Université Laval, où d'autres collections sont venues l'enrichir.

Reconnu pour son rôle essentiel dans le développement et la transmission des connaissances, le Père Louis-Marie s'est également distingué par son engagement en faveur de la préservation du patrimoine végétal québécois.

Son influence se fait sentir encore aujourd'hui, inspirant les chercheurs et naturalistes contemporains.

Une fois mariée à Joseph-Aimé et mère de leurs quatre enfants, Manon tient à rendre visite chaque été au Père Louis-Marie en famille. Depuis Léry ou Montréal, ils parcourent une cinquantaine de kilomètres pour rejoindre la municipalité d'Oka. C'est là qu'en 1887, pas moins de cent mille pins et épinettes ont été plantés afin de stabiliser les dunes et empêcher l'ensablement du site.

En plus de ses vastes forêts, le domaine de l'abbaye abrite des jardins et des terres agricoles. En 1950, jusqu'à 177 moines y résident, partageant leur vie entre la prière et le travail. Le célèbre fromage d'Oka, confectionné par les moines selon un savoir-faire artisanal, devient l'emblème de la région.

Au cœur du domaine, les bâtiments en pierre grise s'organisent autour du cloître et de l'église abbatiale centrale. L'architecture, sobre et fonctionnelle, incarne les valeurs de simplicité et de recueillement propres à l'*Ordre des Cisterciens de la Stricte Observance*. Chaque détail de l'aménagement semble témoigner d'une discipline austère et d'une quête de perfection. Hubert se souvient de l'escalier intérieur aux marches luisantes, des planchers en bois cirés et de la salle d'attente équipée de haut-parleurs qui signalent au Père Louis-Marie « qu'il a de la visite ». Ces images restent gravées dans sa mémoire comme des fragments d'une enfance où la curiosité et l'émerveillement priment sur toute autre considération.

D'épais sourcils horizontaux et noirs barrent le tiers supérieur du visage du Père Louis-Marie. Ses lèvres suivent cette ligne, que des heures passées à rester silencieux renforcent. Son regard interrogatif mêle fermeté et humilité. Lorsque Louis-Marie accueille la famille Reeves, vêtu de sa soutane blanche et chaussé de sandales de cuir, un large sourire éclaire son visage et en courbe chaque trait.

Dans son laboratoire, un monde insoupçonné fait surface. Microbes, bactéries et protozoaires apparaissent sous l'œil du microscope et révèlent une réalité fascinante. Émerveillé, Hubert n'a de cesse de poser des questions auxquelles le Père Louis-Marie répond avec patience et précision.

« Je m'émerveille de cet assemblage de tubes, de manettes argentées et de surfaces coulissantes, qui permet ce regard sur un monde d'êtres étranges, bien présents, là, sur la lame transparente, à portée de mes yeux ».

À chaque explication s'ouvre un nouveau territoire, infiniment vaste et stimulant. Lors d'une visite de la ferme expérimentale de la Trappe, affiliée au département de génétique de l'Université de Montréal, Hubert ressent ce même privilège, celui d'accéder à un lieu extraordinaire où la vie dévoile ses secrets. Il découvre le coq Chantecler, une race de poules mise au point sous la direction du Frère Wilfrid. Adaptée aux rigoureux hivers québécois, elle assure une excellente production d'œufs et offre une chair de grande qualité. Hubert est subjugué devant un tel exploit scientifique.

Louis-Marie ouvre la marche et part avec les Reeves à la recherche de nouveaux trésors. Le regard d'Hubert succombe à la beauté des fleurs, à celle qui s'impose d'emblée à lui, mais aussi à celle qui se révèle progressivement, jusque dans ses moindres détails, sous la lentille.

« Regardez ! Cela en vaut la peine ! Père Louis-Marie, celui qui permet aux merveilles de la nature de ne pas passer inaperçues, qui initie à des joies propres à enrichir une vie entière. J'ai profité de ses enseignements, et j'ai compris, grâce à lui, le plaisir qu'il y a à révéler le monde aux gens ».

Mais ce n'est pas tout. Les enseignements du Père Louis-Marie le comblent de bonheur. Albert Desrosiers, lors de la présentation du décoré de l'Ordre du Mérite agricole au Congrès des Agronomes de Sainte-Anne de la Pocatière dit : « Au-dessus de tout, le Père Louis-Marie a rayonné par son humilité attachante ».

« Je me contenterai de la Flore du Paradis, si Dieu veut que j'y sois et qu'il y ait des fleurs… en haut de cette éternité ». ***Père Louis-Marie***

Hubert voue une admiration et une affection sans limite au Père Louis-Marie au point d'espérer, secrètement, être son fils. Il questionne sa tante Colombe et sa mère. Toutes deux lui confirment sa filiation avec les Reeves. Mais cette réponse ne satisfait pas Hubert qui persiste à s'interroger, des années durant, regrettant l'absence de preuve.

« Quand Louis-Marie visite Manon dans son vieil âge, elle fait des préparatifs de cuisine extraordinaires. Dans son monastère, il est végétarien, ne mange pas de viande. Manon va acheter des gros steaks à la boucherie de Côte-des-Neiges. Le Père Louis-Marie dit qu'en dehors du monastère, il a le droit de manger ce qu'il veut ». ***Madeleine Caron***

Dans le grenier de la maison de Bellevue sont entreposées des malles en bois, nombreuses et bien rangées. Quelques-unes d'entre elles regorgent d'anciens manuels scolaires. L'odeur de vieux papier se mêle à celle du bois sec. Hubert extrait des malles ses ouvrages préférés : physique, chimie, biologie et astronomie. Il en feuillette délicatement quelques pages, sélectionne ceux qui lui semblent les plus pédagogiques, puis poursuit sa lecture dans sa petite chambre, à l'étage inférieur.

Hubert confie que le livre qui lui a procuré les plus grandes émotions est celui de l'abbé Théophile Moreux, qui pose cette question audacieuse : d'où venons-nous ? Sur la couverture, d'un bleu profond, la galaxie d'Andromède apparaît en blanc au milieu d'une myriade d'étoiles. À l'intérieur, des pages de textes qu'Hubert relit plusieurs fois pour s'assurer de tout comprendre, mais aussi pour se convaincre que cet Univers immense et extraordinaire qu'il découvre est bien réel. Les photographies de planètes et de galaxies qui illustrent le récit attisent son émerveillement, mais ne suffisent pas à combler sa soif de découverte. Hubert est prêt à franchir des montagnes pour s'engager dans cette exploration aussi fascinante qu'éloignée de son quotidien. Il a très tôt conscience de l'inclinaison de la pente et de la dimension infinie de la distance à parcourir.

« Souvenons-nous que nous sommes poussière. Les substances ayant formé notre corps, notre chair, nos os, nos mains, nos lèvres, nos yeux, seront transformées. Elles vivront dans des plantes, dans des animaux, dans des générations futures, et nous, où serons-nous ? » *L'abbé Moreux*

Ses premières escapades à travers le monde, Hubert les entreprend à dix ans, pied-à-terre et immobile, parcourant son album de timbres. Carrées, rectangles, rondes, ou de formes plus insolites, dentelées ou non, ces vignettes affichent de précieuses informations : un pays, une date d'émission, une devise, une oblitération. Ils commémorent un événement marquant, célèbrent un monument, rendent hommage à une figure historique, présentent un animal, un papillon, une plante. Hubert visite des continents, des capitales, entrevoit très vite la diversité des peuples et des cultures. Pour aller au-delà de ces premières informations, il consulte *Pays et Nations,* un volume de *L'Encyclopédie de la jeunesse* que son père, Joseph-Aimé, lui a offert. Parmi ses collections favorites, celle des timbres de la Sierra Leone le captive tout particulièrement : jacarandas mauves en pleine floraison, perroquets aux plumages éclatants, lions posant en famille : une irrésistible invitation au voyage. De timbre en timbre, Hubert rêve et prépare ses futurs périples.

« Ayant à décider, il y a quelques années, entre un séjour de repos (dont j'avais grandement besoin) en Corse et un stage d'astronomie à Bujumbura, le souvenir des vignettes de l'ex-Congo belge me fit choisir sans hésitation le vol qui m'emmènerait vers la capitale du Burundi ».

Dans les années 1940-1950, le Collège Jean-de-Brébeuf est reconnu comme l'un des établissements scolaires les plus prestigieux du Québec avec pour vocation de former l'élite intellectuelle de la province. Fondé en 1928 par les Jésuites, il prône la rigueur intellectuelle, l'effort, la discipline, le patriotisme

et la tradition catholique. Sur le blason de l'école, la phrase « *Viam veritatis elegi* », tirée du psaume 119 de la Bible, signifie « *J'ai choisi la voie de la vérité* ». C'est le premier recteur, le Père Yvan d'Orsonnens, qui est à l'origine du choix de cette inscription.

Pendant la scolarité d'Hubert et de ses frères, Maurice et André, le Collège est réservé aux garçons. Il accueille majoritairement des élèves issus de familles aisées ou influentes. C'est un investissement financier conséquent pour la famille Reeves. La profession de Joseph-Aimé, représentant de commerce, ne garantit pas régulièrement de revenus confortables.

« Vous ferez vos études chez les bons Pères jésuites, au collège Brébeuf. » Je revois le visage de ma mère, calme, souriante et parfaitement déterminée, annonçant cette nouvelle à mes frères et à moi un matin, au petit-déjeuner. J'avais huit ans. Elle ajouta : « Ce sera votre héritage ; nous n'aurons pas grand-chose à vous laisser, mais vous aurez au moins cela : l'instruction ».

Hubert entre au Collège Jean-de-Brébeuf le 5 septembre 1940. Le cursus des huit années de cours classique conduit au baccalauréat ès arts. Il se structure en trois cycles distincts : le cours de grammaire (quatre ans), le cours de belles-lettres (deux ans) et le cours de philosophie-sciences (deux ans). L'enseignement accorde une place centrale aux humanités classiques, avec une étude approfondie du français, du latin et du grec. Parallèlement, le collège propose un programme varié incluant les mathématiques, l'histoire, la géographie, l'anglais, les sciences naturelles, la chimie, la physique, la cosmographie, la mécanique, l'économie sociale et la comptabilité. L'environnement éducatif, entièrement en français, cherche à « favoriser la curiosité intellectuelle et le sens de la justice sociale » chez les élèves.

Une équipe d'enseignants de haut vol est recrutée, parmi lesquels François Hertel, de son vrai nom Rodolphe Dubé, qui dispense des cours de philosophie. Il n'est pas son professeur mais Hubert le connaît bien. Chic type, snob et anticrétin – ainsi le décrivent les étudiants – Hertel devient rapidement une figure emblématique du collège, pour la qualité de ses cours et son esprit non conformiste.

« Les livres enseignent tout. Excepté la vie. Celle-ci ne s'apprend qu'en vivant ». *François Hertel*

Hubert apprécie la relation de confiance qui s'établit avec ses professeurs et leur disponibilité après les cours pour échanger et approfondir des sujets. Certains d'entre eux sont, dit-il, des hommes remarquables, empreints de sagesse, de culture et d'humanisme, qui lui révèlent l'immense valeur du savoir et toute l'importance de le transmettre.

Il adore la poésie et réciter des vers est l'un des grands bonheurs d'Hubert. Parmi ses poètes favoris, Mallarmé, Verlaine, Rimbaud, La Fontaine, Eluard et Shakespeare. Cette liste est loin d'être exhaustive.

Au-delà de cet exercice, Hubert déteste les figures imposées. Il n'a jamais vraiment excellé que dans ce qu'il a librement choisi d'entreprendre. L'examen d'honneur, qui propose des travaux d'un semestre sur un sujet libre, lui convient bien mieux que tout autre. Il y présente ainsi ses réflexions sur *Les Perses* d'Eschyle, les *Oraisons funèbres* de Bossuet et *Les Deux Sources de la morale et de la religio*n de Bergson.

« Le Père Jacques Tremblay, s'attardait longuement sur ses auteurs favoris sans se soucier de couvrir entièrement le programme de l'année. À un élève qui lui en avait fait la remarque, il avait répondu : "Nous avons trop peu de temps pour le gaspiller à nous presser !" ».

Inscrits par ses professeurs sur ses bulletins scolaires, ces commentaires, témoignent de son indépendance d'esprit et de son insouciance assumée : « Hubert est un peu trop chez lui au collège », « Hubert, malgré de nombreuses interdictions, continue à pénétrer dans la salle de musique quand bon lui semble », « Hubert ne s'aperçoit pas qu'il est souvent impoli » …

Pourtant, l'enseignement religieux du Collège, qui exalte la pureté, le laisse perplexe. L'idée de l'enfer et du péché mortel, dont seul le confessionnal peut l'absoudre, l'angoisse profondément.

« C'est dans le même terreau, imbibé des angoisses enfantines, que naissent ensemble les activités scientifique, poétique et religieuse ».

« Hubert, c'était un grand ami d'une Québécoise qui s'appelle Louise Poliquin. Il l'a connue alors qu'ils étaient tous les deux très jeunes. À ce moment-là, lui et elle étaient plongés dans la religion catholique. Louise m'a raconté que lorsqu'ils prenaient le bus ensemble, ils récitaient leurs chapelets ». *Michèle Stanton-Jean, sous-ministre de la Santé du Canada*

Lorsqu'il s'agit de fabriquer un télescope sur le banc optique de la salle de travaux pratiques du Collège, Hubert est à son aise. Il calcule les distances focales de deux lentilles et détermine leur positionnement exact. Une fois l'instrument fonctionnel, à chaque fois qu'une planète surgit dans son champ de vision, un sentiment de sidération l'envahit.

Les séances de chimie offrent à Hubert un spectacle tout aussi fascinant. Il revient clandestinement dans la salle où l'observation au microscope de la cristallisation d'une solution de permanganate de potassium sursaturée a échoué. Mais le temps a fait son œuvre. Sous ses yeux émerveillés, des structures bleues se déploient maintenant. Elles progressent, s'associent et se transforment. Du solide informe naît une géométrie pure, solide, cristalline. Hubert suit chaque changement, que le verre polarisant de l'instrument met en évidence.

« Ce qui m'impressionna le plus ce jour-là fut de découvrir la puissance de l'esprit humain et de l'outil dont il s'est doté : les mathématiques. Le fait qu'une simple formule algébrique puisse nous donner le mode d'emploi pour accomplir un tel exploit provoqua en moi comme un sentiment de vertige ».

Au cours des dix années passées au Collège Jean-de-Brébeuf, Hubert n'est jamais le premier de la classe, sauf en mathématiques, où il excelle, stimulé par l'aspect ludique de cette discipline. Ce n'est pas la compétition qui le motive, mais la joie pure de découvrir.

André, le frère aîné d'Hubert, le précède d'une année dans le cursus au Collège. Lors des repas en famille, il évoque avec enthousiasme ce qu'il a appris et parle de ses professeurs. Passionné par les deux grandes épopées d'Homère, l'*Iliade et l'Odyssée*, André récite ses passages favoris : *Nausicaa*, la princesse phéacienne, qui recueille Ulysse après son naufrage ; *Circé*, la magicienne qui transforme les compagnons d'Ulysse en porcs et le retient sur son île ; *les Lotophages*, peuple mystérieux dont les fruits ensorcelés plongent les voyageurs dans l'oubli et les empêchent de repartir ; *Pénélope*, l'épouse fidèle d'Ulysse, qui tisse et défait sa tapisserie pour repousser ses prétendants en attendant son retour… Hubert, captivé, s'impatiente d'accéder à ces connaissances dont il s'abreuve déjà.

« L'influence de mon frère sur mes goûts artistiques s'est prolongée bien au-delà de nos années de collège. Je lui dois ma passion pour Gustav Mahler, pour Richard Strauss et bien d'autres encore ».

C'est avec André qu'il découvre l'œuvre de Richard Wagner et plus particulièrement son cycle de quatre opéras *L'Anneau du Nibelung*. Les deux frères partagent sans réserve leur grande curiosité et leur passion pour la connaissance et la culture.

Hubert obtient son baccalauréat ès arts le 31 mai 1950.

« À la fin de son cours classique, Hubert aimait tellement la musique et la poésie que je pensais qu'il irait vers la philosophie. J'étais très surprise qu'il se dirige vers les sciences, même si, on regardait les étoiles ».
Madeleine Caron

Le cygne

Le vierge, le vivace et le bel aujourd'hui
Va-t-il nous déchirer avec un coup d'aile ivre
Ce lac dur oublié que hante sous le givre
Le transparent glacier des vols qui n'ont pas fui !

Un cygne d'autrefois se souvient que c'est lui
Magnifique mais qui sans espoir se délivre
Pour n'avoir pas chanté la région où vivre
Quand du stérile hiver a resplendi l'ennui.

Tout son col secouera cette blanche agonie
Par l'espace infligée à l'oiseau qui le nie,
Mais non l'horreur du sol où le plumage est pris.

Fantôme qu'à ce lieu son pur éclat assigne,
Il s'immobilise au songe froid de mépris
Que vêt parmi l'exil inutile le Cygne.

Stéphane Mallarmé

2
LES SOURCES D'INSPIRATION

Des personnalités d'exception
La musique, son autre univers
La beauté, la créativité et l'humour
En chemin, par hasard

DES PERSONNALITÉS D'EXCEPTION

« Quand est venu le temps de songer à une carrière, la décision a été facile à prendre : ce serait les sciences, donc la magie. J'hésitais néanmoins entre la biologie, qui avait d'emblée ma préférence, et la physique, dont j'aimais beaucoup la partie mathématique. Mais ce sont les mathématiques, plus belles en physique qu'en biologie, qui firent pencher la balance ».

En 1953, Hubert Reeves a 21 ans. Il obtient un baccalauréat en physique à l'Université de Montréal, l'équivalent d'une licence dans le système universitaire français de l'époque.

L'été venu, il effectue un stage en Colombie-Britannique, près de Victoria, au Dominion Astrophysical Observatory. Lors de sa mise en service en 1918, son télescope réflecteur de 1,83 m est le plus grand du monde. Le Centre de recherche qu'il héberge excelle dans l'observation spectroscopique des corps célestes afin d'en déterminer la composition chimique, la température, la gravité de surface et la vitesse radiale. Les données recueillies sont essentielles à la classification stellaire et à l'étude de l'évolution des étoiles. L'observatoire contribue à une meilleure compréhension de la structure et de la dynamique de la Voie lactée.

En 1941, McKellar, astronome convivial et passionné, étudie le spectre lumineux d'un nuage moléculaire près de l'étoile Zêta Ophiuchi. Il identifie la présence de cyanogène dans le milieu interstellaire. En analysant les données spectroscopiques, il constate que les niveaux d'énergie vibrationnelle et rotationnelle du cyanogène correspondent à une température extrêmement basse, témoin d'un milieu interstellaire très froid.
Dix ans plus tard, lors de son stage, Hubert se consacre à l'étude des étoiles binaires, un sujet qui ne lui réserve finalement guère de surprises. En revanche, sa rencontre avec Andrew McKellar marque son parcours scientifique. McKellar discute avec Hubert du résultat très surprenant qu'il a obtenu dix ans auparavant, sans parvenir à conclure. Le mystère persiste quelques années.

« Tout se passe, raconte-t-il, comme si la température des atomes qui se trouvent dans l'espace était de moins 270 degrés Celsius. Je n'ai pas la moindre idée de ce que cela veut dire ».

Deux ans plus tard, en 1955, Hubert soutient sa maîtrise à l'Université McGill. Le titre de son mémoire : *Formation of Positronium in Hydrogen and Helium.* Supervisé par John David Jackson, il y étudie la formation du positronium dont la durée de vie ne dépasse pas quelques centaines de milliardièmes de seconde. Le positronium est constitué d'un électron et de son antiparticule, le positron. Lorsque ces deux particules se rencontrent, elles s'annihilent instantanément. Comme l'une est faite de matière et l'autre d'antimatière, toute leur masse est convertie en énergie. L'existence du positronium, même sur des durées aussi brèves, pose des questions physiques fondamentales ; les interactions entre matière et antimatière sont un processus clé en physique des particules et en astrophysique.

Hubert apprécie la rigueur des cours du professeur Jackson. Les notions d'efficacité et de rendement enseignées, jusque-là peu familières à Hubert, lui donnent un aperçu du monde de l'industrie, avec ses exigences, ses normes et ses contraintes. Jackson aide à la compréhension des forces fondamentales qui régissent l'Univers, en particulier les interactions entre les particules élémentaires. Ses recherches affinent les modèles théoriques et améliorent la prédiction et l'interprétation des phénomènes physiques à l'échelle subatomique. En 1962, il publie *Classical Electrodynamics,* une monographie aujourd'hui mondialement célèbre, traitant des équations de Maxwell, de la propagation des ondes, des effets relativistes et du rayonnement électromagnétique. C'est une référence pour les étudiants et les chercheurs.

À la fin de l'été 1955, Hubert et son épouse Francine s'installent à Ithaca, ville bordant le lac Cayuga, au cœur de la région des Finger Lakes, dans l'État de New York. Entourée de collines boisées, de gorges et de cascades, Ithaca vit de ses productions laitière et fruitière. Elle abrite la célèbre Université Cornell où Hubert prépare son doctorat en astrophysique nucléaire.

Le directeur de thèse d'Hubert, Edwin Ernest Salpeter est un ancien étudiant de Hans Bethe. Astrophysicien et physicien théoricien austro-américain, il étudie la formation des étoiles et la nucléosynthèse stellaire : le processus par lequel les étoiles produisent leur énergie tout en synthétisant les noyaux des éléments chimiques. En 1951, Salpeter propose que la réaction de fusion nucléaire dite « triple alpha » alimente la combustion du cœur des étoiles, une fois l'hydrogène épuisé. Dans cette réaction, trois noyaux d'hélium fusionnent pour former un noyau de carbone. Ce processus est essentiel à la formation d'éléments plus lourds que l'hélium, comme le carbone, l'oxygène ou l'azote, sans lesquels la chimie organique, et par extension la vie telle que nous la connaissons sur Terre, ne peut exister.

Parmi ses nombreuses contributions, Salpeter définit la « fonction initiale de masse » qui décrit la distribution des masses d'un groupe d'étoiles au moment de leur naissance. Il s'intéresse également aux étoiles à neutrons et plus tard, aux pulsars et à la matière noire. Ses recherches sur la formation des galaxies et la dynamique des amas galactiques participent aux fondements de la cosmologie moderne.

« J'avais de fréquents contacts avec mon directeur de thèse. Nous allions skier ensemble et nos discussions se poursuivaient à la cafétéria jusqu'à la tombée de la nuit. La rapidité de sa réflexion me stupéfiait : il refaisait en quelques minutes le chemin que j'avais mis des heures à parcourir ».

Ce sont des professeurs de renom, figures influentes dans leur discipline, qui dispensent les cours à Cornell. Ils jouent un rôle clé dans la recherche et l'enseignement supérieur aux États-Unis. Cornell est un lieu où la science est en constante évolution. Hubert a sa place dans cette dynamique. Ses professeurs lui font pleinement confiance.

« L'ambiance était exaltante. Je me sentais comme immergé dans un bain de science et de créativité aussi intensément intellectuel que profondément émotif ».

Hans Bethe est l'un d'entre eux. En 1938 et 1939, il précise l'ensemble des processus nucléaires qui produisent l'énergie des étoiles de la séquence principale. Il explique, en particulier, le cycle carbone-azote-oxygène – qui depuis porte son nom. C'est un processus de fusion nucléaire qui décrit comment les étoiles plus massives que le Soleil produisent leur énergie et maintiennent leur équilibre thermique. Ce cycle souligne le rôle catalytique du carbone, de l'azote et de l'oxygène dans la transformation de l'hydrogène en hélium, sans être eux-mêmes consommés. Bethe obtient le prix Nobel de physique en 1967 pour ses travaux sur la production d'énergie dans les étoiles.

« Croisant un jour dans un couloir Hans Bethe, qui connaissait mes travaux antérieurs, je l'entends me dire : "I am glad that you are here" ("je suis content que vous soyez ici") ; mots brefs, certes, mais dont la portée est pour moi toujours la même, des décennies plus tard ! »

George Gamow obtient en 1928 un doctorat en physique à l'Université de Léningrad, puis complète sa formation à Copenhague avec Niels Bohr et à Cambridge avec Ernest Rutherford.

Gamow est le premier à appliquer l'effet tunnel de la mécanique quantique à un phénomène nucléaire : la désintégration alpha. Il montre qu'une particule peut s'échapper d'un noyau en traversant une barrière de potentiel, bien qu'elle n'ait pas assez d'énergie pour le faire classiquement. Cela permet de prédire les durées de vie radioactives avec précision.

Gamow est nommé professeur à l'Université de Leningrad, fonction qu'il occupe jusqu'en 1933. Les deux années suivantes, il est invité à l'Université Pierre et Marie Curie à Paris puis à Londres avant d'être engagé comme professeur de physique à l'Université George Washington. À partir de 1956, il enseigne la physique théorique à l'Université du Colorado, à Boulder. Régulièrement, il dispense des cours de cosmologie à Cornell.

« Doué d'un sens intuitif étonnant, il savait démêler les situations les plus complexes sans (presque) jamais se tromper. Une sorte de géant qui se courbait pour entrer dans les ascenseurs ».

C'est par George Gamow qu'Hubert entend pour la première fois parler du *Big Bang,* jeune théorie cosmologiste. Gamow est un fervent défenseur de cette théorie. Il prédit l'existence du fond diffus cosmologique et avec Robert Herman et Robert Alpher, il pose les bases de la nucléosynthèse primordiale. En physique nucléaire, Gamow propose un modèle de goutte liquide à partir duquel il décrit le noyau atomique, sa cohésion et ses propriétés. Après la découverte en 1953 de la structure en double hélice de l'ADN par James Watson et Francis Crick, Gamow passe de la cosmologie à la biologie moléculaire. Il cherche comment les séquences de bases de l'ADN déterminent celle des acides aminés dans les protéines. Bien que son modèle du code génétique soit erroné, il stimule les recherches dans ce domaine.

Gamow affiche un tempérament jovial et un sens de l'humour prononcé. Il est connu pour ses blagues et ses jeux de mots qu'il n'hésite pas à intégrer dans ses travaux scientifiques. Son intuition est remarquable et ses idées audacieuses. Il est l'auteur de la série *Monsieur Tompkins*, où il expose des concepts complexes.

Pionnier de la vulgarisation scientifique, il rend accessible à tous la compréhension des grandes révolutions de la physique du XXe siècle qu'il marque de façon spectaculaire, toujours en mêlant humour, pédagogie et fiction.

Philip Morrison, est astrophysicien et professeur de physique théorique. Il publie en 1958 un article fondateur sur l'astronomie gamma, une discipline essentielle pour explorer les phénomènes énergétiques de l'Univers. Avec Giuseppe Cocconi, il propose, en 1959, l'usage des micro-ondes pour la recherche de communications interstellaires, jetant ainsi les bases du programme SETI : *Search for Extraterrestrial Intelligence.*

« J'allais aux cours de Philip Morrison non seulement pour m'instruire, mais aussi pour étudier sa technique, pour faire miens ses "trucs" destinés à accrocher son auditoire… J'appréciais surtout sa vaste culture, qui s'étendait pratiquement à tous les domaines de la science et des arts ».

Communicateur talentueux, Morrison écrit de nombreux articles de vulgarisation, notamment dans le *Scientific American.* Il est l'auteur de *Powers of Ten* qui illustre les échelles de grandeur dans l'Univers. En 1987, il anime à la télévision la série *The Ring of Truth,* programme éducatif dédié au grand public.

Fred Hoyle, physicien théoricien, est invité à Cornell pour y donner des conférences. Hubert est impressionné par ses capacités intellectuelles et par sa pensée originale, affranchie de toute contrainte. Hubert adore la série de conférences de Hoyle intitulées « Frontiers of Astronomy » publiées dans un ouvrage éponyme, mais se montre plus réservé quant à son enseignement.

Fred Hoyle, « c'est un homme sec, distant, sans charisme. L'opposé de ce que, dans ma naïveté, j'avais imaginé de lui… D'autres éléments me déplaisent : une superbe frôlant l'arrogance, un mépris exprimé pour tous ceux qui n'étaient pas d'accord avec lui ».

Dans les années 1940, avec Hermann Bondi et Thomas Gold, Fred Hoyle propose la théorie de l'état stationnaire, selon laquelle l'Univers se dilate tout en demeurant identique à lui-même, au prix d'une création continue de matière. Selon ce modèle, l'Univers n'a ni commencement ni fin.

« Fred Hoyle n'est pas quelqu'un qui doutait. Un jour, j'étais dans un autobus avec lui et il m'a dit à propos du Big Bang mais comment des gens peuvent être assez bêtes pour avoir l'idée du Big Bang ? Mais comment des gens peuvent-ils être aussi bête ».

Hoyle a comparé la théorie explosive de l'origine à un « big bang », lors d'une émission de la BBC en 1949. George Gamow prétend alors que Hoyle utilise « big bang » pour tourner en dérision la proposition de Lemaître. Il n'en est rien. Une semaine après la diffusion de l'émission radio, le magazine de la BBC, *The Listener*, publie le texte intégral de l'intervention de Hoyle, et l'expression « big bang » apparaît pour la première fois dans la presse écrite.

« La théorie du Big Bang est basée sur l'hypothèse que toute la matière de l'Univers a été créée en un seul grand Bang à un moment particulier dans un passé lointain ». *Fred Hoyle*

En 1953, Hoyle prédit l'existence d'un état résonant du carbone-12. Son énergie correspond à celle des noyaux combinés de l'hélium et d'un isotope du béryllium à la température du cœur des géantes rouges. Situé à environ 7,65 MeV, cet état permet la réaction « triple alpha », proposée par Edwin Salpeter. Elle favorise la formation du carbone au cœur des étoiles.
Fred Hoyle se rend à Caltech, dans le laboratoire où William Fowler travaille, et convainc alors les physiciens expérimentateurs de vérifier sa propre prédiction. En 1954, l'équipe confirme l'existence de l'état résonant du carbone-12, exactement au niveau d'énergie prédit par Hoyle. Fowler, très impressionné par ce résultat, décide de consacrer ses recherches à l'astrophysique nucléaire.

Cette preuve renforce l'idée que certaines propriétés de l'Univers semblent spécialement adaptées à l'émergence de la vie. L'impact s'étend ainsi au domaine philosophique : l'Univers est-il doté d'un « ajustement fin » des lois de la nature afin de permettre l'émergence de la complexité et de la vie ?

Dans les années 1970 et 1980, Hoyle et Chandra Wickramasinghe avancent l'hypothèse de la panspermie, selon laquelle la vie n'est pas apparue sur Terre mais dans l'espace, par l'intermédiaire des comètes. Fred Hoyle, à l'imaginaire puissant, écrit *The Black Cloud*, l'histoire d'un nuage interstellaire intelligent qui menace la Terre et *A for Andromeda* une fiction qui évoque la tentative d'une intelligence extraterrestre de communiquer avec l'humanité.

En 1997, la Royal Academy of Sciences de Suède décerne le prix Crafoord à Hoyle et Salpeter pour leurs contributions distinctes mais complémentaires dans le domaine de la physique stellaire.

Richard Feynman, physicien théoricien, enseigne à l'Université Cornell de 1945 à 1950. Lorsque Hubert est admis dans cette institution, Feynman a déjà quitté Cornell pour intégrer Caltech en Californie, où il poursuivra ses recherches jusqu'à la fin de sa carrière. Feynman revient régulièrement à Cornell pour le plus grand bonheur d'Hubert.

« Ce que je fais toujours, c'est que je me lance dans quelque chose et je vois jusqu'où je peux aller ». *Richard Feynman*

Feynman reçoit le prix Nobel de physique en 1965, conjointement avec Julian Schwinger et Sin-Itiro Tomonaga, pour ses travaux en électrodynamique quantique. Leurs découvertes révolutionnent la compréhension des interactions entre la lumière et la matière.

Feynman introduit les fameux « diagrammes de Feynman » pour visualiser les interactions entre particules. Ces représentations schématiques simplifiées facilitent grandement les calculs et la compréhension des processus physiques en jeu. Il propose également une nouvelle approche de la mécanique quantique. Il suggère que les particules qui se déplacent entre deux positions n'empruntent pas une trajectoire unique, mais explorent simultanément toutes les trajectoires possibles, chacune avec une probabilité différente ; cette idée devient fondamentale en physique moderne. Pour surmonter les infinis aberrants qui apparaissent dans les équations, Feynman contribue au développement de la technique dite « de la renormalisation », efficace pour obtenir des résultats précis et cohérents avec l'expérience. L'électrodynamique quantique devient l'une des théories les plus précises jamais élaborées, dont les prédictions sont confirmées expérimentalement avec une précision atteignant jusqu'à douze chiffres significatifs.

« Il est fort probable que tout ce que vous pensez être possible ne soit pas vrai. En fait, c'est un principe général des théories de la physique : quoi que quelqu'un pense, c'est presque toujours faux ». ***Richard Feynman***

En explorant les contributions de Richard Feynman, Hubert est séduit par sa capacité à rendre accessibles les concepts les plus abstraits. Feynman ne se contente pas de résoudre des problèmes ; il cherche à les visualiser et à les comprendre de manière intuitive et créative. Il refuse l'apprentissage par cœur, invite à poser des questions naïves et prône une approche expérimentale et ludique de la physique. Pédagogue hors pair, Feynman mise sur la simplicité et le plaisir d'apprendre.

« Il répétait souvent en souriant qu'il ne comprenait vraiment que ce qu'il savait dessiner. Chacun de ses cours était une fête pour l'esprit ».

Feynman participe aux soirées du département où il s'est forgé une solide réputation de joueur de bongos. Un soir, après la fête, Francine et Hubert le reconduisent chez lui en voiture. « Vous avez beaucoup de chance de rentrer ensemble », leur dit-il. « Ma femme est morte d'un cancer il y a quelques années et son souvenir me revient douloureusement quand, seul, le soir, je rentre chez moi ».

L'Université Cornell acquiert l'IBM 650 en 1956, l'un des premiers ordinateurs électroniques commerciaux. Hubert l'utilise pour effectuer des calculs complexes de modélisation des réactions thermonucléaires dans les étoiles.

En 1960, Hubert obtient son doctorat en astrophysique nucléaire en soutenant sa thèse intitulée *Thermonuclear Reaction Involving Medium Light Nuclei* qui fait suite aux travaux entrepris par Edwin Salpeter.

Hubert a le privilège de bénéficier des enseignements de scientifiques emblématiques. Leur influence marque durablement l'histoire des sciences, tant en astrophysique qu'en physique théorique. Ils façonnent la démarche scientifique d'Hubert, nourrissent sa curiosité et renforcent son désir d'apprendre puis de partager ses connaissances.

Pour son premier poste, Hubert répond favorablement à l'invitation de ses collègues québécois, le physicien Serge Lapointe et le mathématicien Benoît Lachapelle, et rejoint leur équipe à l'Université de Montréal. Dès 1960, il enseigne l'électromagnétisme, la thermodynamique, la physique quantique et la physique nucléaire. Il organise également des séminaires d'astrophysique.

« C'est alors que j'ai eu l'impression d'apprendre véritablement la physique ».

En même temps, Hubert est consultant scientifique pour l'Institute for Space Studies de la NASA à New York. Lors d'un symposium, il rencontre le Suisse Johannes Geiss, un spécialiste en histoire du climat terrestre et en géochronologie. Une grande complicité s'établit entre les deux hommes. Elle est à l'origine d'une collaboration de plusieurs décennies.

En 1961, la NASA lance le programme Apollo. Le 21 juillet 1969, deux des trois membres d'équipage de la mission Apollo 11, Neil Armstrong et Buzz Aldrin, marchent sur la Lune.

Geiss imagine et conçoit la première expérience sur la Lune, baptisée *Solar Wind Composition Experiment*. Son principal objectif est de capturer et d'analyser les particules du vent solaire déposées sur la Lune. Dépourvue d'atmosphère et de champ magnétique, celle-ci est directement exposée aux particules solaires.

L'expérience est réalisée sur les missions Apollo 11, 12, 14, 15 et 16. Les astronautes déploient sur le sol lunaire une feuille d'aluminium ultra-pur, face au soleil. Après un temps d'exposition, l'échantillon est retourné sur Terre.

Dès le début des années 1960, Caltech s'affirme comme une référence incontournable dans la recherche sur la nucléosynthèse stellaire. Sous la direction de William Alfred Fowler, le laboratoire de radiations Will Keith Kellogg réalise des études expérimentales et théoriques. Sur sa porte d'entrée, on peut lire : « Visiteurs qui entrez ici, évitez de déranger nos chercheurs sans une raison valable. Leur tranquillité est leur atout le plus précieux ».

Hubert est régulièrement invité au Caltech. Il apprécie l'effervescence dans les laboratoires et les échanges avec les départements de minéralogie et d'astronomie de l'Université de Californie. Un point, cependant, le met mal à l'aise : l'omniprésence d'un sentiment d'autosuffisance intellectuelle au sein des équipes, ainsi qu'une certaine réticence à l'égard des chercheurs extérieurs au cercle.

« Je me suis ainsi permis de contester en souriant une affirmation que Willie Fowler venait de présenter à une conférence. Quelle erreur ! Rouge de colère, il se tourna vers moi et me répondit : jeune homme, vous vous apercevrez un jour que j'ai raison sur ce point. C'est tout ce que j'ai à vous dire ».

En 1957, Fowler coécrit l'article « Synthesis of the Elements in Stars » avec Margaret Burbidge, Geoffrey Burbidge et Fred Hoyle. En 1983, Fowler partage le prix Nobel de physique avec Subrahmanyan Chandrasekhar ; Fowler est récompensé pour ses travaux sur les processus de formation des éléments chimiques dans les étoiles et Chandrasekhar pour ses avancées sur la structure des naines blanches.

« La véritable grandeur de la quête du savoir humain réside dans le fait que, tout en y apportant notre modeste contribution, nous continuons à apprendre et à éprouver le plaisir d'apprendre ». ***William Alfred Fowler***

Les quatre premières années de vie professionnelle d'Hubert sont l'opportunité d'approfondir la nucléosynthèse stellaire, son sujet de prédilection. Il affine l'orientation qu'il souhaite donner à ses recherches et établit des ponts avec d'autres disciplines. Hubert rencontre des personnalités exceptionnelles, qui l'inspirent et l'instruisent, différentes de celles qui ont marqué son parcours depuis le collège jusqu'au doctorat. L'excellence le satisfait mais il exprime sans retenue son agacement vis-à-vis de l'élitisme et de ses manifestations.

En 1964, Hubert vit dans un Québec en pleine Révolution tranquille, amorcée quatre ans plus tôt sous le gouvernement libéral de Jean Lesage.

L'État procède à la nationalisation de l'hydroélectricité avec la création en 1963 d'Hydro-Québec. Toujours dans l'optique de réduire la dépendance envers les capitaux étrangers et anglophones, le gouvernement fonde Sibdec, entreprise d'état dans le secteur de la sidérurgie pour s'assurer du contrôle stratégique de cette industrie.

Le système d'éducation n'est plus sous tutelle de l'église. Il devient public, moderne, accessible à tous et prêt à former une main-d'œuvre qualifiée pour accompagner l'industrialisation du Québec. Le gouvernement met aussi en place une réforme des soins de santé pour offrir des services médicaux accessibles à l'ensemble de la population. Toujours en 1964, la Loi sur la capacité juridique de la femme mariée est adoptée. Jusque-là, les femmes ne sont pas autorisées à signer des contrats ou à accéder librement à des emplois sans l'autorisation de leur mari.

La francophilie s'affirme et se revendique. Le français est perçu comme un élément clé de l'identité québécoise. Contrairement à ses collègues enseignants, Hubert continue de faire usage de manuels scolaires en langue anglaise, dès lors que des contenus similaires ne sont pas disponibles en français. Cette posture lui vaut quelques reproches qui le contrarient.

« Bientôt s'imposa, chez plusieurs professeurs de l'Université de Montréal, l'idée que nous devions utiliser comme manuels de classe uniquement des livres en français. C'était sans tenir compte du fait que, pour chaque matière, on pouvait facilement trouver dix livres en anglais contre un seul en français ».

Hubert se désespère plus encore lorsqu'un projet de laboratoire commun avec l'Université McGill pour y installer un accélérateur de particules échoue à cause d'un désaccord sur la langue devant être parlée, vraisemblablement l'anglais.

Hubert habite avec sa famille à Duvernay, une municipalité située au nord de Montréal, sur l'île Jésus. Elle fait partie des quatorze municipalités qui se regroupent pour former la ville de Laval en 1965. Lors d'un trajet en voiture, celui qu'il emprunte quotidiennement pour se rendre à l'Université de Montréal où il enseigne, une pensée insupportable le submerge. Une routine qui s'installe, un avenir tout tracé.

« Je serais un jour promu professeur associé. Je quitterais alors Duvernay pour le nord de la ville. Plus tard, je serais titularisé. Je m'installerais à Outremont, où je resterais jusqu'à la fin de ma carrière, retraite comprise. Ma vie serait donc cantonnée dans ce coin infime de notre vaste planète ! »

Hubert n'a plus aucune hésitation. Il envisage très sérieusement son départ pour l'Europe.

Au cours d'un travail d'été aux Laboratoires de Chalk River en Ontario, Hubert fait la connaissance de Marcel Demeur, un physicien belge spécialisé en physique nucléaire et théorique. Ils mènent des expériences ensemble sur le Nuclear Power Demonstration, premier réacteur nucléaire canadien destiné à la production d'électricité. Bertram Brockhouse y entreprend des travaux pionniers sur la diffusion des neutrons. Il reçoit le Prix Nobel de Physique en 1994, conjointement avec Clifford Shull, pour sa contribution à l'utilisation des neutrons en diffraction et en spectroscopie. Ces techniques sont essentielles pour l'étude des matériaux à l'échelle atomique.

Quelques mois après leur rencontre, Marcel Demeur propose à Hubert d'enseigner pendant une année au département de physique de l'Université Libre de Bruxelles. Hubert décline la proposition de rejoindre Caltech qu'il reçoit au même moment et déménage avec toute sa famille sur l'autre continent.

Hubert enseigne aux étudiants et aux professeurs. Il aborde l'ensemble des connaissances sur l'origine des éléments chimiques dans l'Univers. Il expose ces mêmes contenus à Heidelberg, à Bonn, à Munich, à Genève et à Florence où il est invité à donner des conférences.

« J'avais fait des cours sur l'histoire des atomes. Comment les atomes sont formés dans les étoiles, comment la physique nucléaire nous permettait de comprendre quel type d'étoiles arrive ? »

En 1964, Hubert se rend à Louvain, au domicile de Georges Lemaître. Passionné de musique, Lemaître interprète avec force des œuvres de Chopin, Messiaen, Beethoven et Bach. Quand Hubert arrive, il joue les *Nocturnes* de Chopin.

Ordonné prêtre en 1923, Lemaître étudie la relativité générale d'Einstein et la cosmologie à Cambridge avec Arthur Eddington. Puis il passe un temps au MIT pour approfondir ses connaissances en mathématiques et en astronomie.

Lemaître arrive aux mêmes conclusions qu'Alexandre Friedmann et propose un modèle d'Univers en expansion ; une idée révolutionnaire à l'époque où tout le monde, Einstein y compris, imagine un Univers statique.

« Je m'intéressais à la vérité du point de vue du salut autant qu'à la vérité du point de vue de la certitude scientifique. Il m'apparaissait qu'il y avait deux chemins conduisant à la vérité et je décidais de les suivre l'un et l'autre. Rien dans ma vie professionnelle, rien non plus de ce que j'ai appris en science et en religion ne m'a jamais incité à changer d'opinion… Une fois que vous réalisez que la Bible ne prétend pas être un manuel scientifique, l'ancienne controverse entre religion et science disparaît ». *Georges Lemaître*

En 1927, Lemaître publie un article capital dans les Annales de la Société Scientifique de Bruxelles : « Un univers homogène de masse constante et de rayon croissant rendant compte de la vitesse radiale des nébuleuses extragalactiques ». Lors du cinquième congrès Solvay, Lemaître expose ses résultats à Einstein qui lui rétorque : « Vos calculs sont corrects, mais votre physique est abominable ». Deux ans plus tard, l'astronome Edwin Hubble observe que les galaxies s'éloignent les unes des autres à une vitesse proportionnelle à leur distance. C'est la confirmation expérimentale de ce que Lemaître annonce théoriquement : l'Univers est bien en expansion.

« Je devais aller à une école d'été de physique où Einstein enseignait. Et puis à la dernière minute, j'ai appris qu'il était mort ».

Dans un article publié dans *Nature* en 1931, Lemaître propose une vision encore plus radicale : l'Univers émerge d'un « atome primitif », d'un point unique, infiniment dense, qui explose et donne naissance au cosmos. Il décrit les premiers instants de l'Univers, laissant des traces des réactions nucléaires successives, témoins de la décroissance de l'atome primordial.

Peu à peu, les preuves observationnelles s'accumulent. Alors que Lemaître donne une conférence en Californie, Einstein, cette fois, se lève pour dire :

« C'est la plus belle et satisfaisante explication de la création que j'aie jamais entendue. »

En 1948, George Gamow, Ralph Alpher et Robert Herman précisent ce scénario. Selon eux, l'Univers primordial, dense et brûlant, laisse derrière lui une lumière résiduelle sous forme de micro-ondes. Gamow émet également une hypothèse décisive : si l'Univers est si chaud à ses débuts, alors les premières minutes ont vu naître tous les noyaux d'atomes issus de la nucléosynthèse primordiale.

Le 20 mai 1964, Arno Penzias et Robert Wilson, ingénieurs chez Bell Labs, utilisent une antenne radio conçue pour des communications satellitaires. Lors de leurs mesures, ils détectent un bruit de fond radio constant et inexplicable. Ils concluent que ce signal vient de l'espace et n'a pas de source terrestre identifiable. Au même moment, Robert Dicke et James Peebles, travaillent à l'Université de Princeton sur la théorie du fond diffus cosmologique. Ils comprennent qu'il s'agit du rayonnement fossile prédit vingt ans plus tôt. Le 1er juillet 1965, *The Astrophysical Journal* publie cette découverte qui valide les mesures effectuées par McKellar. Lemaître s'éteint un an plus tard, en juin 1966.

« Tout comme Einstein, Lemaître avait concentré son attention sur les effets de la seule gravité, négligeant les autres forces (la force électromagnétique et les deux forces nucléaires : la forte et la faible, découvertes pendant les années 1930-1940). Il supposait qu'à cause de leur portée microscopique (elles ne s'exercent qu'au niveau des atomes et des molécules), elles ne jouaient aucun rôle à l'échelle du cosmos ».

Georges Lemaître demande à Hubert ce qu'il pense des travaux de Fred Hoyle sur la formation des éléments dans les étoiles. Hubert évoque alors l'intuition majeure de Gamow : si l'expansion est réelle, alors les conditions initiales de température et de densité permettent la formation des noyaux atomiques légers, notamment l'hydrogène et l'hélium. Ces atomes, ainsi que

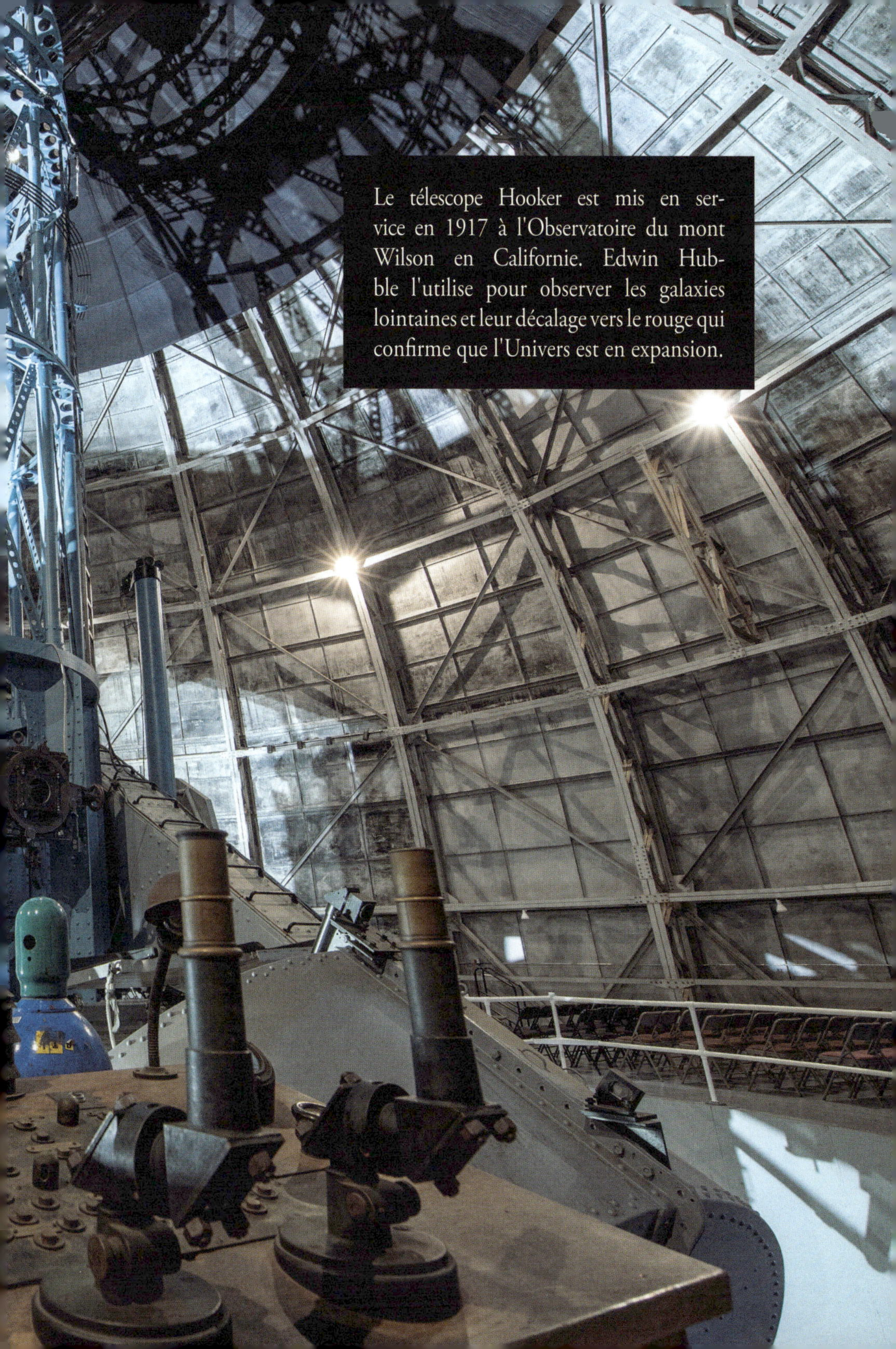

Le télescope Hooker est mis en service en 1917 à l'Observatoire du mont Wilson en Californie. Edwin Hubble l'utilise pour observer les galaxies lointaines et leur décalage vers le rouge qui confirme que l'Univers est en expansion.

le rayonnement fossile, sont les deux grandes traces de cet Univers naissant. Lemaître écoute avec attention. Il confie à Hubert son admiration pour Gamow et exprime son regret de ne s'être jamais intéressé à la question des éléments légers. Il délaisse la cosmologie pour se consacrer aux mathématiques.

La conversation prend fin. Georges Lemaître s'assoit de nouveau au piano. La musique reprend, et accompagne sa réflexion, au-delà des mots.

En plus des cours et des conférences qu'il dispense, Hubert est sollicité pour rencontrer d'autres chercheurs.
Hubert visite l'observatoire de Simpheropol en Crimée, où Andrei Severny l'accueille. Membre de l'Académie des sciences de l'URSS et réputé pour ses recherches sur le Soleil, Severny dirige cet observatoire pendant 35 ans, de 1952 à 1987.

À l'Université de Moscou, Yakov Zeldovich travaille sur les ondes de choc et la dynamique des gaz pour les armes nucléaires et thermonucléaires soviétiques. Dans les années 1950, il s'intéresse à la physique nucléaire et à la théorie des particules élémentaires. Au moment où Hubert le rencontre, Zeldovich et son équipe mènent des recherches en astrophysique et en cosmologie.

Yakov Zeldovich pense que le communisme est le meilleur des systèmes.

« Comme je m'étonne du fait qu'il consulte un dentiste privé, il me répond avec un clin d'œil : "Je suis peut-être communiste, mais je ne suis pas fou." Sa façon de penser, la vigueur de son esprit, son humour m'ont séduit, et les heures que j'ai passées avec lui ont été les plus fructueuses de mon séjour en URSS ».

Hubert se rend à l'Observatoire astronomique de Pulkovo, près de Saint-Pétersbourg, avant de poursuivre son voyage à l'Université de Lund, en

Suède, où il rencontre Bernard Peters, un spécialiste des rayons cosmiques et de la physique des particules.

« J'ai eu cette espèce d'énorme plaisir de sentir que ces gens m'acceptaient comme si j'étais un peu des leurs, comme si je faisais partie de la famille. J'ai eu la même chose en Italie, où j'avais été invité dans la famille d'une jeune femme dont le père avait pour travail de ramener les locomotives à la fin de la journée dans les cours de triage. Et le jour où je me suis retrouvé avec elle et lui, il m'a dit : vous voulez vous venir avec nous ? Et je me suis retrouvé en train de trier les locomotives. Je me suis dit bon, là, vraiment, ils m'acceptent parce que c'est pas un touriste qu'on amène faire des choses comme ça ».

À Erevan, en Arménie, il est reçu par Viktor Ambartsumian à l'Observatoire de Byurakan, posé sur le versant sud du mont Aragats. Astrophysicien de renom, Ambartsumian fonde l'observatoire en 1946 et le dirige pendant plus de quarante ans. Il préside l'Université d'Erevan et l'Académie des sciences d'Arménie entre 1947 et 1993.

« Il est au courant de mes travaux et connaît bien la question de l'origine des éléments légers. En particulier, je lui fais valoir que les mesures que je propose pourraient être fort utiles pour tester ses hypothèses sur la naissance des étoiles. Il semble convaincu et prêt à soutenir le projet de réaliser ces expériences de physique nucléaire à l'Université d'Erevan. En fait, ce programme ne se réalisera jamais ».

En 1965, René Bernas assiste à une conférence donnée par Hubert à Bruxelles. Au cours des mois qui précèdent, Hubert est en quête d'un laboratoire qui accepte d'effectuer des mesures dans son domaine de prédilection, la nucléosynthèse des éléments légers.

René Bernas, élève d'Irène Joliot-Curie, dirige le Centre de Spectrométrie Nucléaire et de Spectrométrie de Masse au CNRS (Centre National de la

Recherche Scientifique). Ce laboratoire s'intéresse à la physique nucléaire expérimentale, à l'astrophysique nucléaire, à la physique et à la chimie du solide. Grâce à des appareils de mesure très sensibles, Bernas et son équipe étudient la nucléosynthèse des éléments légers tels que le lithium, le béryllium et le bore. Dès 1970, la NASA reconnaît la grande qualité des mesures effectuées et confie à ce laboratoire l'étude d'échantillons de sol lunaire ramenés par les missions Apollo.

Informé des pérégrinations d'Hubert et de son ambition de mettre en œuvre un programme de recherche sur les propriétés des atomes de lithium, béryllium et bore, René Bernas lui propose d'intégrer son équipe qui étudie ces mêmes éléments depuis plusieurs années à l'Institut de Physique Nucléaire d'Orsay, au sud de Paris.

Quelques semaines plus tard, la famille Reeves prend la route pour la France, direction Orsay, à bord de leur Rambler bleue, un modèle produit par l'American Motors Company.

Sensation

Par les soirs bleus d'été, j'irai dans les sentiers,
Picoté par les blés, fouler l'herbe menue :
Rêveur, j'en sentirai la fraîcheur à mes pieds.
Je laisserai le vent baigner ma tête nue.

Je ne parlerai pas, je ne penserai rien :
Mais l'amour infini me montera dans l'âme,
Et j'irai loin, bien loin, comme un bohémien,
Par la Nature, – heureux comme avec une femme.

Arthur Rimbaud

Observatoire de Byurakan,
Mont Aragats, Arménie.

LA MUSIQUE, SON AUTRE UNIVERS

Les yeux tout juste à la hauteur du clavier, Hubert, encore enfant, observe les doigts de sa mère qui effleurent les touches, accélèrent ou ralentissent. Ses mains, pleines de grâce et parfaitement coordonnées, se croisent, s'entrelacent, jusqu'à se confondre. C'est une méditation lente aux harmonies envoûtantes, au rythme régulier, presque hypnotique, puis un air aérien et dansant avant un troisième mouvement, explosif, passionné, intense. Manon interprète la *Sonate au Clair de Lune*, l'une des œuvres les plus célèbres de Ludwig van Beethoven. Hubert se souvient de la virtuosité de Manon. Son émotion intense fait naître en lui un souvenir immuable.

Manon se lance sans transition dans l'*Appassionata*. Beethoven compose cette sonate pour piano qu'il considère comme l'une de ses plus grandes constructions musicales. Intense, elle accompagne une lutte intérieure entre puissance et fatalité, à l'image du combat de Beethoven contre la surdité qui le gagne.

« Prise dans l'émotion d'une nuit profonde, par un amour sans bornes ou encore par les accents d'une musique sublime, une personne se sent soudainement participante d'un "tout" auquel elle accède de tout cœur. Elle est immergée dans un océan qui, selon Romain Rolland, la ramène

au bonheur parfait du petit enfant dans le ventre de sa mère. Et qui serait l'origine du sentiment religieux universel et de la croyance d'un retour possible au paradis ».

L'*Appassionata* fait écho à *La Tempête* de William Shakespeare. Elles explorent les ressources de la volonté humaine face à des forces incontrôlables. Dans *La Tempête*, Prospero finit par dompter les éléments et maîtriser son destin. La pièce célèbre le triomphe de l'intelligence et de la sagesse sur le chaos. Dans L'*Appassionata*, c'est l'ombre et la fatalité qui s'emparent des derniers instants. Le combat continue jusqu'à l'effondrement. À propos de cette œuvre, Anton Rubinstein, pianiste virtuose et visionnaire, emprunte l'affirmation de Robert Schumann : « La meilleure façon de parler de musique est de se taire et de ne l'interpréter qu'avec une inspiration exceptionnelle ».

« Il y a quelque chose de profondément mystérieux dans la musique. Une symphonie de Beethoven, c'est plus que des ondes sonores ; c'est un message venu d'un ailleurs que nous ne comprenons pas encore totalement ».

La musique fait partie intégrante de l'univers d'Hubert. Omniprésente et très classique, elle est son inspiratrice, la toile de fond de ses pensées. Hubert affectionne tout particulièrement trois concertos pour piano de Mozart, parmi les plus grands chefs-d'œuvre du répertoire classique. Leur éclat, leur profondeur et leur expressivité exceptionnelle l'interpellent et le captivent.

Le Concerto n° 20 s'ouvre sur un tourment, celui d'une lutte intérieure. Son second mouvement, doux, apaisé et chantant précède un épisode orageux ponctué d'un éclat d'espoir final. Le Concerto n° 21 contraste par une ouverture majestueuse, fluide et équilibrée. Il se prolonge dans une atmosphère de contemplation et de sérénité, avant que son troisième mouvement ne célèbre avec éclat la joie et la liberté. Le concerto n° 23 est composé en parallèle avec *Les Noces de Figaro*. Son deuxième mouvement, la célèbre *Sicilienne*, confère à l'œuvre une place unique dans son répertoire.

« Mozart fait vibrer des cordes de l'âme humaine qui n'avaient jamais vibré auparavant. Est-ce que la musique crée des émotions nouvelles, ou est-ce qu'elles révèlent des possibilités déjà existantes ? »

Mozart combine dans ces œuvres accessibilité et clarté, subtilité et intensité émotionnelle de son langage musical. Il touche aussi bien les connaisseurs exigeants que le grand public. Parmi les symphonies de Mozart, Hubert choisit sans hésiter la plus célèbre, la 40e. En particulier, son premier mouvement. La mélodie est profondément expressive, sincère et presque suppliante. La partie principale imite un véritable air d'opéra.

Ce morceau – si beau – évoque-t-il la tristesse, le désespoir ou bien la joie ? Cela dépend de l'état d'esprit de chacun, dit Hubert. Un peu comme si la musique prend la consistance de celui qui l'écoute, comme si elle absorbe ses états d'âmes et quelques-uns de ses cris du cœur.

Hubert adore *Così fan tutte*, un opéra-bouffe que Mozart réalise avec Da Ponte, après *Les Noces de Figaro* et *Don Giovanni*. L'intrigue repose sur une expérience cruelle et cynique de l'amour et de la fidélité. Sa structure est à l'image des constructions géométriques, ordonnée et démonstrative. Mozart vient perturber cette apparente logique par le doute, le mystère et la sincérité qui submergent les personnages.

Johann Sebastian Bach marque profondément Hubert par la majestuosité et la puissance spirituelle des œuvres qu'il compose. Rigueur absolue et richesse harmonique inégalée leur confèrent un caractère presque divin.

« J'ai le sentiment qu'Hubert questionnait sa foi en le mystère de l'au-delà à travers la musique, comme si son écoute lui ouvrait un accès à l'immensité de l'Univers ». *Alain Lefèvre, pianiste et compositeur*

Le Magnificat est une composition monumentale, une œuvre vocale sacrée, d'une beauté saisissante qui éblouit Hubert. Conçue pour les grandes fêtes religieuses, son esprit festif et exalté fusionne influences populaires et grandeur majestueuse. L'œuvre se distingue par une vitalité débordante.

À travers cette musique éclatante, Bach ravive les couleurs vibrantes et solennelles des toiles festives de Paolo Véronèse, insufflant à son œuvre grandeur picturale et éclat lumineux.

« Je me sens bien quand j'écoute une suite de Bach, quand j'écoute du violoncelle. Il y a quelque chose qui me parle. C'est toujours difficile de mettre des mots. C'est l'expression québécoise "un petit velours". Tout d'un coup, ça vous installe dans une situation et si le musicien est bon, vous êtes bien, vous êtes confortable ».

Hubert ressent une profonde émotion lorsqu'il écoute *La Messe en si mineur*. Dans ce chef-d'œuvre intemporel, Bach déploie tout son savoir-faire en matière de composition vocale et polyphonique. Cette messe se distingue par une sagesse philosophique profonde, une humanité vibrante et une intensité émotionnelle exceptionnelle. Elle embrasse tous les élans de l'âme : supplication, exaltation, méditation, espoir et triomphe. Souffrance, mort et chagrin cohabitent avec espérance, joie et jubilation, dans une opposition saisissante, portée par une puissance musicale magistrale. Bach dévoile la richesse poétique des textes sacrés et explore, avec une sensibilité inégalée, les nuances de nos émotions.
Bach consacre des décennies à cette œuvre monumentale.

Le Sacre du Printemps d'Igor Stravinsky est un ballet en deux parties sous-titré *Images de la Russie païenne.* Il représente un rituel sacré inspiré des croyances ancestrales : des sages anciens se rassemblent en cercle pour assister à la danse sacrificielle d'une jeune fille, offerte au dieu du printemps en contrepartie de sa protection et sa bénédiction. L'élément central de l'œuvre est le rythme, qui s'impose comme une force hypnotique et primaire. Il domine une musique inhabituelle, brute et puissante, guidant les mouvements des danseurs aux postures lourdes et ancrées dans le sol. *Le Sacre du Printemps* transcende la simple narration. Hubert le ressent comme une expérience sensorielle et primitive, où musique et mouvement fusionnent pour célébrer l'énergie brute de la vie.

« Le Sacre du Printemps a joué un rôle très important dans mon rapport avec mon père. Mon père était un homme très autoritaire et c'est avec cette musique que j'ai commencé à m'opposer à lui. Je la faisais jouer à tue-tête dans la maison et mon père se mettait en colère. J'ai réussi à l'imposer malgré que mon père la détestait. Et quand il entendait Stravinsky, c'était pour lui une musique de barbare. Il n'y avait pas trop d'adjectifs pour dire que tout ça ne valait rien ».

Dans la discothèque d'Hubert, une précieuse pochette renferme l'enregistrement historique du Concerto *Dumbarton Oaks*, capté lors d'une représentation exceptionnelle donnée au domaine éponyme de Washington le 25 avril 1947. Cette soirée revêt une importance particulière, non seulement en raison de l'acoustique unique du lieu, mais aussi par la présence de Stravinsky lui-même à la direction de l'orchestre. L'œuvre se présente comme une réinterprétation moderne des traditions baroques, qui allie clarté structurelle et vitalité rythmique. Elle conserve l'intimité du concerto grosso, tout en intégrant des contrastes dynamiques et un langage harmonique singulier, signatures du style stravinskien. L'enregistrement du disque est réalisé le 28 avril dans les studios Reeves à New York, toujours sous la direction de Stravinsky. Le studio porte le nom de Reeves sans pour autant qu'un lien de parenté ne soit établi avec la famille d'Hubert.

« C'est ce que j'aime dans la musique, c'est, tout d'un coup, cette sensation d'être pris, d'être piégé dans quelque chose où vous vous sentez bien. Il m'arrive, si je travaille tard le soir, d'ouvrir la radio pour écouter quelques pièces. Si je trouve quelque chose que j'aime beaucoup, je suis scotché et il n'est pas question pour moi d'arrêter pour aller dormir, même si je dois me lever très tôt le lendemain. C'est quelque chose qui est plus fort que moi, une espèce d'addiction ».

Tannhäuser est un opéra en trois actes, un chef-d'œuvre de Richard Wagner, l'un des favoris d'Hubert. Il met en scène le conflit entre l'amour sacré et l'amour profane, la quête de rédemption à travers la souffrance et l'élévation par l'art. L'œuvre plonge au cœur du subconscient, explore les tensions entre l'amour spirituel et charnel, l'opposition entre l'esprit et la chair.

Hubert adore l'opéra italien, en particulier les œuvres de Giacomo Puccini et Giuseppe Verdi. Ce qu'il apprécie chez Puccini, c'est l'intensité émotionnelle de ses opéras, la manière subtile dont la musique exprime les passions, que ce soit dans la douleur d'une séparation (*La Bohème*) ou dans la tragédie d'un amour impossible (*Madama Butterfly*). Avec Verdi, c'est plutôt la grandeur dramatique, la force expressive des voix et l'éclat théâtral qui le séduisent. Il aime notamment la puissance narrative de *La Traviata*, de *Rigoletto* ou encore d'*Aïda*, ces opéras où chaque aria semble révéler l'âme profonde des personnages. Pour Hubert, écouter Puccini et Verdi revient à plonger dans une dimension de l'existence où les émotions deviennent universelles, intemporelles. La voix humaine portée à son apogée par ces compositeurs est pour lui le plus bel instrument qui soit, capable d'exprimer toutes les nuances des sentiments humains.

« Hubert Reeves n'aimait pas la musique d'orgue ; peut-être que cela lui rappelait l'atmosphère sévère de l'église de son enfance ». ***Jean-Réné Roy, astrophysicien***

Qu'il les écoute une seule fois ou des dizaines, Hubert associe des images aux mélodies. *La Cathédrale engloutie* de Claude Debussy fait ressurgir en lui un souvenir précis. Adolescent, il navigue sur le Saint-Laurent, recouvert d'une brume dense, tranchée par le bleu vif du ciel resté limpide. Des cloches suspendues aux bouées tintent au gré du courant. Lorsqu'il entend celles de Debussy, Hubert est transporté à cet instant-là de son adolescence.

« Je ne sais pas comment j'aurais pu vivre sans la musique. Elle m'habite véritablement. Elle est présente à toutes les époques de mon existence.

Sans la musique, je sens comme un malaise, une aridité, un vide. Loin de me distraire, une œuvre familière m'aide à me concentrer ».

À Helsinki, la mélancolie du *Cygne de Tuonela* envoûte Hubert. Un cygne mystérieux glisse sur les eaux sombres du fleuve des Enfers. Ce chant funèbre aux sonorités profondes et énigmatiques est l'œuvre de Jean Sibelius. Son magnifique Concerto pour violon touche tout autant Hubert. C'est une pièce d'une grande intensité expressive, passionnée, qui évoque une nature sauvage, aux forêts silencieuses, ses étendues glacées, un paysage nordique où le sol blanc et la solitude dialoguent jusqu'à l'horizon.

« J'ai découvert combien l'association spontanée de la musique et des paysages enrichit à la fois le plaisir de la contemplation et celui de l'audition ».

Hubert écoute *Così fan tutte* en écrivant *Patience dans l'azur, Tannhäuser* lorsqu'il rédige *Malicorne.* Camille Scoffier-Reeves, journaliste, seconde épouse d'Hubert confirme qu'il ne peut travailler qu'en écoutant de la musique.

Hubert adore l'atmosphère qui précède un concert ; ce moment collectif, où les musiciens ajustent leurs instruments, le fascine. Il se laisse séduire par l'effervescence grisante, presque improvisée, que l'on ne retrouve pas dans le monde de la recherche.

« Quand Hubert était triste, pour une raison ou pour une autre, j'allais là où il était et je faisais semblant d'être un chef d'orchestre. Et là, immédiatement, ses yeux devenaient brillants. Il n'y avait plus de tristesse ; je pense qu'il aurait pu écouter de la musique pendant un mois sans s'arrêter une seconde ». *Camille Scoffier-Reeves*

Le rêve d'Hubert, c'est de jouer du violoncelle dans un quatuor de Schubert. Pour lui, c'est l'image même du bonheur parfait. Le violoncelle est son instrument préféré pour son timbre qui imite celui de la voix humaine. Mais Hubert n'est pas musicien. S'il prend part à la musique, c'est en tant que récitant. Ainsi, Hubert Reeves prête sa voix à *Pierre et le Loup* de Sergueï Prokofiev, au *Carnaval des animaux* de Camille Saint-Saëns, à *Ma mère l'Oye* de Maurice Ravel, à la *Cantate pour la fin du temps* d'Olivier Messiaen, à *Babar* de Francis Poulenc, à *Sport et divertissement* d'Erik Satie, ainsi qu'à *l'Histoire du soldat* d'Igor Stravinsky. Pour lui, la musique n'est pas théorique ou cérébrale, mais profondément émotionnelle.

« La musique, j'en ai besoin, comme l'air que je respire. Comme la nature, le créateur artistique associe des éléments pour obtenir des œuvres aux propriétés nouvelles, sous la double houlette du jeu et des règles musicales. Il se situe dans la plus pure tradition de l'activité du cosmos… La musique est à l'image de l'Univers, qui fait toujours du neuf avec de l'éternel. Sept notes et puis… commence un mystère ».

Hubert apprécie aussi la chanson française et québécoise. Il est sensible à la qualité des textes, à leur poésie et aux messages qu'ils véhiculent. Pour lui, chanter est l'occasion de partager des moments uniques avec ses proches et ses amis. Parmi ses chanteurs préférés, Charles Trenet, Charles Aznavour, Guy Béart, Robert Charlebois, Michel Fugain, Félix Leclerc, Serge Reggiani et Gilles Vigneault.

« Hubert aimait beaucoup la chanson de Michel Fugain "Je n'aurais pas le temps"… Il aimait bien aussi Félix Leclerc, "Le petit bonheur", qu'il chantait avec sa petite fille ». ***Anna Alter, journaliste***

« Pour moi, l'espace, l'astronomie et la musique ont toujours semblé être reliés par des fils invisibles, mais très étroits. La preuve en est l'implication personnelle de nombreux musiciens exceptionnels dans les processus astrophysiques et scientifiques. Par exemple, le légendaire guitariste du groupe de rock Queen, Brian May, est astrophysicien et docteur ès sciences ». ***Garik Israelian***

Au domicile d'Hubert, la musique s'invite partout, dans la cuisine, même jusqu'aux fourneaux. Voici le secret de sa recette de l'omelette, sans fausse note. Après avoir libéré les œufs de leur coquille, il les rassemble au fond d'un saladier et les bat jusqu'à obtenir un mélange homogène. Pendant ce temps, une fine couche d'huile – exactement deux millimètres – nappe le fond d'une poêle. Il verse d'un seul coup la préparation dans l'huile brûlante, puis observe… et surtout écoute. L'intonation du crépitement, son rythme et son tempo indiquent à Hubert que la cuisson de son « omelette musicale » se déroule parfaitement. Lorsque la musique cesse, l'omelette est prête à être savourée.

Dans son salon, Hubert écoute régulièrement des concerts à la télévision. Il engage la conversation avec ses invités. Après plusieurs tentatives de communication infructueuses pour cause de fortissimi intempestifs, il cherche sa télécommande et baisse le volume. Quand il souhaite que la conversation s'achève, en guise de conclusion, il pose de nouveau son regard sur l'écran où les concertistes n'ont jamais cessé de jouer. La musique, reprend aussitôt ses droits et envahit de nouveau tout l'espace.

« Les paroles d'Hubert Reeves continuent d'illuminer nos esprits. Il nous a appris à écouter la musique du cosmos avec émerveillement, laissant derrière lui une mélodie intemporelle. Comme une grande œuvre symphonique, sa vie et son message résonnent à jamais, inspirant notre quête de beauté sur Terre ».
Orchestre symphonique de Montréal

La Musique

La musique souvent me prend comme une mer !
Vers ma pâle étoile,
Sous un plafond de brume ou dans un vaste éther,
Je mets à la voile ;

La poitrine en avant et les poumons gonflés
Comme de la toile,
J'escalade le dos des flots amoncelés
Que la nuit me voile ;

Je sens vibrer en moi toutes les passions
D'un vaisseau qui souffre ;
Le bon vent, la tempête et ses convulsions

Sur l'immense gouffre
Me bercent. D'autres fois, calme plat, grand miroir
De mon désespoir !

Charles Baudelaire

Accordéon au Carnaval de Québec.

LA BEAUTÉ, LA CRÉATIVITÉ ET L'HUMOUR

« La beauté est une expérience du monde. Elle implique à la fois la réalité extérieure et celui qui la perçoit ».

Au cœur de Paris, dans le 1er arrondissement, la Cour Carrée délimite son territoire. Au sud, coule la Seine traversée par le pont des Arts. À l'Ouest, sur la façade du Pavillon Sully, une horloge au cadran circulaire fixe le temps, minute après minute. Plus loin, la Cour Napoléon se signale par les surfaces inclinées de la Pyramide du Louvre.

Pavés inégaux et dalles alternent. Le sol gris s'efface sous la pierre de Saint-Leu dont les nuances blanc cassé et beige clair s'animent de subtiles touches dorées au soleil. Pilastres, colonnes corinthiennes et sculptures de bas-reliefs, ornent harmonieusement les quatre façades de cent soixante mètres de côté.

« S'insérer dans le courant du temps. Percevoir les battements de l'existence qui passe. La vie est une succession d'instants... L'Univers a une histoire ».

C'est en 1546 que François Ier initie la construction de la Cour Carrée suivant les plans de l'architecte Pierre Lescot. Ce chantier entraîne la démolition progressive de l'ancien château du Louvre édifié sous Philippe Auguste. Les travaux s'achèvent sous le règne de Louis XIV, grâce aux contributions majeures des architectes Louis Le Vau et Claude Perrault.

Pour Hubert, la Cour Carrée est le plus beau lieu de tout Paris, son refuge au cœur de la ville. Il en arpente régulièrement le sol puis s'installe des heures durant sur les bancs disposés le long des façades. Son regard se perd dans les jeux d'eau de la fontaine centrale puis s'élève vers le ciel immense. Il reste là, parfois jusqu'à la tombée de la nuit, bercé par un violoncelliste posté sous une arche. Pour lui, la Cour Carrée est un chef-d'œuvre d'architecture classique mais aussi un témoin de l'histoire : celle de ses bâtisseurs visionnaires qui l'ont conçue et érigée au fil des siècles, et celle des visiteurs venus du monde entier qui la traversent et l'admirent. Hubert est particulièrement sensible à l'étonnant contraste entre l'animation constante du lieu et la quiétude qui y règne.

« Là, tout n'est qu'ordre et beauté, luxe, calme et volupté. » Les mots de Charles Baudelaire dans son « Invitation au voyage » résonnent.

La beauté pour Hubert, c'est un ciel noir de velours constellé d'étoiles, un arc-en-ciel surgissant à l'horizon, un soleil qui se couche dans une explosion de couleurs ou qui s'éclipse, une aurore boréale qui ouvre le bal.

« Les aurores boréales, c'est un phénomène qui a été longtemps mystérieux. Quand j'étais petit, on me disait que c'était le reflet du soleil sur les glaces polaires. Et on retrouve d'ailleurs cette interprétation dans un des bouquins de Jules Verne ».

Hubert évoque l'Île de Baffin, située au nord-est du Canada dans le territoire du Nunavut. Cette vaste terre arctique est réputée pour ses aurores boréales, issues de la rencontre entre le vent solaire – émis par le Soleil – et la magnétosphère terrestre. À cette occasion, des particules chargées, des électrons et des protons, interagissent avec les atomes et les molécules de la haute atmosphère. Des voiles et des rubans lumineux se dessinent et se colorent en fonction de la nature des atomes avec lesquels les particules chargées entrent en collision : vert pour l'oxygène, rose intense pour l'azote ; plus haut dans l'atmosphère, rouge pour l'oxygène, mauve et bleue pour l'hydrogène et l'hélium. Hubert les compare aux majestueuses draperies d'opéras, amples et solennelles.

Hubert est un amoureux de la nature, mais peu à peu, le sentiment d'une profonde inquiétude s'empare de lui : « Peut-on encore se laisser aller à l'émerveillement des spectacles naturels, quand la démarche scientifique nous en fait voir les coulisses ? Est-ce que la science, en expliquant les couchers de soleil, tue leur magie ? »

Très jeune, Hubert succombe aux charmes de la science, séduit par l'élégance des mathématiques, par ses concepts agiles et ses théorèmes parfaits qui imitent la réalité telle que nous la percevons. Mais le tableau noir où s'affichent les équations de Maxwell l'effraie. Un coup d'éponge suffit-il à effacer la poésie du monde ? L'émerveillement n'est-il qu'un mirage né de notre rationalité ? Nos émotions, un leurre créé par une suite de réactions chimiques ?

« Devant l'océan serein, glorieusement coloré par le soleil couchant, une voix intérieure se fait entendre : ces dessins, ces formes, ces teintes chatoyantes sont des solutions mathématiques des équations de Maxwell. Parfaitement prévisibles et calculables. Rien de plus ».

Hubert met des années avant de contempler avec sérénité la beauté du mouvement perpétuel des vagues, avant de se laisser porter par la lente métamorphose des nuages. Il comprend que l'émotion, refoulée par la démarche scientifique, n'en demeure pas moins essentielle pour appréhender le monde et accéder à sa beauté.

« Aussi loin que la science recule ses frontières, et sur tout l'arc étendu de ces frontières, on entendra courir encore la meute chasseresse du poète ». *Saint-John Perse*

C'est l'hiver. Au nord du Québec, Hubert et ses amis randonnent à ski de fond. La nuit tombe. Le froid s'intensifie. Leurs repères disparaissent dans le silence et l'obscurité. Ils sont perdus. Dans ce noir saisissant, Hubert lève les yeux pour se raccrocher au ciel. Rouge-orangée, Bételgeuse veille. Rigel d'un bleu éclatant se signale dans la nuit. Alnitak, Alnilam, Mintaka, presque parfaitement alignées, scintillent d'un blanc bleuté. La nébuleuse d'Orion est là, lointaine et silencieuse, étrangement rassurante dans la nuit glacée. C'est un immense nuage d'hydrogène ionisé, large d'environ vingt années-lumière, qui abrite des étoiles à toutes les étapes de leur vie, jusqu'aux étoiles massives en phase terminale, prêtes à s'effondrer en supernova.

Des années plus tard, lorsque Hubert se réveille vers trois ou quatre heures du matin à la campagne, il n'hésite jamais à sortir pour retrouver Orion qui brille dans le ciel d'automne. À chaque fois, c'est pour lui un plaisir renouvelé, une rencontre silencieuse avec cette compagne céleste, fidèle et familière.

« Ce qui est abstrait pour vous est réel pour moi ». Ces mots sont ceux du peintre Zao Wou-Ki. Son art fusionne l'abstraction occidentale et les traditions chinoises. En 2003, il est reçu à l'Académie des beaux-arts de Paris et la galerie nationale du Jeu de Paume propose une rétrospective d'une centaine d'œuvres majeures qu'Hubert visite avec son amie Louisiane Gauthier. Les toiles ne représentent ni paysage ni scène identifiable. Elles évoquent la matière en mouvement, la lumière, le vide. Zao Wou-Ki ne cherche pas à imposer un sens, mais à ouvrir un espace intérieur. Hubert perçoit ces œuvres comme un prolongement naturel du ciel, un dialogue complice entre le regard humain et l'infini. Il retrouve dans l'univers du peintre le silence du cosmos, la beauté indisciplinée des espaces infinis, toujours en devenir.

Hubert est sensible à ce rapprochement entre l'art et la nature qui naît du regard de l'artiste, sous le trait du pinceau. Pour lui, la peinture est une démarche incarnée, où l'observation du monde devient acte de création.

Il ne se contente pas d'admirer les œuvres abstraites. Les paysages peints par les maîtres flamands et hollandais, Van Dyck, Ruisdael, Van der Weyden ou Brueghel le séduisent également. Il parcourt les lieux qui font écho aux scènes peintes et les identifie. Sur place, il confronte les toiles au réel. Il en observe les lumières, les textures, les nuances de couleur.

« Poursuivant notre périple en direction de la Hollande, nous avons longuement arpenté les îles de la province de Zélande en mer du Nord, où la vie paysanne semblait ne pas avoir changé depuis des siècles. Ces lieux, ces maisons, ces ciels tourmentés que je voyais pour la première fois me paraissaient étonnamment familiers… Je vivais le bénéfice des heures que j'avais passées dans les galeries de peintures flamandes à Washington et à New York ».

En scientifique, il recrée toutes les conditions – autant que possible – pour superposer son regard à celui de l'artiste et s'imprégner de toute la force sensible, esthétique et spirituelle de l'œuvre. C'est autant une démarche d'observation qu'un acte de contemplation et de communion.

Sur son chemin, Hubert foule un tapis de pommes de pin. Il se baisse, saisit un échantillon et en admire la géométrie remarquable. Une véritable merveille du vivant. Autour de l'axe central, les écailles s'agencent en deux spirales imbriquées, orientées dans des sens opposés. Hubert les compte : 5, 8, 13, parfois 21. Tous issus de la suite de Fibonacci, ces nombres lui sont familiers. Aucune place ne se perd, aucune écaille ne se chevauche. Le motif optimise la surface d'exposition à la lumière et à l'air. L'organisation spiralaire confère à la structure cohérence, solidité et efficacité reproductrice. Hubert est fasciné par l'esthétique et l'ingéniosité dont la nature fait preuve, par la combinaison judicieuse de la forme et des fonctions.

« Est-ce qu'Hubert pourrait avoir de la fascination pour une structure comme le cerveau ? Est-ce qu'il était un peu intéressé, fasciné par le fonctionnement du cerveau ? Et s'il avait dû faire une carrière en neurosciences, comment s'y serait-il pris ? Qu'est-ce qu'il aurait fait ? Est-ce qu'il aurait étudié l'imagerie cérébrale, la génomique, le comportement ? Je ne sais pas, mais j'aurais aimé le lire, discuter avec lui de ce sujet-là ».
Rémi Quirion, chercheur en neurosciences, scientifique en Chef du Québec

« L'éclair de génie » relève du mythe. Les neuroscientifiques le confirment : l'idée qui surgit n'a aucune réalité biologique. Le cerveau est une machine à anticiper, à formuler des hypothèses et à ajuster en permanence ses décisions. Son fonctionnement repose en grande partie sur des mécanismes prédictifs. Il construit des modèles en combinant les données sensorielles avec les connaissances acquises, anticipe les événements et ajuste ses comportements à mesure que l'environnement évolue. Ces processus, décrits notamment par les théories du cerveau bayésien et de l'apprentissage par renforcement, s'appuient sur des estimations probabilistes, le plus souvent inconscientes.

Le cerveau humain ne se réduit pour autant pas à une machine statistique. Il fonctionne aussi par analogie, en établissant des liens entre des situations éloignées mais structurellement comparables. Il reconnaît des motifs, effectue des rapprochements, transpose et associe. Ce mode de fonctionnement est au cœur de l'intuition, de l'apprentissage, et parfois même de l'invention créative.

« La véritable créativité commence souvent là où le langage s'arrête ».
Arthur Koestler

Le cerveau classe pour comprendre. Il regroupe en catégories des objets, idées ou expériences qui présentent des caractéristiques communes. Grâce à ces processus de tri mental, il crée des concepts, simplifie, généralise, et raisonne efficacement à partir d'un monde complexe, changeant et souvent ambigu.

L'humain ne pense pas toujours de manière optimale, ou rationnelle. Le cerveau est aussi le siège d'émotions, d'intuitions, d'élans créatifs qui échappent aux modèles logiques et engendrent parfois l'inattendu. Sa force est peut-être là : dans cette oscillation entre rigueur et désordre, logique et sensibilité.

« Pour explorer le champ des possibles, le bricolage est la méthode la plus efficace. »

Le psychiatre Raphaël Gaillard avance que « l'accélération et le ralentissement de la pensée montrent une énergisation du comportement lorsque l'on apprécie nos idées ». Autrement dit, notre cerveau ne se contente pas de produire des idées : il réagit à leur contenu, évalue leur pertinence, leur attrait émotionnel, leur potentiel. Ce mécanisme d'évaluation subjective semble jouer un rôle clé dans le déclenchement du processus créatif.

C'est peut-être là que naît la créativité : dans cette oscillation entre sélection raisonnée et plaisir intuitif, entre structure mentale et élan subjectif.

« Un terrain particulièrement fertile pour la recherche se situe à la frontière entre des domaines apparemment sans rapport entre eux. Les grandes avancées scientifiques sont souvent nées de tentatives audacieuses de rapprochement entre deux sujets au départ très éloignés ».

« Hubert était créatif. Il n'était pas carré dans ce qu'il disait. Il le disait avec beaucoup de ronds et beaucoup d'ellipses et beaucoup d'hyperboles. C'est une sorte de virtuose ». *Anna Alter*

Sylvie Chokron, neuroscientifique, s'interroge sur la contribution possible de l'intelligence artificielle au processus créatif : « il y a aussi beaucoup de mécanismes inconscients, difficiles à modéliser. Le rôle de la mémoire, les biais de confirmation, la métacognition… Il est donc peu probable que cette part inconsciente puisse être recréée par une IA ».

« Je refuse de croire que la Lune cesse d'exister quand personne ne la regarde ». *Albert Einstein*

Qui peut croire qu'Hubert, scientifique, mélomane et philosophe, conte d'autres histoires que celles de l'Univers ? Hubert aime l'humour, la dérision et le rire. Il apprécie les calembours et les jeux de mots, surtout les plus mauvais. Il considère les blagues et les histoires drôles comme de véritables sources d'inspiration, de liberté et d'expression. Ce sont des ponts unificateurs, capables de rapprocher ceux qui ne se connaissent pas, qui ne partagent pas la même expertise. La blague mobilise celui qui écoute, l'invite à chercher la faille, à débusquer un loup ou à anticiper l'effet de surprise. Le rire sollicite l'intelligence plus que l'émotion. La chute, inévitable, déclenche le rire. Elle crée une complicité immédiate et invite à la conversation sans retenue.

« Hubert racontait des histoires extrêmement drôles d'une façon remarquable. Certaines demandaient beaucoup de vigilance pour ne pas se prendre les pieds dans le tapis, mais ça, il savait faire ». *Yves David, physicien, collaborateur d'Hubert*

« L'humour, c'est fondamental. C'est un élément indispensable pour être aimé. Je ne me verrais pas aimer quelqu'un qui n'a pas d'humour. Parce que ça reflète un manque de convivialité. C'est être capable de se moquer de soi-même, c'est-à-dire de ne pas se prendre trop au sérieux, c'est ça l'idée de l'humour ».

La première fois que l'astronaute Jean-François Clervoy rencontre Hubert Reeves, c'est sur un bateau, au cours d'une croisière dans l'océan Indien. Michel Serres est également à bord. Le soir venu, les conférenciers se retrouvent à table pour dîner. Très vite, la conversation prend des allures de joute verbale. Alors que Michel Serres déroule des anecdotes érudites, pleines de références littéraires, philosophiques et historiques, Hubert répond par des histoires drôles et légères.

« Hubert aimait beaucoup qu'on l'aime. Il pouvait faire se taire une tablée de vingt personnes où tout le monde parlait. Il disait : "Maintenant, je vais vous raconter une histoire." Avec le talent fou de conteur qu'il avait, n'importe quelle histoire prenait des proportions énormes. Il pouvait raconter dix histoires à la file. Les gens l'écoutaient, fascinés, et riaient. Lui adorait ça ». *Camille Scoffier-Reeves*

Hubert se prête volontiers au jeu de l'imitation.

Fabien Marsaud est auteur, compositeur et interprète. Il s'impose comme une figure emblématique du slam français. Avec sa voix grave et posée, il déclame des textes mêlant émotion, justesse et humanité, sur des fonds musicaux minimalistes.

Un jour, Hubert est avec son petit-fils. Sans hésiter, Hubert prend son béret, l'incline légèrement sur le côté de sa tête et commence à imiter les gestes du slameur.

« Il y a dans le mot d'esprit, comme dans la caricature, un travail de simplification, d'élimination, de mise en relief ». Henri Bergson

Ce goût du rire, des mots qui jouent, des voix qui portent, Hubert le cultive. Pour lui, l'humour et la dérision ne passent pas au second plan : ce sont des clés d'accès à l'intelligence et à la subtilité du monde, à hauteur d'homme.

« Il a un regard très coquin, très malicieux. Il a des plis dans le coin de ses yeux. On a l'impression qu'il est constamment en train de penser à une blague. Il a beaucoup d'humour, il adore raconter des blagues ». ***Jean-François Clervoy, astronaute***

Vaches blanches, vaches noires

Un fermier reçoit un fonctionnaire du ministère de l'Agriculture venu faire l'inspection annuelle des lieux. Après la visite des bâtiments, il dit au fermier :
— C'est parfait. Votre installation me paraît d'une excellente qualité mais avant de vous donner le sceau d'approbation du Ministère, je dois remplir un certain nombre de fiches techniques. Ne vous inquiétez pas, tout se passera très bien, j'en suis sûr !
— Entrez dans la maison, nous allons voir tout cela, répond le fermier.
Les voici installés autour d'une table. L'inspecteur sort de son porte-documents une liasse de formulaires.
— Commençons avec vos bovins. Votre étable est d'une propreté exemplaire et vos vaches paraissent s'y plaire. Mais pour remplir mes fiches, je dois avoir des renseignements sur votre production de lait.
— Je peux vous dire que le lait de mes vaches blanches n'a pas son pareil dans tout le pays, aussi bien en quantité qu'en qualité. Les producteurs de fromage viennent de très loin pour en acheter et n'en veulent pas d'autres.
— Bien, dit l'inspecteur, mais j'ai remarqué que vous aviez aussi des vaches noires. Que pouvez-vous dire du lait de vos vaches noires ?
— Vaches blanches, vaches noires : pareil. Même quantité, même qualité. Personne ne pourrait deviner la couleur des vaches d'où provient mon lait !
— Bien, dit l'inspecteur, voyons la fiche suivante.
C'est pour les poules. Je n'ai jamais vu de poulailler aussi bien tenu que le vôtre. Vos poules sont vraiment gâtées. Elles ont une nourriture de choix. Elles pondent avec un accompagnement musical et semblent respirer la joie de vivre. Mais toujours pour mes fiches, sur le plan de la ponte, qu'en est-il ? Nombre d'œufs, grosseur, qualité, que pouvez-vous m'en dire ?

— Tous les grands restaurants de la région réclament les œufs de mes poules blanches. Ils en font les meilleures omelettes. Mes poules blanches atteignent des records sur le plan du nombre d'œufs par année ainsi que sur leur taille.
— Oui j'entends, reprend l'inspecteur, mais là aussi je ne peux m'empêcher de remarquer que vous n'avez pas que des poules blanches. Dans votre basse-cour, j'ai de nombreuses poules noires. Comment se comparent-elles avec vos poules blanches ?
— Je dois vous dire qu'elles ne sont nullement en reste par rapport à leurs sœurs blanches. Poules noires, poules blanches, aucune différence, c'est pareil…
L'inspecteur dit alors :
— Tout cela est excellent et je vous félicite. C'est avec plaisir que je vais vous signer le renouvellement de votre permis d'exploiter. Vous le méritez vraiment. Pourtant, je voudrais vous poser une question. Quelque chose m'a intrigué dans vos propos, quelque chose que je ne comprends pas. Oh, ne craignez rien, cela ne remet nullement en cause votre permis. C'est pure curiosité de ma part !
— Je vais essayer de répondre à votre question, dit le fermier, mais auparavant j'aimerais que vous mettiez votre sceau sur mes fiches.
L'inspecteur appose les sceaux sur les fiches que le fermier s'empresse de porter dans un grand coffre-fort dont il referme soigneusement la porte.
Revenant vers l'inspecteur, il demande avec un grand sourire :
— Quelle est votre question ?
— Bien. Je vous le dis tout de suite, ça n'a pas une grande importance, bien sûr, mais ça m'a quand même surpris !
— Parlez, je vous en prie !
— Voilà, quand je vous ai posé des questions sur vos animaux : vaches, poules, moutons, vous m'avez d'abord parlé des animaux blancs : vaches blanches, poules blanches, moutons blancs, mais ensuite quand je vous ai fait remarquer que vous aviez aussi des ani-

maux noirs : vaches noires, poules noires, moutons noirs, vous avez déclaré que la situation était la même pour les deux variétés, qu'il n'y avait pas de différences. Vous avez exactement dit « animaux blancs, animaux noirs : pareils ! »
— Ah c'est ça qui vous a étonné, dit le fermier ?
— Oui, pourquoi à chaque fois cette façon de parler de vos bêtes ?
— Eh bien, si c'est seulement cela qui vous a posé problème, c'est simple, je vais tout vous expliquer. C'est que les animaux blancs, les vaches blanches, les poules blanches, les moutons blancs, ils sont à moi !
— Ah, reprend vivement l'inspecteur, alors les vaches noires, les poules noires et les moutons noirs ?
— Pareil ! dit le fermier.

Hubert Reeves

Le Québécois qui coupe son bois

À la campagne, un Québécois décide d'aller couper son bois pour l'hiver. Il se rend dans la forêt et remplit sa charrette de troncs et de branches. À son retour, il passe devant la tente d'un autochtone de sa connaissance. Il le salue et engage la conversation :
— L'hiver arrive. J'ai fait mes provisions pour la mauvaise saison.
L'autochtone le regarde et dit d'une voix forte :
— L'hiver sera froid !
« Oh oh, se dit le Québécois dans sa barbe, je n'ai sans doute pas assez coupé de bois. »
Le lendemain, il se munit d'une plus grande charrette qu'il emplit jusqu'au bord. Puis il repasse devant l'autochtone en se justifiant :
— C'est que l'hiver sera froid !
— L'hiver sera très froid, répond l'autochtone avec une voix grave et solennelle en insistant sur le « très ».
Maintenant vraiment inquiet, le Québécois demande l'aide de son voisin. Le lendemain, à leur retour de la forêt, ce sont deux énormes charrettes pleines de bois coupé qui font halte devant la tente.
— Oui, c'est que l'hiver sera très froid ! dit le Québécois.
L'autochtone plus solennel que jamais approuve en hochant la tête.
— L'hiver sera extrêmement froid !
— Mais, dites-moi, comment savez-vous cela ? demande le Québécois.
— L'Homme blanc coupe beaucoup de bois !

Hubert Reeves

EN CHEMIN, PAR HASARD

En 1965, Hubert rejoint le Centre de sciences nucléaires et de sciences de la matière à Orsay. René Bernas l'accueille au sein de son équipe en tant que directeur de recherche. Le laboratoire mène ses travaux à la croisée de la physique nucléaire, de la physique corpusculaire et de la cosmochimie, dans une approche interdisciplinaire visant à comprendre les origines de la matière.

La famille Reeves s'installe au sud de Paris, à Orsay, dans un appartement situé avenue Aristide Briand. Scolarisé à l'école du Guichet, non loin de là, Nicolas déjeune tous les jours chez lui. Un midi, Hubert est déjà assis à table, silencieux, le regard perdu dans ses pensées. Il tourne la tête vers Francine et annonce : « Il n'y a pas de neutrino dans le Soleil ». Cette phrase, en apparence anodine, est d'une importance capitale. Elle constitue une remise en cause des modèles en astrophysique. Les théories en vigueur, notamment celles de Hans Bethe, affirment que les réactions nucléaires au cœur du Soleil produisent des neutrinos. Ces particules quasiment sans masse ni charge, sont capables de traverser des milliards de kilomètres de matière sans interagir. Les neutrinos, censés être émis en grand nombre, doivent être détectables sur Terre.

Or les expériences menées dans un laboratoire souterrain aux États-Unis, sous la direction du chimiste et physicien Raymond Davis Jr., observent beaucoup moins de neutrinos solaires que prévu. Ce déficit, appelé le « problème des neutrinos solaires », inquiète la communauté scientifique. Le Soleil a-t-il ralenti son activité nucléaire ? Les théories fondamentales sur les réactions de fusion sont-elles erronées ? Le doute est installé.

Très vite, Hubert s'interroge : « Existe-t-il plusieurs sortes de neutrinos » ? Les neutrinos changent-ils de nature au cours de leur trajet entre le cœur du Soleil et la Terre ? Si tel est le cas, les détecteurs ne perçoivent qu'un seul type de neutrino parmi plusieurs. Quelques décennies plus tard, les expériences menées au Super-Kamiokande (Japon) et au Sudbury Neutrino Observatory (Canada) confirment cette intuition. Les neutrinos oscillent, passant d'une espèce à l'autre : électronique, muonique, tauique.

Ce changement d'identité explique pourquoi les détecteurs de Raymond Davis, qui ne captent que les neutrinos électroniques, ne détectent qu'un tiers des neutrinos arrivant du cœur du Soleil. Hubert l'a envisagé intuitivement, bien avant la validation expérimentale.

« C'était vraiment pour nous dans l'ordre des choses d'avoir un père qui parlait de ces choses-là. On est tombés dedans quand on était petit. Le mobile qu'on avait au-dessus de nos lits d'enfant, c'était un système solaire. On connaissait nos planètes avant de savoir lire. Hubert nous montrait ses très beaux livres d'astronomie. J'aimais beaucoup les diagrammes. On voyait les couleurs des étoiles, ça me faisait penser à des lumières de Noël ».
Nicolas Reeves, architecte et physicien, fils d'Hubert

En 1969, les Reeves déménagent à Bures-sur-Yvette sur le plateau de la Hacquinière, un promontoire qui sépare la vallée de Chevreuse du petit vallon de Gometz, où coule le Vaularon. Ils habitent alors une vaste demeure aux immenses baies vitrées ouvertes sur la forêt, qui devient rapidement un lieu de convivialité, propice aux soirées festives. Francine y invite des artistes qu'elle rencontre dans les cabarets de la rive gauche à Paris, où elle commence à se produire. Hubert y convie ses collègues physiciens, les rencontres sont animées et les discussions nombreuses. Il arrive que la maison accueille jusqu'à une centaine de convives. Pour Nicolas, alors âgé de quatorze ans, chaque soirée est magique, avec des chanteuses et des chanteurs qui assurent le spectacle. Il se souvient encore d'une nuit tardive, des cours manqués le lendemain, et du mot malicieux que sa mère adresse à la surveillante générale : « L'événement à la maison nous a semblé plus formateur qu'une journée de classe ».

« On habitait une maison extraordinaire. Ça a été essentiel dans mon choix de me diriger vers l'architecture. C'était une maison avec une grande proue vitrée de plus de quatre mètres de hauteur, qui donnait sur la forêt avec un jardin. À l'époque, les routes étaient encore en terre battue. Cette maison-là, tous nos amis l'adoraient ». ***Nicolas Reeves***

En 1974, Hubert et Francine se séparent.

« La rupture de notre mariage, à la suite de mes absences très fréquentes, me plongea dans une longue période dépressive. J'étais incapable de m'attabler pour entreprendre des recherches qui ne me disaient plus rien. Moins je travaillais, plus je déprimais ; plus je déprimais, moins je travaillais. Je me sentais m'enfoncer ».

Un jour, sur la surface nue d'un rocher, Hubert remarque une petite plante verte, fragile et tenace, qui surgit d'une fissure où un peu de terre subsiste.

« Il y a – me disait-elle dans son langage –, enfoncés dans les strates profondes de ton être, des courants de vitalité qu'il faut tenter de rejoindre. »

Au bout de séances intensives avec le psychanalyste Roland Cahen, Hubert retrouve peu à peu sa vitalité. À ce moment-là, Camille Scoffier entre en scène et réenchante sa vie. Camille est journaliste. C'est une femme cultivée, curieuse, à l'esprit vif et à la plume acérée. Elle a de nombreux amis, qu'elle aime recevoir dans des lieux qu'elle réinvente. Bâtisseuse dans l'âme, elle conçoit, restaure et aménage avec goût les vieilles pierres. C'est son terrain de jeu quand elle ne manie pas la plume ou l'art de la conversation.

Après une journée de travail bien remplie, Camille se rend à un dîner auquel elle est conviée. Assise à l'une des extrémités d'une table de douze personnes, elle est immédiatement saisie par la présence d'Hubert, installé à l'autre bout.

« Ce que j'ai tout de suite repéré chez Hubert, c'est son regard malicieux. Hubert était incroyablement cultivé. C'est un personnage qui dégageait des choses. Il n'était peut-être pas incroyablement beau. Ce n'est peut-être pas ça Hubert, mais il avait un charme éblouissant. Moi, il m'a tout de suite éblouie et j'avais envie de l'éblouir ». ***Camille Scoffier-Reeves***

L'élan est réciproque : deux jours plus tard, Hubert obtient le numéro de téléphone de Camille par des amis communs et l'appelle. Il la rejoint chez elle, rue Jacob, à Paris. C'est le début d'une histoire d'amour qui durera près de cinquante ans.

« Trois jours après, il m'a dit : "J'aimerais vivre avec vous." Il est arrivé ici avec une petite valise, sa brosse à dents et on ne s'est plus jamais quittés ; sauf quand il me quittait pour aller faire des conférences ou suivre ses petites amies. Parce qu'Hubert est quelqu'un qui aime énormément les femmes. C'est un grand séducteur ». ***Camille Scoffier-Reeves***

Camille aime la campagne, Hubert aussi. Lorsqu'elle dispose d'un peu d'économies, elle propose d'acheter une maison en pleine nature. Hubert, très pragmatique, déplie une grande carte Michelin, place la pointe d'un compas sur Notre-Dame de Paris et trace un premier cercle : il délimite la zone qu'il estime trop proche de Paris. Il en dessine un second pour matérialiser la ligne à ne pas franchir afin que le lieu reste facilement accessible, même le temps d'un week-end. Leur exploration commence dans le Loiret, se poursuit en Seine-Maritime, puis les conduit dans l'Oise.

Bouteilles et verreries dans l'atelier de peinture à Malicorne.

Un jour, ils se rendent à Joigny pour visiter une propriété. La route nationale qui longe la maison et coupe l'accès direct à l'Yonne les rebute. Ils s'arrêtent dans un bistrot. En buvant son café, Hubert feuillette l'*Yonne Républicaine.* Il repère l'annonce d'une vieille ferme pleine de charme, complètement délabrée, mais entourée de magnifiques arbres, avec un étang. Il appelle immédiatement le vendeur. Le rendez-vous est fixé sur-le-champ. Camille et Hubert prennent la route pour Malicorne, un petit village de la Puisaye, au nord de la Bourgogne.

En arrivant, ils empruntent l'allée bordée de hêtres pourpres qui débouche sur la cour centrale. Une grande ferme en piteux état, attenante aux vestiges du château de Hautefeuille, se dévoile. Elle date vraisemblablement du XVIIe siècle. Treize petites maisons en ruine encerclent la cour. Pour Camille, passionnée de restauration, c'est un véritable paradis. Dans un coin du vaste terrain, un étang sommeille, entouré de vieux murs tapissés de fougères, comme échappé d'un conte de fées. Hubert s'y précipite, explore les abords, découvre des forêts de tilleuls et des chênes centenaires. Pour lui, c'est une évidence : s'ils ne prennent pas cette maison, ils n'en trouveront jamais une autre qui leur convienne autant. Le 7 novembre 1978, Camille signe la promesse de vente sur un coin de table. La propriétaire leur remet les clés. Le soir même, ils dorment à Malicorne.

Hubert est dégourdi, mais pas bricoleur du tout. Le lendemain, il part à la rencontre des voisins pour leur demander de l'aide : il faut disposer d'eau chaude et remettre l'électricité en service. Gérard Lécole arrive à la rescousse sur son cheval. Il met pied à terre, attache la longe de sa monture à un anneau, ôte sa bombe et s'incline avec élégance pour saluer Camille.

Dans la bâtisse principale, Hubert et Camille choisissent une chambre qu'ils aménagent à leur goût. Ils entament ensuite des travaux urgents de remise en état de la cuisine et de la salle de bains. Passée cette étape des premières nécessités, ils s'attaquent à la restauration des autres maisons, en suivant une progression bien ordonnée : dans le sens des aiguilles d'une montre, comme le recommande Hubert, en commençant par l'édifice le plus proche du corps principal. L'une après l'autre, les bâtisses reprennent vie. Dès qu'elles sont prêtes, elles ouvrent leurs portes à des amis, que Camille et Hubert ont grand plaisir à convier.

« Au début, il y avait le bâtiment principal qui était à peu près convenable pour être habité. Ils avaient des projets que moi je trouvais complètement fous, de tout refaire, de faire un espace pour les arbres, etc. Je me disais que ce n'était pas possible, qu'ils n'y arriveraient jamais. Ils ont tout fait ! » *Michèle Stanton-Jean*

Sur le flanc nord-ouest de la cour s'élève une grange à colombages. Elle tire son nom des membrures de bois, visibles sur la façade, qui en composent la structure. À l'origine, c'est un lieu de stockage pour les tracteurs et le matériel agricole. Les cloisons sont abattues et la toiture préservée accueille des panneaux de verre, installés dans ses ouvertures hautes. Baptisé l'Opéra, c'est le lieu de rencontre lors d'un événement festif, ou simplement pour bavarder, entre deux promenades. Une fois équipée d'un plancher en bois surélevé, la porcherie, elle aussi, est transformée en appartement. En bout de chaîne des structures à restaurer, se trouve celle qui abrite historiquement le bétail et sert au stockage des bottes de foin. Son toit ne résiste pas aux premières réparations et s'effondre. Malgré ces aléas, deux années suffisent à faire le tour du cadran et à achever le gros de la restauration des bâtisses. Camille réaménage ensuite la cour carrée centrale, au milieu de laquelle trône un sycomore. Étêté par les anciens propriétaires paysans, il survit en combinant lui-même ses quatre souches résiduelles. Animé d'un puissant élan vital, il est aujourd'hui l'arbre emblématique du lieu, celui sous lequel s'organisent les repas durant la période estivale.

« C'est un lieu où il faut enlever sa montre et s'insérer dans le rythme de la nature dont la vie moderne nous coupe si cruellement ».

Au fond de la cour, un petit portail, surmonté d'une arcade en plein cintre, ouvre l'accès au terrain, vaste tel une prairie. Sur la gauche, se déploie un corps de bâtiment allongé. Camille fait démolir des murs en parpaings qui obstruent le passage et installer une cheminée afin d'accueillir de grandes tablées durant l'intersaison. À l'étage supérieur, transformé en mezzanine, un atelier de peinture prend place. Plusieurs artistes viennent enseigner aux invités les rudiments de la peinture à l'huile et de l'acrylique. Les lucarnes, du côté opposé à la cour, s'ouvrent sur l'étang et le vaste terrain. L'atelier surplombe la forêt millénaire qui constitue un incontournable de la propriété. À l'origine, un seul arbre, un platane se dresse à cet endroit. Hubert y plante tout autour des érables du Québec, des châtaigniers, des chênes rouges, des tilleuls et des ginkgos.

« Planter des arbres, c'est un rêve que j'avais et que j'ai pu réaliser ».

D'anciennes serres jouxtent le corps principal de la ferme. Des glycines mauves s'y adossent. Elles déploient leurs lianes vigoureuses et majestueuses, ornées de longues grappes de fleurs au parfum suave. Hubert passe de longues heures à les contempler.

Il adore les cèdres du Liban. Lorsqu'il en achète des plants à Paris, quai de la Mégisserie, ceux-ci ne mesurent qu'une vingtaine de centimètres. Il leur dédie une parcelle du bois. Il les surnomme « les sept frères ». Ils s'imposent maintenant dans l'allée des géants. Dans le verger, il plante des méta-séquoias du Sichuan en ellipse autour d'un arbre central, pour imiter le système solaire. Chaque arbre porte le nom de l'un de ses petits-enfants. Celui du centre n'a pas beaucoup poussé contrairement aux arbres autour, devenus immenses.

« Être responsable de ces arbres qui me survivront longtemps me plaît infiniment… Parmi eux, j'ai le sentiment confus de notre participation commune à ce puissant courant de vie qui se manifeste dans la succession de milliards de générations d'êtres vivants sur notre planète, dans un coin perdu de la Voie lactée ».

« Quand j'arrivais à Malicorne, Hubert n'hésitait pas à me faire faire le tour de sa forêt millénaire et du grand jardin au complet. Si je ne l'ai pas fait cent fois ce tour de jardin, je ne l'ai pas fait une fois ! C'était toujours captivant. Il savait raconter des anecdotes à propos du comportement de tel type de chenille ou de tel type d'oiseau ».
François Reeves, cardiologue, neveu d'Hubert

La forêt demande un entretien régulier : coupes de bois, rangement, stockage. Alors qu'il agence soigneusement des bûches débitées à l'entrée de la propriété, Hubert découvre un empilement de pierres dont la forme lui rappelle les amoncellements qu'il observe à Tikal, au Guatemala. Il baptise le lieu où s'élève son totem insolite « Tikal sur Yonne ».

« Hubert était ravi d'avoir une maison ouverte. Il invitait tout le monde. Quand il venait à Malicorne, c'était pour s'occuper de son jardin, planter des arbres, regarder ses fleurs qui poussaient un peu partout. Il passait quelques heures avec les amis, mais le reste du temps, il s'enfermait dans son bureau pour écrire. La plupart de ses livres, il les a écrits à Malicorne ».
Camille Scoffier-Reeves

Malicorne devient vite un lieu vivant de rencontres et d'échanges, un terreau fertile où germent naturellement idées et projets entre scientifiques, musiciens, poètes, comédiens, peintres et toutes sortes d'esprits créatifs ou simplement curieux. Le plus souvent, les retrouvailles ont lieu les week-ends mais pas seulement. Les amis arrivent aussi à l'improviste. Des fêtes s'organisent, pour les mémorables anniversaires d'Hubert ou encore à l'occasion de mariages.

« Mon frère Benoît et ma sœur Evelyne ont écrit le livret et composé la musique d'un opéra inspiré d'une chanson traditionnelle du répertoire québécois, Le roi Papoum. Ils ont recruté amis, neveux, nièces, frères et sœurs, et nous ont fait répéter presque toute la journée. L'histoire est simple : le roi Papoum est furieux, sa fille a un amant secret qu'elle souhaite épouser.

Pour la punir, il l'enferme dans une sombre prison, où elle a les pieds qui pourrissent dans la terre, et les jambes rongées par les vers. Désespéré par cette trahison filiale, il part combattre dans un pays lointain. À son retour, il vérifie si sa fille a changé d'avis ; comme ce n'est pas le cas, il repart vers un autre pays. La séquence se répète plusieurs fois, jusqu'à une bataille finale où le comportement du prétendant pousse enfin le roi à consentir au mariage. La représentation a été un grand succès ». *Nicolas Reeves*

« Camille, c'est un peu ma deuxième maman et la deuxième maman de ma deuxième famille. Malicorne, c'est plus qu'une maison. Camille a créé une ambiance. Beaucoup d'entre nous se considèrent comme une famille avec elle, la maman. C'est elle qui organise tout, qui invite les gens. On s'y sent bien parce qu'il y a une famille, parce qu'il y a Camille, puis parce qu'on est tous ensemble, et parce que cet endroit est super. C'est un plaisir de faire la vaisselle, de réparer ce qui ne marche pas : tout fait partie du plaisir. C'est grâce à Camille. On est admiratifs de ce qu'elle a su créer à partir de rien. Elle a vraiment voulu ça, elle a réussi. Je sais qu'elle aimerait que ça continue. On l'admire, Camille, parce que malgré les aléas, elle est toujours debout, et ça nous impressionne ». *Marc Lachièze-Rey, astrophysicien*

Hubert se passionne pour les fleurs sauvages. Sa loupe en poche, il part à leur rencontre. À Malicorne, elles sont partout. La brunelle commune, vivace et discrète, tapisse le gazon de ses épis violets, entre les jonquilles lumineuses et joyeuses, et les pâquerettes blanches ou rosées qui parsèment le sol. À quelques pas, dans les prairies, les véroniques aux fleurs bleu vif, le myosotis bleu ciel et la cardamine aux pétales mauves annoncent l'arrivée du printemps. Au début de l'été, la centaurée jacée, d'un pourpre profond, surgit au pied des cèdres du Liban.

« Une fois, Hubert allait planter des hortensias. Nous les avons plantés ensemble. Il s'est toujours rappelé qu'on avait planté ses hortensias ensemble et chaque fois, quand j'arrivais, il fallait aller voir ce que devenaient les hortensias ». *Catherine Cesarsky, astrophysicienne*

« J'ai vu une fleur sauvage
Quand j'ai vu son nom,
je l'ai trouvée plus belle. »
Haïku japonais

« À Malicorne, les saisons se manifestent. L'odeur des fleurs d'acacias ou de tilleuls y marque le printemps et l'apparition des mauves colchiques dans les prés humides nous annonce, mine de rien, que l'automne est déjà là ».

Hubert poursuit sa promenade dans le sous-bois. Le spectacle est grandiose : arum tacheté, ficaire, anémone Sylvie, benoîte commune, étoile d'or, cyclamen de Naples, grande bardane et pervenche, panachent le sol. Plus tard dans la saison, elles cèdent leur place à la stellaire holostée, discrète et élégante. Hubert note les dates de floraison pour chaque espèce. Il entreprend de réaliser un herbier pour les immortaliser.

« Là, une grande paix m'envahit. Attentif aux sons et aux odeurs, je m'éveille à la présence tranquille du monde végétal. Je me sens vivant, à la surface de la planète Terre, à l'instant présent de l'évolution de l'Univers ».

« Hubert pouvait passer des heures devant des grandes plantes, la ciguë, ou une gerbe d'or. Il savait le nom de toutes les plantes. Il se baladait dans les allées et dès qu'il en voyait une qu'il ne connaissait pas, il rentrait à la maison où il avait la plus grande collection de dictionnaires sur les plantes. Il n'avait de cesse de trouver le nom de la plante qu'il venait de découvrir. C'était sa grande distraction. Là, j'ai vraiment vu Hubert heureux ». *Camille Scoffier-Reeves*

Sur les décombres, la grande ortie, est envahissante et pique. La cardère sauvage pousse sur les chemins de campagne, là où personne ne l'attend, modeste et tenace. Sa tige haute et raide, parfois de plus d'un mètre, porte de petites épines en signe de vitalité. À la base, ses grandes feuilles opposées forment des coupelles naturelles qui retiennent l'eau de pluie. La cardère est surnommée le cabaret des oiseaux. De juillet à septembre, ses fleurs mauves ou violacées attirent les insectes pollinisateurs et les papillons. Quand l'automne vient, elle se dessèche. Hubert en coupe alors plusieurs tiges et confectionne des bouquets qu'il dispose le long des murs de pierre qui ceinturent la propriété de Malicorne. La linaire cymbalaire avec ses fleurs bicolores mauve et jaune y fane aussi.

« Quand je disais à Hubert : "je suis envahie par des mauvaises herbes", il me répondait : "il n'y a pas de mauvaises herbes, il n'y a que des herbes non invitées qu'on ne veut pas dans son jardin. Mais elles ne sont pas mauvaises, elles sont juste indésirables" ». *Anna Alter*

La petite affaire des mauvaises herbes ne s'arrête pas là. Nicolas Reeves partage une drôle de rencontre qu'il a faite en 1997, alors qu'il présente une installation artistique à Amos, un petit village à sept cents kilomètres au Nord du Québec. La scène lui revient encore régulièrement en mémoire.

« En marchant dans la rue, j'ai vu passer un homme singulier : juché sur sa bicyclette, il tirait derrière lui une charrette remplie de sacs de terre, de plantes et d'outils de jardinage. Ce qui m'a frappé d'emblée, c'est à quel point il ressemblait à Hubert. C'était saisissant. Même barbe, même regard, même carrure, même front dégarni. Je l'ai interpellé. Nous avons parlé un moment. Il était très aimable, mais c'était réellement étrange de parler au sosie de mon père. Il m'a expliqué qu'il était jardinier itinérant, qu'il allait de maison en maison pour entretenir les jardins, prendre soin des plantations. J'ai évoqué le fait qu'Hubert n'aimait pas l'expression "mauvaises herbes". Il préférait dire "herbes indésirables". L'homme m'a regardé droit dans les yeux et m'a répondu fermement, avec l'accent de l'endroit : C'est pas des herbes indésirables, c'est juste des herbes "pas à bonne place". Hubert aurait adoré discuter avec cet homme ». *Nicolas Reeves*

Hubert aime visiter le potager, où les légumes se renouvellent généreusement. Plus loin, sur un carré de terre aménagé par des amis japonais, poussent des potirons disposés en forme de tour Eiffel.

Tout près, l'étang déploie son grand rectangle d'eau, où flotte une petite barque en bois, entourée de colonies de nénuphars. Des carpes koïs, aux tons orangés et rouges, y circulent librement. Sur le pourtour, fleurissent le millepertuis perforé et les primevères multicolores, aussi appelées « coucous des bois » ; tous deux annonciateurs du printemps.

Quand il aperçoit une étoile filante ou au premier chant du coucou, Hubert fait un vœu ! À celui qui l'interroge il fait part de cette anecdote :
Un visiteur, remarquant un fer à cheval au-dessus de la porte de Niels Bohr, lui demande :
— Vous, un scientifique, croyez à ces superstitions ?
Bohr répond avec un sourire :
— Bien sûr que non… mais il paraît que ça marche même quand on n'y croit pas.

Hubert est en osmose avec la nature. Il respire les essences des plantes et des conifères, se baigne dans la brume, se laisse guider par les rayons lumineux échappés d'un épais feuillage. Il écoute le bruissement des feuilles dans les grands arbres au vent et le murmure des cours d'eau. Mais ce qu'il préfère, c'est le chant des oiseaux. Il les connaît tous, comme on reconnaît de vieux amis. Le rouge-gorge, au chant mélodieux et mélancolique, vient parfois se poser tout près de lui, sans crainte. Les hirondelles s'agitent dans le ciel, traçant des arabesques. Les fauvettes le saluent dès l'aube, et le bouvreuil, en quête de fruits mûrs, accompagne discrètement ses pas. Merles, mésanges, tourterelles communiquent à leur manière, et Hubert, attentif, en saisit chaque nuance. Le canard colvert, grand privilégié, est l'oiseau favori d'Hubert.

« 5 mai. Le loriot siffle dans le grand frêne à l'orée du bois. Avec beaucoup de patience on arrive à voir, un court instant, son plumage jaune vif ».

« Il y a dans les bois
Des arbres fous d'oiseaux ».
Paul Eluard

« Hubert réfléchissait énormément en marchant. J'aurais aimé l'accompagner dans ses grandes marches, mais là, il ne voulait pas, il disait : "non, je veux être seul, je veux réfléchir". Pour être sûr d'être seul, il s'était installé un banc au bord de l'étang, devant son saule pleureur qu'il adorait. Il regardait ses poissons rouges et ses carpes. Il avait toujours un peu de pain sec dans les poches pour les poissons qui arrivaient. C'est lui qui a baptisé le banc, le banc du temps qui passe. Le temps passait, mais c'était un temps utile, pour réfléchir et pour penser ». *Camille Scoffier-Reeves*

Correspondances

La Nature est un temple où de vivants piliers
Laissent parfois sortir de confuses paroles ;
L'homme y passe à travers des forêts de symboles
Qui l'observent avec des regards familiers.
Comme de longs échos qui de loin se confondent
Dans une ténébreuse et profonde unité,
Vaste comme la nuit et comme la clarté,
Les parfums, les couleurs et les sons se répondent.
Il est des parfums frais comme des chairs d'enfants,
Doux comme les hautbois, verts comme les prairies,
- Et d'autres, corrompus, riches et triomphants,
Ayant l'expansion des choses infinies,
Comme l'ambre, le musc, le benjoin et l'encens,
Qui chantent les transports de l'esprit et des sens.

Charles Baudelaire

Laboratoire Edison,
Fort Myers, Floride.

3
IL DEVIENT LUI

Qui est-il ?
Ses contributions scientifiques
L'introspection en toile de fond
Le Putain de Facteur Humain

QUI EST-IL ?

Souple et élancé, campé sur de courtes pattes, le furet se reconnaît à son regard vif et brillant. Curieux, joueur et intelligent, il se faufile partout mais n'explore que les espaces où il se sent en confiance. Proche de l'humain, parfois complice d'autres animaux, il a besoin de défis, de stimulations, de jeux qui nourrissent son esprit. Mal manipulé ou privé de socialisation, il peut mordre, non par agressivité, mais pour se protéger. « Furet futé » : tel est le totem choisi pour Hubert par ses compagnons scouts. Pourquoi ce symbole ? Est-il l'intuition d'un esprit agile, observateur et fasciné par les mystères du monde ?

« Hubert s'émerveillait, comme savent s'émerveiller les enfants, de tous les aspects du monde. Les rencontres et les gens, les fleurs et les arbres, la musique, les étoiles et le ciel. Il voulait tout savoir et tout connaître. Hubert nous a appris que le désir de connaissance prend racine dans la beauté du monde ». *Nicolas Reeves*

« Il n'était jamais blasé, jamais lassé. C'était absolument extraordinaire. On avait toujours envie d'être avec lui pour échanger et pour se faire expliquer des choses ». *François Reeves*

« Petit bonhomme, grosse tête » c'est ainsi que ses frères et sa sœur le nomment.

Hubert n'a jamais eu la stature d'un athlète. De taille moyenne, il n'est ni imposant, ni mondain. Ce qui surprend chez lui, c'est sa simplicité et son humilité. Il ne prête guère attention à ses tenues vestimentaires. Francine, Camille et ses petites-filles le lui font tour à tour remarquer ; cela ne l'empêche pas de se rendre à une entrevue vêtu d'un t-shirt rose enfilé à la hâte, à l'effigie de Betty Boop. Il n'hésite pas à porter son chandail préféré, raccommodé à plusieurs reprises. Il ne met pas toujours de lacets à ses chaussures, même lorsqu'elles sont conçues pour en avoir. Il déteste faire des nœuds, ceux des lacets comme ceux des cravates. Être bricoleur, violoncelliste, chef d'orchestre ou chanteur d'opéra, sont autant de rêves qu'il ne concrétisera jamais.

« Lorsque j'ai rencontré Hubert, il était exactement le portrait que je me faisais de l'astrophysicien et surtout celui de Dieu dans des dessins qu'on m'avait offerts quand j'étais petite. Il y avait le ciel et la terre vus par Jean Eiffel, un caricaturiste. Dieu avait exactement la petite barbe blanche d'Hubert et sa manière d'être très décontractée ». *Anna Alter*

Les yeux d'Hubert, bleus azur, pétillants et parfois rieurs ne croisent jamais un regard sans l'interpeller. D'emblée, ils lancent une invitation, presque un clin d'œil, un premier questionnement. Qui êtes-vous ? J'aimerais vous connaître. Quelle est votre histoire ? Quelles sont vos joies, vos doutes ? Pour Hubert, chaque être est un trésor, une âme sensible, admirable et unique, qu'il prend plaisir à découvrir et pour qui il éprouve une réelle compassion. Chaque rencontre est un nouvel éclairage sur le genre humain, cette grande famille qui est la sienne. Sans jamais se lasser, il ajoute, pièce après pièce, futiles ou essentielles, sa part au grand récit du monde.

« Nous sommes une partie du tout, un fragment du grand corps de l'Univers ». *Sénèque*

« Tout le monde remarquait sa gentillesse, son écoute. Il demandait beaucoup d'informations sur ce que les gens faisaient dans la vie. Je peux dire que c'était un homme très facile de contact ». *Michèle Stanton-Jean*

Quand Hubert perd patience, quand il en a vraiment assez, il peut montrer qu'il est très malheureux.

« Les yeux pétillants d'Hubert, c'était un peu mon thermomètre. Ils pouvaient devenir ternes. On aurait dit des yeux d'épagneul, tout tristes. Ça me ravageait le cœur. J'aurais été capable de faire n'importe quoi pour que, de nouveau, ses yeux pétillent ». *Camille Scoffier-Reeves*

Hubert écoute avec une attention soutenue. Il formule de nouvelles questions et répond toujours volontiers à celles qui lui sont adressées. Peu à peu, attirés par sa présence bienveillante et son verbe généreux, les curieux forment plusieurs cercles autour de lui. Les échanges se multiplient, les idées débordent. Le temps s'écoule, insensiblement. Lorsque Hubert en a assez, il met, sans détour, un terme à la conversation. Il lâche cette phrase bien connue de ses proches : « Mes bons enfants, je dois maintenant aller me reposer ». Et il disparaît aussitôt.

« Je suis toujours ahuri de voir le nombre de personnes qui se targuent de connaître Hubert, d'avoir passé du temps avec lui. Il était magnétique. Il pouvait réunir des personnes de tout domaine autour de lui. Il savait les capter et les intéresser ». *François Reeves*

« La vraie question, c'est : "Qui Hubert connaissait ?" Parce que là, c'est une preuve ». *Jacques Véry, enseignant*

Avant tout, Hubert est un grand humaniste, un amoureux de la vie. Sous toutes ses formes, elle le fascine, le bouscule, le questionne. En scientifique, il est attentif, formule des hypothèses, expérimente et analyse tout ce qui peut l'être. Mais la vie, grande mystérieuse, lui résiste. D'où vient l'énergie qui anime la vie, la propulse puis soudain lui coupe le souffle ? Comment apparaît-elle ? A-t-elle une intention ? Pour tenter de répondre, Hubert élargit son champ d'investigation. Il passe la vie aux filtres de la philosophie et de la psychanalyse. Il explore aussi les territoires sensibles de la poésie et de la musique. Il n'écarte aucune source d'inspiration, ne rejette aucune piste. Rien n'entrave ses cogitations. Trois moteurs alimentent sa démarche : l'empathie, l'attirance de l'inconnu et l'espoir d'un monde meilleur.

« J'ai découvert quelqu'un de tellement gentil, de tellement empathique et avec une écoute tellement généreuse. En fait, cet homme-là aime la vie. Non seulement il aime l'Univers, la nature, mais il aime les gens. C'est resté pour moi un modèle de simplicité, d'ouverture et de générosité ; quelqu'un de formidable ». ***David Saint-Jacques, astronaute***

Jean-Paul Sartre écrit que « L'homme est condamné à être libre ». Il l'est sans doute aussi à être ignorant. Hubert convoque avec tendresse notre statut de poussières d'étoiles au banc des accusés. Rester modeste est un préalable à toute autre posture. Peut-on se prendre au sérieux en toutes circonstances ? Évidemment, non. En chemin, il égrène, çà et là, quelques notes d'humour.

« Hubert avait un grand sens de l'humour et de la dérision, probablement pour échapper au vertige de l'Univers et de celui des connaissances ». ***Claude Sérillon, présentateur de télévision***

Sa démarche est généreuse, jamais mercantile. Il partage ses connaissances sans compter, ni son temps, ni l'énergie déployée. Presque à son insu, il transmet son émerveillement perpétuel face à la beauté, à la poésie, toutes proches ou enfouies dans notre imaginaire. Avec humilité, il prend la main de celui qui l'écoute, le guide dans l'obscurité, jusqu'aux abords des clairières, ouvertes, lumineuses, apaisantes.

« Il pratiquait l'astronomie un peu comme un botaniste. Il avait ses petites fleurs dans le ciel ». ***Anna Alter***

« Il savait tout sur les oiseaux et reconnaissait tous les chants. Ça m'a impressionné qu'il semble les connaître aussi bien, et qu'il en parle aussi facilement que des étoiles ». ***Dorian Reeves-Ribière, chef d'entreprise, petit-fils d'Hubert***

« Ma vitre est un jardin de givre ». ***Émile Nelligan***

Hubert est animé par une curiosité insatiable. Chaque matin, il commence sa journée par la lecture. Il guette l'arrivée des revues scientifiques dans sa boîte aux lettres ou encore de magazines de philosophie. Toujours à l'affût de la moindre information susceptible de nourrir sa réflexion, il saisit toutes les occasions de se tenir informé.

« J'aime regarder les reportages sur la nature à la télévision. Grâce aux progrès de la technique et à la patience des caméramans, nous pouvons voir les animaux dans leurs comportements les plus intimes et les plus secrets ».

Lorsqu'il rencontre un spécialiste, quel que soit son domaine, biologiste, sociologue, historien, médecin, il le questionne, écoute attentivement, approfondit. Ce n'est pas tant l'accumulation de connaissances qui le motive que la tentative de comprendre le monde dans sa cohérence et sa complexité. Lire, apprendre, questionner : pour Hubert, c'est une manière naturelle d'être au monde.

« Hubert m'a posé une question de biologie et d'évolution : pourquoi a-t-on trente-deux dents de types différents ? Je lui ai expliqué que la sélection naturelle avait retenu une sorte de combinaison entre des incisives, des canines, des prémolaires et des molaires, parce qu'on était plutôt omnivore et qu'il fallait à peu près deux ou trois dents de chaque type, ce qui fait un chiffre autour de 30, 32, 36. Ça dépend un peu des dentures individuelles ». ***Jean-Sébastien Steyer, paléontologue***

Bien qu'il en parle rarement, les avancées technologiques sont loin de laisser Hubert indifférent. À la moindre occasion – et souvent, il en crée lui-même – il se tient informé des dernières nouveautés disponibles sur son ordinateur, sa tablette ou son téléphone mobile. Il aime comprendre, apprendre, maîtriser. Installer une application, configurer un logiciel, préparer une présentation pour une conférence : chaque étape devient pour lui un petit défi qu'il s'applique à relever. Il prend soin de suivre le cheminement, de recommencer seul les manipulations, jusqu'à les intégrer parfaitement. Il s'émerveille sitôt que tout fonctionne et n'oublie rien de la démarche, même longtemps après.

« Il avait une mémoire colossale cet homme-là. Il lisait deux ou trois fois un poème et il le savait par cœur. Il connaissait un nombre incroyable de fables de La Fontaine. Je me demande s'il ne les connaissait pas toutes ». *Camille Scoffier-Reeves*

« Avec Hubert, c'était une amitié indéfectible qui a duré presque 50 ans, sans une ombre et avec beaucoup de drôlerie, beaucoup de fantaisie, beaucoup de visites de musée ensemble ; et beaucoup de concours de poésie puisque Hubert connaît par cœur un grand nombre de textes poétiques ». *Jacques Véry*

Hubert est agile et intuitif. Il joue avec les mots comme avec les équations. Il affectionne tout particulièrement les énigmes, celles qu'il invente de toutes pièces, et celles, plus cocasses encore, que la nature concocte. Il se mobilise des heures, plongé dans le doute, en quête de solutions.

« Hubert n'était jamais suffisamment sûr de lui pour imposer sa vision, il était toujours à l'écoute de qui pourrait l'aider à faire mieux ». *Jean-Marc Lévy-Leblond, physicien et essayiste*

Toujours prêt à tout remettre en question, il évolue avec aisance là où rien n'est définitif. Il change d'échelle, de point de vue, associe des pièces improbables, découvre des raccourcis inattendus. Il ne manque jamais une occasion de proposer à ceux qu'il croise de résoudre une énigme dont il a eu la joie de percer le mystère.

« Ce qui m'a frappé chez Hubert c'est cette manière de passer du général au particulier, mais aussi de l'infiniment grand à l'infiniment petit ; de montrer que nous sommes aussi importants à notre échelle que l'Univers semble important pour ce qu'il est ». *Daniel Kunth, astrophysicien*

Ce qui ne l'intéresse pas, ne l'amuse pas, Hubert ne s'en occupe pas. Mais lorsqu'un sujet le passionne, il devient un travailleur acharné. Il n'hésite pas à multiplier les sources d'information, à les croiser, à les vérifier. Lorsqu'il écrit, il ne considère jamais son travail abouti sans l'avoir soumis, aussi bien à l'appréciation du premier venu qu'à celle de l'expert. Il veille avec rigueur à la qualité et à la justesse de son propos, à la fois exigeant et accessible.

« Tout le monde évoque sa clarté d'esprit, sa capacité à synthétiser, à aller tout droit vers l'essentiel et à faire que cet essentiel devienne intelligible ». *Yves David*

L'art de conter et la voix d'Hubert sont indissociables. Ses phrases, au rythme régulier, s'installent progressivement, jusqu'à emplir tout l'espace. Sa respiration est calme, ses intonations chaleureuses et son timbre de ténor apaise. Les « r », articulés à la manière québécoise ou bourguignonne, selon le continent auquel on se réfère, ajoutent de subtiles nuances au récit. Sa voix, identifiable parmi des centaines, révèle une présence bienveillante. Lorsqu'il chante, elle devient joyeuse et entraînante.

« Sa voix était à la fois rassurante, fragile, parfois même naïve. Ça a été une voix très forte, autant en Amérique du Nord qu'en Europe, dans le monde francophone, pour une panoplie de sujets tous liés par l'émerveillement ». *Jérôme Dupras, écologiste, chercheur, professeur et musicien au sein du groupe* Les Cowboys Fringants

« Hubert Reeves avait cette manière de fasciner les gens, de les captiver par un débit qui était régulier ». *Alain Lefèvre*

Il n'y a pas une once d'agressivité ni de pugnacité dans le comportement d'Hubert. Il fuit l'affrontement. De son propre aveu, il est craintif par nature, parfois jusqu'à l'hypocondrie. Il redoute tout ce qui heurte, brusque ou divise : les paroles acides, les rapports de force, les tensions inutiles et plus généralement toute forme de violence. Plutôt que la logique de conflit, il préfère celle de l'évitement. C'est autant une question de stratégie qu'une affaire de sensibilité. Il perçoit immédiatement les signes d'une tension

L'extase

Je suis devant ce paysage féminin
Comme un enfant devant le feu
Souriant vaguement et les larmes aux yeux
Devant ce paysage où tout remue en moi
Où des miroirs s'embuent où des miroirs s'éclairent
Reflétant deux corps nus saison contre saison

J'ai tant de raisons de me perdre
Sur cette terre sans chemins et sous ce ciel sans horizon
Belles raisons que j'ignorais hier
Et que je n'oublierai jamais
Belles clés des regards clés filles d'elles-mêmes
Devant ce paysage où la nature est mienne

Devant le feu le premier feu
Bonne raison maîtresse
Étoile identifiée
Et sur la terre et sous le ciel hors de mon cœur et dans mon cœur
Second bourgeon première feuille verte
Que la mer couvre de ses ailes
Et le soleil au bout de tout venant de nous

Je suis devant ce paysage féminin
Comme une branche dans le feu.

Paul Eluard

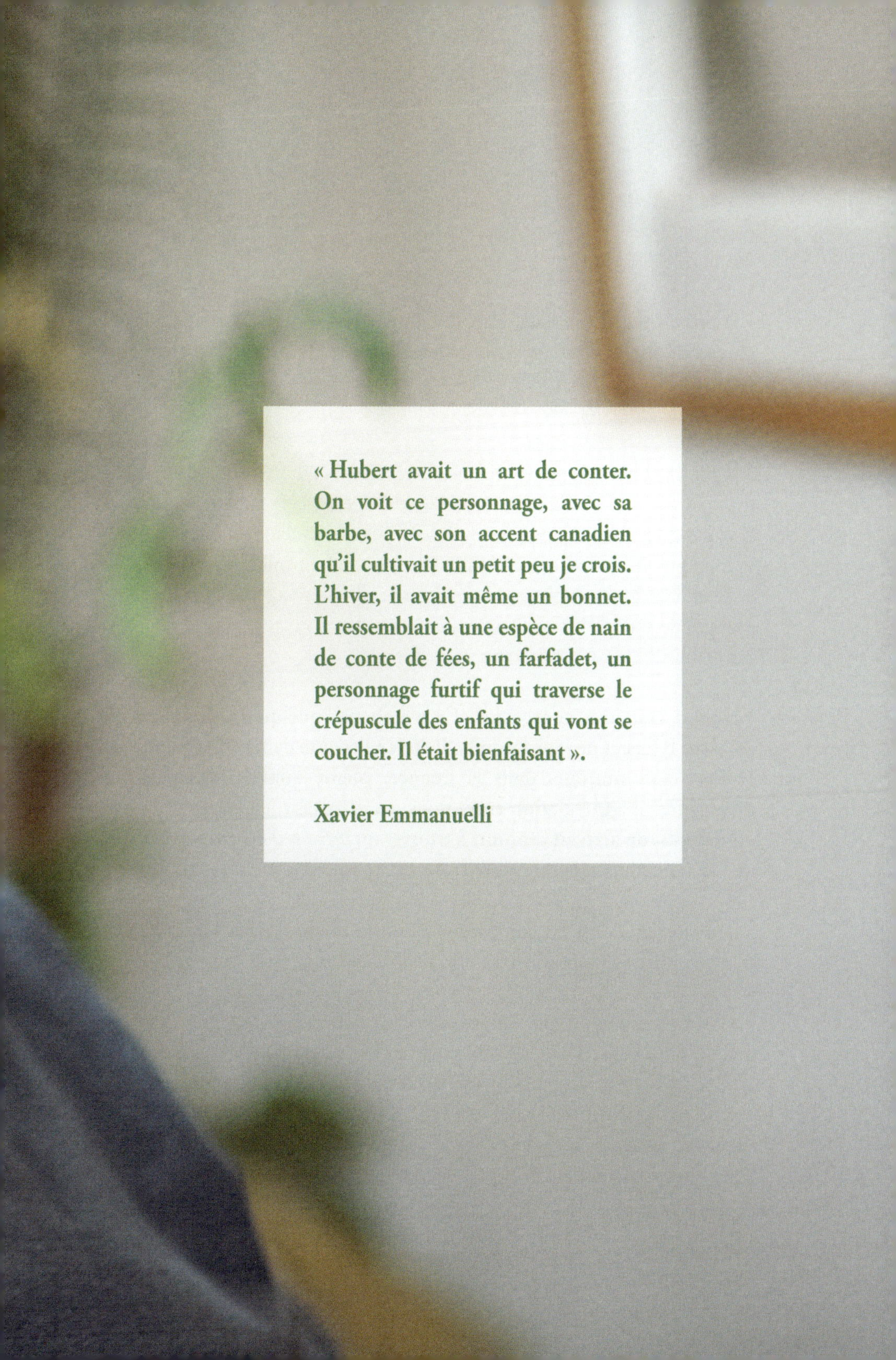

« Hubert avait un art de conter. On voit ce personnage, avec sa barbe, avec son accent canadien qu'il cultivait un petit peu je crois. L'hiver, il avait même un bonnet. Il ressemblait à une espèce de nain de conte de fées, un farfadet, un personnage furtif qui traverse le crépuscule des enfants qui vont se coucher. Il était bienfaisant ».

Xavier Emmanuelli

latente, un désaccord naissant, une irritation contenue. Et plutôt que de s'y opposer, il s'efface. Il se tient d'ordinaire à distance de tout ce qui ressemble de près ou de loin à une situation à risque. Il préfère mille fois passer le volant que de le prendre lui-même.

« Hubert aimait les chats mais il n'aimait pas les chiens parce que les chiens ça aboie, c'est agressif, ça peut mordre. Il adorait les chats qui ronronnent, qui viennent sur ses genoux et qu'il pouvait caresser ». *Camille Scoffier-Reeves*

Les conflits l'horripilent, la violence le révulse, la guerre lui est totalement insupportable. Il ne s'impose jamais, ne dirige rien. Il ne donne pas plus d'ordres qu'il n'en accepte. Il refuse les postes de pouvoir ou de direction, estimant qu'ils accaparent un temps précieux, au détriment de la recherche et de la réflexion. La controverse le dérange. Il se sent à l'aise dans les petits groupes de travail, lorsqu'il est en lien avec deux ou trois personnes, dans une démarche de complémentarité et d'écoute.

« Hubert était très consensuel. Ce n'était pas quelqu'un qui allait au combat. Il faisait des compromis. Il était à l'écoute de ses interlocuteurs. Hubert était toujours dans la nuance. Même quand il y avait des divergences d'appréciation entre nous, en discutant, en échangeant des arguments, on arrivait toujours à trouver un terrain d'entente qui faisait que rien ne nous séparait ». *Nelly Boutinot, autrice, assistante d'Hubert*

« Son courage, c'est au contraire d'accepter d'être terrien – et c'est pas mal plus difficile que d'être céleste ». *Michel Cassé*

En astrophysique en particulier, comme dans ses autres domaines de prédilection, Hubert se tient assidûment informé des dernières publications. Lorsqu'un article l'interpelle, qu'il souhaite soumettre son point de vue à un auteur, il n'hésite pas à entrer directement en contact et à initier l'échange. L'anglais, qu'il maîtrise très tôt, l'amène à évoluer avec aisance dans l'écosystème scientifique. Sa mémoire, exceptionnelle, lui permet de retenir des poèmes, des chansons, des anecdotes… Ce sont des plaisirs dont il ne se prive pas. Elle lui garantit aussi un vaste répertoire de connaissances, qu'il mobilise avec justesse, le moment venu.

« À chaque fois, je suis bouche bée devant sa façon d'amener les choses. Nous, les scientifiques, n'assénons jamais la vérité. On dit toujours ce qu'on pense aujourd'hui. Hubert faisait cela à la perfection, avec beaucoup d'humilité aussi ». *Catherine Cesarsky*

« Tout ce que je sais, c'est que je ne sais rien ». *Socrate*

Socrate est convaincu que la sagesse commence par la reconnaissance de son ignorance. Hubert partage cette conviction et parle du philosophe grec comme d'un vieux frère. Tous deux incarnent une forme de sagesse active et humble, une manière d'être au monde fondée sur l'étonnement, le questionnement et le respect.

« Hubert m'appelait Xanthippe. C'est la femme de Socrate. Ce n'était pas un compliment parce que Xanthippe, c'était une emmerdeuse. Il me disait : “Ne fais pas ta Xanthippe.” Je pense qu'il se prenait de temps en temps pour Socrate, qui était quand même mon modèle et son modèle aussi ». *Camille Scoffier-Reeves*

Hubert n'aime pas prendre de responsabilités : ni celle d'une équipe, ni celle d'une organisation, pas même celle d'un événement. Il n'est pas un coordinateur. Il n'éprouve aucune appétence pour la gestion de projet, la logistique ou toute autre tâche liée à la mise en œuvre et à son suivi. Son ennui, à cet égard, est total, à la mesure de son désintérêt.

« Hubert avait des idées, la vue large et la compréhension profonde des choses. Il comprenait vraiment. Hubert ne bluffait jamais. Et ça, c'est remarquable ». *Jean-Paul Meyer, astrophysicien*

Michel Cassé, un des thésards d'Hubert ajoute : « il avait une façon très pénétrante de réfléchir aux choses du ciel. Il n'était pas sophistiqué, ce n'était pas un dandy : il allait vraiment droit au but sans s'encombrer de fioritures ». Hubert n'apprécie pas les jeux, quels qu'ils soient. La notion même de jeu le rebute. Il ne participe à aucun jeu de société. Il n'intègre jamais une équipe, pas même pour une simple partie de pétanque entre amis. Pour lui, le jeu relève d'un rituel social dont il ne saisit ni les codes, ni l'intérêt. Les sports collectifs n'échappent pas à cette règle. Lorsqu'il assiste malgré lui à un match de football ou de rugby, il ne peut s'empêcher de s'interroger : qu'est-ce qui peut bien motiver ces sportifs à courir après un ballon et à entrer en conflit au moindre geste suspect ?

« Il n'aimait pas du tout les grands amusements de Malicorne. Il disait : je hais les cartes et je déteste les gens qui jouent aux cartes ».
Camille Scoffier-Reeves

Hubert exècre les vacances autant que les jeux. L'idée de ne rien faire lui est insupportable. La simple vue d'une plage bondée de touristes suffit à le faire fuir. Un mois de février, alors qu'il fait froid à Paris, Camille l'entraîne en Tunisie à Djerba où elle a une folle envie d'aller.

« J'avais trouvé un hôtel luxueux avec une toute petite maison au bord de l'eau. Aussitôt arrivés, il a dit : "on repart. J'ai horreur des vacances, je m'ennuie en vacances". Et moi je lui disais : "Tu peux réfléchir, tu peux lire". "Non, c'est l'idée de vacances qui m'insupporte. Viens, on prend l'avion". Et on rentrait à Paris ». *Camille Scoffier-Reeves*

En revanche, s'il parvient à conjuguer travail et détente, Hubert, qui adore les voyages, accepte volontiers de se prêter au jeu. Il apprécie le train, où il passe le temps du trajet à lire. Il embarque régulièrement pour des croisières au cours desquelles il donne des conférences. Parfois même, il s'adonne aux activités nautiques. C'est le cas lors d'une école d'été du CNRS à Cargèse, en Corse, où les après-midi sont réservés à la baignade. Les discussions scientifiques se poursuivent souvent les pieds dans l'eau ou sur le sable. L'air est chaud, la mer d'un bleu limpide.

« Hubert qui avait fait cours le matin, débarque avec une planche à voile. Imperturbable, avec sa barbichette, il se dirige vers la mer et se lance. Il se débrouillait pas mal. Je dois dire que ça m'a impressionné. Je ne m'y attendais pas. Il n'avait pas l'air d'être très sportif à l'époque ».
Nicolas Prantzos, astrophysicien

Quand Hubert visite un village, il ne s'arrête pas d'ordinaire au marché. En revanche, il ne repart jamais sans faire un détour par le cimetière. Il se promène souvent dans celui de Malicorne, qu'il rejoint à pied ou à vélo. La sérénité qui règne en ces lieux l'apaise. Il s'y sent bien. Il lit les inscriptions gravées sur les pierres tombales, s'interroge sur l'âge qu'auraient aujourd'hui les défunts, tente de reconstituer leur histoire à partir des épitaphes, parfois partiellement effacées par le temps. Dans cet environnement figé, il se sent étrangement vivant. Peut-être les cimetières lui rappellent-ils celui de la Côte-des-Neiges, tout près duquel il a grandi, et qu'il a parcouru en toute saison.

« La mort, c'est peut-être plus étrange et plus merveilleux que l'on croit ».

Hubert est un être contemplatif. Il laisse le silence l'envahir, se recueille, et s'ouvre pleinement à ce qui l'entoure. Le feng shui l'inspire : il y voit une forme d'harmonie, un prolongement poétique de sa manière d'être au monde, attentive, en quête d'équilibre.

« Nous avons fait du feng shui ensemble. Il m'a offert un disque et nous avons "poussé les montagnes". Il adorait cela. Il était curieux, ouvert aux arts orientaux, surtout à tout ce qui touchait au bien-être. C'était formidable. Je continue à "pousser les montagnes", à regarder le Soleil et chaque fois, je repense à lui ». *Anna Alter*

À propos du Soleil, Hubert aime préciser que la lumière qu'il émet nous parvient en huit minutes.

« La lumière émise chaque seconde par le Soleil équivaut à la perte de quatre millions de tonnes par seconde de sa propre matière ».

Hubert est gourmand. Il adore les gâteaux, en particulier le pain d'épice aux fruits confits. Il apprécie les fromages au goût prononcé, et le roquefort figure parmi ses préférés. En revanche, il ne supporte ni le goût du cumin, ni celui de l'anis. Enfin, Hubert ne mange pas de foie gras parce que gaver les oies, « c'est inhumain ». Il aime cuisiner mais uniquement des recettes qu'il maîtrise parfaitement et qu'il est assuré de réussir : une tarte aux épinards, sa fameuse omelette musicale ou encore une salade de tomates assaisonnée d'une délicieuse vinaigrette qu'il concocte lui-même.

« Grand-papa Hubert venait à Montréal deux mois par an. Il dormait dans sa chambre d'enfance. On s'en servait parfois comme d'une chambre d'amis, mais on l'appelait toujours “la chambre de grand-papa”. Il y laissait souvent quelques affaires à lui entre deux séjours. Chaque matin, il mangeait son bol de céréales. On lui achetait du porto, il en buvait toujours un petit verre le soir ». *Dorian Reeves-Ribière*

« Au fond, l'aspect le plus frappant de la personnalité de Hubert en tant que scientifique, c'est qu'il aimait la science. Plus et mieux peut-être qu'un professionnel, Hubert était encore un amateur, au sens plein, au sens le plus profond du terme. Il resta attaché à sa passion pour le savoir jusqu'à la fin ». *Jean-Marc Lévy-Leblond*

« J'ai connu Carl Sagan. Il était à Harvard quand j'étais étudiante. J'ai assisté aux débuts de sa carrière fulgurante. Quand des scientifiques étrangers ne connaissaient pas du tout Hubert, je leur expliquais qu'il était le Carl Sagan français ». *Catherine Cesarsky*

« Voici ma propre autocritique : il y a des choses de moi que je n'aime pas. J'essaie de vivre avec. J'ai été élevé dans la compétition. J'essaie de me débarrasser de ça et de me réjouir du bonheur des autres ».

Annie

Sur la côte du Texas
Entre Mobile et Galveston il y a
Un grand jardin tout plein de roses
Il contient aussi une villa
Qui est une grande rose

Une femme se promène souvent
Dans le jardin toute seule
Et quand je passe sur la route bordée de tilleuls
Nous nous regardons

Comme cette femme est mennonite
Ses rosiers et ses vêtements n'ont pas de boutons
Il en manque deux à mon veston
La dame et moi suivons presque le même rite

Guillaume Apollinaire

SES CONTRIBUTIONS SCIENTIFIQUES

Hubert s'intéresse très tôt à l'art et à la littérature, mais c'est sa passion pour les mathématiques qui l'emporte. Sa compréhension est conceptuelle, sa pensée à la fois rigoureuse et intuitive. Il choisit de s'orienter vers l'astrophysique nucléaire, un domaine à la croisée de la physique des noyaux atomiques et de l'évolution stellaire, où la beauté formelle des équations se mêle à la complexité des processus cosmiques. Née en 1930, cette discipline vise à comprendre l'origine chimique de la matière et son évolution au cours du temps cosmique. Elle constitue l'un des piliers du modèle cosmologique standard. Elle combine les observations astrophysiques, la physique nucléaire et les simulations numériques.

« La réalité du monde est si fantastique et si mystérieuse que je ne vois pas de plus bel objectif dans l'existence que d'avoir envie d'en percer tous les secrets ».

À l'époque où Hubert entame ses recherches, une idée domine : les éléments chimiques de l'Univers ne proviennent pas d'un seul événement primordial, mais de multiples processus. En 1946, Fred Hoyle suggère que les étoiles agissent comme des usines, produisant continuellement de nouveaux éléments par fusion thermonucléaire. Cette hypothèse trouve un appui solide en 1957 avec la publication de l'article *Synthesis of the Elements in*

Stars par Margaret Burbidge, Geoffrey Burbidge, William A. Fowler et Fred Hoyle, un travail connu sous le sigle « B^2FH ». Il pose les fondements théoriques de l'évolution chimique de l'Univers.

Cet article constitue une pierre angulaire de l'astrophysique moderne : il montre que la formation des éléments résulte d'une diversité de processus à l'œuvre tout au long de la vie des étoiles. Cependant, la formation des éléments légers comme le lithium, le béryllium, le bore, ainsi que celle du deutérium, un isotope de l'hydrogène, ne s'explique pas par ce modèle. Leur origine demeure une énigme. C'est sur ces lacunes qu'Hubert concentre ses travaux à partir de 1965, cherchant à éclairer les zones d'ombre de la nucléosynthèse cosmique.

Par une série de fusions successives, les étoiles transforment l'hydrogène et l'hélium issus du Big Bang en éléments de plus en plus lourds, jusqu'au fer. Cependant, seules les étoiles très massives peuvent atteindre ce stade ultime de fusion. Au-delà du fer, la fusion devient énergétiquement défavorable : elle consomme plus d'énergie qu'elle n'en libère. Le cœur de l'étoile ne peut plus se maintenir en équilibre : il s'effondre, ce qui provoque l'explosion de l'étoile en une supernova. Cette explosion libère une énergie et une pression colossales, propices à la formation d'éléments encore plus lourds, tels que le plomb, l'or ou le thorium. Lorsqu'une étoile très massive explose en supernova, son cœur s'effondre sous l'effet de sa propre gravité. Si la masse résiduelle reste modérée, elle forme une étoile à neutrons. En revanche, si cette masse dépasse un certain seuil critique, estimé entre 2,5 et 3 fois la masse du Soleil, selon les modèles, l'effondrement se poursuit, donnant naissance à un trou noir.

Les géantes rouges, bien qu'elles présentent des conditions extrêmes, ne vont pas jusqu'à la fusion du fer, et ne produisent donc pas les éléments les plus lourds. Quant aux étoiles à neutrons elles-mêmes, elles ne génèrent pas directement de nouveaux éléments, mais les collisions entre deux étoiles à neutrons, événements rares mais très puissants, sont aujourd'hui considérées comme l'une des principales sources de formation de métaux lourds comme l'or ou le platine.

Les éléments plus lourds que le fer sont principalement produits par capture de neutrons, selon deux mécanismes distincts. Le processus lent (s-process), qui se déroule dans les étoiles en phase de géante rouge, permet à certains noyaux d'accumuler des neutrons un par un, sur des milliers d'années. Ce mécanisme forme notamment des éléments comme le strontium, le baryum ou le plomb. À l'inverse, le processus rapide (r-process) se produit lors d'événements extrêmement violents, comme les *supernovæ* ou les collisions d'étoiles à neutrons. Dans ces contextes, les noyaux capturent une grande quantité de neutrons en quelques secondes, produisant des éléments plus massifs comme l'or, le platine ou l'uranium.
Une fois formés, ces noyaux lourds sont propulsés dans le milieu interstellaire par les vents stellaires ou les explosions, enrichissant progressivement la matière cosmique au fil des générations d'étoiles.

« Nous sommes faits de poussière d'étoiles ». *Carl Sagan*

Citation qu'un autre astrophysicien précise plusieurs années après Carl Sagan et Hubert :
« Nous sommes des poussières d'étoiles massives, nées après le Big Bang et disparues avant la formation du système solaire ». *Jean Audouze, astrophysicien, élève d'Hubert*

La validité des modèles de nucléosynthèse, qu'ils soient primordiaux, stellaires ou explosifs, repose sur les observations spectroscopiques des abondances d'éléments chimiques dans les étoiles et les galaxies. Ces mesures sont confrontées aux résultats des simulations numériques, qui intègrent la physique nucléaire ainsi que les conditions extrêmes propres aux environnements astrophysiques. Dans l'ensemble, ces données sont en accord avec les prédictions des simulations numériques.

Hubert connaît personnellement William A. Fowler et Fred Hoyle, deux des auteurs du célèbre article B^2FH. Ses recherches doctorales s'inscrivent dans la continuité directe de ces travaux pionniers, en se focalisant sur les processus de fusion nucléaire à l'œuvre dans les étoiles massives, et plus précisément sur la formation des éléments compris entre le néon et le soufre. Il s'intéresse aux réactions impliquant des noyaux légers à intermédiaires – carbone, oxygène, néon – qui se déroulent dans des conditions de température et de densité extrêmes, caractéristiques des phases avancées d'évolution des étoiles géantes et supergéantes. De telles conditions sont inaccessibles dans des étoiles de faible masse, comme le Soleil.

En 1959, Hubert et son directeur de thèse Edwin Salpeter publient l'article *Nuclear Reactions in Stars. IV. Buildup from Carbon*. Ils y analysent les chaînes de fusion nucléaire initiées par le carbone et leur rôle dans la formation d'éléments tels que le sodium et le magnésium.

Pour modéliser ces réactions complexes, Hubert élabore un système d'équations différentielles décrivant l'évolution des abondances isotopiques au cœur des étoiles massives. Il en réalise ensuite la résolution à l'aide de l'IBM 650, l'un des tout premiers ordinateurs.

Cette approche, fondée sur la modélisation numérique, constitue une étape clé dans l'émergence de l'astrophysique computationnelle. Elle marque le début d'une transition décisive vers une astrophysique théorique s'appuyant sur le calcul numérique.

« Pendant toutes les années où l'on a connu Hubert, il n'a jamais mentionné le fait qu'il était parmi les tout premiers à travailler avec un ordinateur. Pour lui, la science, c'était le concept, les idées, la physique. On n'a jamais discuté de codes, de méthodes numériques ou de programmation. C'est une autre source d'étonnement pour moi. Il a gardé pour lui ces choses qu'il avait faites quand il était jeune. Pourquoi ? J'aimerais bien le savoir ». *Nicolas Prantzos*

Hubert poursuit ses recherches dans le laboratoire nucléaire de Chalk River en Ontario, où l'on utilise l'accélérateur Tandem de type Van de Graaff pour mesurer les sections efficaces – c'est-à-dire les probabilités de collision – des réactions nucléaires impliquant des noyaux légers, à des énergies comparables à celles qui règnent dans les cœurs des étoiles. Ces mesures expérimentales, essentielles pour affiner les modèles de nucléosynthèse stellaire, sont publiées en 1961 dans l'article *Carbon, Oxygen, and Neon Thermonuclear Reaction Rates.*

De 1960 à 1964, Hubert travaille au NASA Goddard Institute for Space Studies où il approfondit les mécanismes de la nucléosynthèse. Pendant cette période, il écrit son ouvrage *Stellar Evolution and Nucleosynthesis*, publié en 1968.

En 1964, Hubert, en collaboration avec Philip Pochoda, publie dans la revue *Planetary and Space Science* un article intitulé *A Revised Solar Model with a Solar Neutrino Spectrum.* Cette publication est une avancée majeure : ils y proposent un modèle actualisé de l'intérieur du Soleil, prenant en compte l'évolution de l'étoile sur 4,5 milliards d'années. Pour la première fois un spectre de neutrinos solaires est prédit. Bien que peu remarquée à sa parution, cette avancée théorique s'avère déterminante par la suite, notamment dans le cadre de la résolution du « problème des neutrinos solaires ».

« J'ai épluché toute la littérature et je n'ai jamais trouvé un spectre antérieur à celui-là. Hubert a dû être le premier à publier un spectre des neutrinos solaires ». *Nicolas Prantzos*

Dans les années 1980, alors que le CEA de Saclay s'impose comme un centre mondial dans la recherche sur les neutrinos solaires, la communauté scientifique est confrontée au fameux mystère des neutrinos manquants : seuls un tiers des neutrinos prédits par les modèles théoriques sont détectés. Ce déficit intrigue, inquiète, remet en question. Pourtant, bien que présent à Saclay et autrefois fortement investi dans ce domaine, Hubert ne prononce pas un mot sur le sujet. Il ne revient jamais, publiquement, sur ses travaux antérieurs. Ce silence, longtemps passé inaperçu, reste aujourd'hui encore inexpliqué.

« Pendant deux décennies de recherches très intenses, Hubert, qui était là à Saclay où le modèle se faisait, n'a pas dit un mot. Il ne s'est pas prononcé sur le Soleil, il n'a pas mentionné le sujet des neutrinos solaires. J'ai l'impression, qu'à partir du moment où il est venu en Europe, Hubert a fait un trait sur le travail qu'il avait fait avant ».
Nicolas Prantzos

À Orsay, tout comme à Saclay, Hubert bénéficie de conditions idéales pour poursuivre ses recherches.

Il s'intéresse à l'origine de certains éléments légers dont les abondances observées ne peuvent être expliquées ni par la nucléosynthèse primordiale du Big Bang, ni par les réactions nucléaires au sein des étoiles.

« Il a travaillé à expliquer la rareté surprenante de trois éléments légers dans les étoiles et le milieu interstellaire : le lithium (Li), le béryllium (Be) et le bore (B) sont des millions de fois moins abondants qu'attendu. Ils sont considérés comme "légers", car ce sont des métaux qui ne contiennent que trois, quatre et cinq protons respectivement ».
Jean-René Roy

En 1970, Hubert cosigne avec William Fowler et Fred Hoyle un article publié dans *Nature*, intitulé *Galactic Cosmic Ray Origin of Li, Be and B in Stars*. Ils y démontrent que ces éléments résultent d'un processus de spallation cosmique. Des rayons cosmiques galactiques, constitués de particules à très haute énergie, interagissent avec des noyaux lourds, comme ceux du carbone ou de l'oxygène, présents dans le milieu interstellaire, les fragmentant pour produire des noyaux plus légers tels que le lithium, le béryllium et le bore.

L'année suivante dans un article de synthèse, *The Production of the Elements Li, Be, B by Galactic Cosmic Rays in Space and Its Relation with Stellar Observations*, rédigé en collaboration avec Jean Audouze et Maurice Meneguzzi, Hubert approfondit cette théorie. Combinant modélisation numérique et confrontation aux données observationnelles, ce travail, connu sous l'acronyme MAR, devient rapidement une référence majeure.

Il s'agit, fait notable, du seul processus de nucléosynthèse qui n'avait pas été envisagé dans le cadre fondateur du modèle B^2FH de 1957.

Aujourd'hui, ces éléments légers jouent un rôle central dans nos technologies : le lithium devient indispensable à la fabrication des batteries rechargeables de nos téléphones portables, ordinateurs et voitures électriques. Le béryllium équipe les miroirs du télescope spatial James Webb en raison de sa légèreté, sa rigidité et sa stabilité à très basse température.

« J'ai eu la chance d'être le premier élève de thèse d'Hubert Reeves. Nous nous sommes rencontrés en 1965, au moment où il a été invité par René Bernas et Evry Schatzman à venir travailler à Orsay. Ce qui était bien avec Hubert, c'est que je n'étais pas confiné dans mon bureau. Il m'a emmené tous les étés à Cambridge rencontrer les grands de ce monde. On était invité chez Fred Hoyle. J'ai énormément voyagé avec lui ».
Jean Audouze

Dans le cadre de l'expérience *Solar Wind Composition Experiment*, mise en œuvre lors de la mission Apollo 11, Hubert collabore avec Johannes Geiss pour analyser la composition du vent solaire. Ils parviennent à estimer l'abondance du deutérium, isotope primordial de l'hydrogène formé une minute après le Big Bang. Leurs travaux révèlent que la concentration en deutérium dans le vent solaire est de cinq à quinze fois inférieure à celle mesurée sur Terre. Hubert attribue cette différence à des réactions chimiques lentes, survenues à basse température dans le disque protoplanétaire autour du jeune Soleil, ayant entraîné un enrichissement local du deutérium à proximité de l'orbite terrestre.

Ces résultats ont des implications majeures en cosmologie, en permettant de contraindre la densité de matière baryonique, c'est-à-dire la matière « ordinaire » constituée de protons et de neutrons. En combinant ces observations avec les modèles de nucléosynthèse primordiale, Hubert et Johannes Geiss démontrent que la matière visible représente environ 10 % de la masse totale de l'Univers, suggérant fortement l'existence d'une matière noire. Ils publient leurs résultats dans *Astronomy & Astrophysics* en 1972. En reconnaissance de cette contribution majeure à la cosmologie, Hubert et Johannes Geiss reçoivent en 2001 la Médaille Albert Einstein.

Hubert compare sans relâche théories et observations, affinant ainsi la compréhension des abondances chimiques dans l'Univers. Ils ont notamment validé des scénarios de nucléosynthèse, tant stellaire que primordiale. Ces recherches confortent l'importance des réactions nucléaires dans l'évolution cosmique et confirment la cohérence du modèle du Big Bang avec les données observationnelles. Hubert a mis en lumière le rôle essentiel des taux de réaction et des conditions physiques dans les étoiles.

Dans l'article « *On the Origin of Lithium* », publié en 1990, Hubert, Jacques Richer, Katsuhiko Sato et Nobuo Terasawa s'intéressent aux différentes façons dont le lithium-7 peut se former dans l'Univers. Ils étudient notamment la nucléosynthèse primordiale, la spallation et certains processus à l'œuvre dans les étoiles. En comparant leurs calculs théoriques à des mesures du lithium dans le système proto-solaire, ils constatent que le Big Bang, à lui seul, ne suffit pas à expliquer la quantité de lithium-7 mesurée. Les réactions nucléaires à l'intérieur des étoiles jouent également un rôle essentiel, notamment via le « mécanisme de Cameron-Fowler », qui transforme l'hélium-3 en lithium-7 dans des conditions spécifiques comme dans les géantes rouges ou les novæ. Leur travail souligne la complexité de la fabrication du lithium et alimente le débat sur le « problème du lithium », un désaccord entre les théories cosmologiques et les observations astronomiques.

« Nous savons plus que nous ne pouvons dire ». *Michael Polanyi*

Dans la publication de 1993 « *The Li/lithium-6 ratio and the stellar yield of lithium-7* », parue dans la revue *Astronomy & Astrophysics*, Hubert approfondit la question de l'origine du lithium en se focalisant sur le rapport entre ses deux principaux isotopes : lithium-7 et lithium-6. Selon lui, la production de lithium-7 ne peut pas se limiter à la phase primordiale du Big Bang : les collisions de rayons cosmiques et la synthèse stellaire doivent être prises en compte. Il remarque aussi que, dans les étoiles, une partie de ces isotopes peut être détruite par les températures élevées, ce qui complique encore la détermination de leur abondance finale. En confrontant ces modèles aux observations spectroscopiques qui varient selon l'âge et la masse des étoiles, Hubert montre que la répartition du lithium est bien plus complexe qu'on ne l'imagine, révélant ainsi l'importance de mesurer précisément le rapport lithium/lithium-6 pour distinguer les contributions respectives de la nucléosynthèse du Big Bang, de la spallation cosmique et des processus stellaires dans la « construction » chimique de la Galaxie. Cette étude éclaire davantage le « problème du lithium », au cœur des débats actuels en cosmologie.

« Au cours de ma carrière scientifique, même si je n'ai pas réalisé mon rêve d'enfance de révolutionner l'astrophysique, j'ai eu la chance de participer à l'élaboration de la théorie de l'origine des éléments chimiques (nucléosynthèse). Et j'ai eu le bonheur d'être témoin de changements considérables dans notre perception du cosmos ».

L'INTROSPECTION EN TOILE DE FOND

**« Il faut beaucoup de chaos en soi
pour accoucher d'une étoile qui danse ».**
Friedrich Nietzsche

« Adolescent, au Québec, je n'éprouvais aucune difficulté à me laisser convaincre par la synthèse philosophicoreligieuse enseignée par les bons Pères jésuites. Je lisais les écrits des auteurs catholiques : Jacques Maritain, Étienne Gilson. À cette époque, je séjournais souvent au monastère bénédictin de Saint-Benoît-du-Lac, au bord du lac Memphrémagog dans les Cantons-de-l'Est ».

Ce Québec, où l'Église catholique ne se discute pas, c'est celui dans lequel Hubert grandit. Elle contrôle l'éducation mais aussi la santé, la morale et la culture. La cellule familiale y revêt un caractère sacré et matriarcal. Encadrée par la morale religieuse, la sexualité y est tenue sous silence, sous la chape du péché, réduite à un tabou dont la culpabilité est le seul écho.

Les cloches tintent pour annoncer un nouveau dimanche. Hubert et sa famille prennent le chemin de l'église. À l'odeur tourbeuse de l'encens se mêle celle du bois vieilli. La voix du prêtre s'élève, monocorde. Dans les rangées, des silhouettes figées attendent en silence.

Au monastère de Saint-Benoît-du-Lac, Hubert retrouve ce même recueillement. La lenteur des rites, la simplicité des repas, l'étonnante clarté des chants grégoriens s'imposent dans le silence habité du lac Memphrémagog.

Ce contexte prégnant façonne, dès l'enfance, le rapport d'Hubert au monde. Placé sous l'influence puissante de l'Église, il est tôt confronté à des questionnements intérieurs, tiraillé entre une foi héritée, parfois imposée, et une soif profonde de connaissance et de liberté intellectuelle. Peu à peu, science et religion lui apparaissent comme difficilement conciliables. Il exprime son embarras à l'idée de devoir se consacrer à ces deux disciplines de concert.

De retour à la maison de Bellevue après un séjour de travail estival à Oak Ridge, Hubert écrit à un Révérend Père, au tout début des années 50. Ce 10 septembre-là, Hubert rédige une lettre qui ne ressemble à aucune autre : « Il me semble évident que j'aime les sciences et le travail scientifique. Je m'y sens à mon aise et suis capable d'y consacrer plus de temps que je ne l'ai fait pour toute autre chose. Je me sens sur un terrain de plus en plus ferme, dans une sécurité toujours grandissante. Je suis heureux de me voir changer dans ce sens mais un point m'inquiète : cette ferveur scientifique a peu à peu détruit en moi toute ferveur religieuse. À l'heure qu'il est, je n'y suis plus, ni en pensée, ni autrement. Je ne réussis pas à me recueillir, ni à la messe ni dans mes prières. Je pense à autre chose. Je ne sais pas comment m'en tirer. Quand j'aime quelque chose et que je m'y donne, j'y pense jour et nuit et tout le reste n'a plus de valeur pour moi ».

Au début de l'été, Hubert traverse une période de doute. Il précise qu'il ne regrette pas d'attendre le mois de septembre pour rédiger cette lettre. D'une intensité rare, elle tient davantage de la confession que de la simple confirmation de son appétence pour la science. Hubert ne tente ni de convaincre, ni de se justifier. Il fait preuve d'une remarquable lucidité introspective, sans révolte ni rejet. Il ne masque aucune faille et écarte toute forme de complaisance. C'est un soulagement qu'il annonce, celui d'une perspective de stabilité existentielle qu'offre la rigueur scientifique. Mais cette lettre laisse aussi transparaître une forme de dépossession involontaire, presque coupable, de son ancrage religieux. Une passion nouvelle l'habite, claire, exigeante, dévorante. Elle s'impose avec une telle intensité qu'elle chasse, sans affrontement, la ferveur religieuse, désormais vacillante. Les lieux de transcendance d'autrefois sont devenus vides de sens. Hubert ne les habite plus. Le silence, jusque-là chéri, devient pesant. À la messe, les psaumes murmurés ne trouvent plus d'écho en lui. Sa pensée se focalise sur les équations, dans une démarche passionnelle, sans compromis ni demi-mesure. Cette nouvelle posture, où l'esprit tend vers le savoir en se privant de réconfort spirituel, s'installe en lui, mais reste fragile. Elle est mise à l'épreuve, plus tard, par l'épuisement, la solitude, et la mélancolie.

« Un peu de science éloigne de Dieu, beaucoup y ramène. »
Louis Pasteur

« Une question qu'on a posée souvent à Hubert, alors que j'assistais à des conférences, c'était : "Est-ce que vous croyez en Dieu ou est-ce que vous êtes pratiquant ?" Il trouvait toujours une façon très subtile de répondre que les gens sont libres dans la vie, qu'ils peuvent croire ce qu'ils veulent ».
Michèle Santon-Jean

Choisir, c'est renoncer, sans pour autant exclure définitivement. Science et croyance ne font pas bon ménage, et en devenant adulte, Hubert s'abstient d'appliquer ces deux nuances à un même territoire.

« Plutôt que de dire comme Nietzsche que "Dieu est mort", je dirais plutôt, comme je le développe dans mon livre Malicorne : "Dieu n'est plus ce qu'il était !" Maintenant, Dieu, on le rencontre au niveau des interrogations, et non plus au niveau des certitudes. Il prend sa place dans le voyage intérieur de chacun d'entre nous… On le retrouve mêlé à nos angoisses et à nos questions sur le sens profond des choses. Il est en relation avec cette conviction intime que, au-delà de ce qui se donne à voir, il y a "quelque chose" dans lequel nous sommes profondément, vitalement, existentiellement impliqués ».

La science cherche à répondre au comment par l'observation, l'expérimentation et la démonstration, tandis que la croyance s'attache au pourquoi, portée par la foi, la tradition ou la quête de sens. À condition que ni l'une ni l'autre n'oublie sa finalité ni ne déborde de son périmètre, science et croyance coexistent, et parfois même dialoguent sans se contredire. Il n'en reste pas moins que rien n'est définitivement établi. Hubert a fait de la science son métier, sa vocation principale.

« Mon envie de devenir chercheur fut profondément liée à mon anxiété, aussi amplement nourrie par celle de mes parents, dont la nature inquiète m'a longtemps gouvernée. J'étais un peu comme ces Gaulois d'Armorique qui craignaient le poids du ciel. C'est cette crainte viscérale qui a suscité chez moi l'envie de comprendre le monde et son fonctionnement ».

Chez Hubert, en toile de fond, l'anxiété. Omniprésente, parfaitement installée. Légère mais fidèle, elle l'accompagne et rarement ne s'efface. Très jeune, Hubert lit à maintes reprises et très attentivement l'ouvrage « Où allons-nous ? » de l'Abbé Théophile Moreux. Il fait sienne cette question qui en génère d'autres en cascade : les sciences humaines détiennent-elles une clé ou sont-elles totalement impuissantes ? Faut-il s'adresser à la religion, si familière et apaisante ? Les sciences exactes nous révèlent-elles les mystères de l'au-delà ? Y a-t-il une autre existence que celle, bien terrestre, qui est la nôtre ? Ces interrogations majeures fascinent Hubert mais également l'écrasent. La science devient non seulement un champ de savoir, mais une tentative de contenir l'inquiétude. Comprendre le monde, c'est peut-être, aussi, désamorcer sa charge d'angoisse. Peu à peu, se dessine en creux sa vocation pour le métier de chercheur : observer, analyser et comprendre pour tenter de nommer l'invisible.

« Il y a aujourd'hui des demandes, des attentes, qui débordent largement la question du "comment ça marche ?". Le simple savoir ne suffit pas. De plus en plus de gens s'interrogent sur le sens ultime de l'Univers ».

Jardin du domaine de Malicorne fin avril.

Pour dépasser les limites de l'horizon des observables, Hubert emprunte un chemin de traverse. À l'Univers de la religion, il substitue celui de la musique. Par ce biais, il légitime son accès à l'émotion, à la quête de sens et à la transcendance, sans entrer en contradiction avec la science. Les scientifiques ne sont-ils pas, parfois, musiciens ou mélomanes ? Hubert opère ainsi une subtile transposition vers une spiritualité, compatible avec la rigueur scientifique, tout aussi rassurante et apaisante que la religion, et dont il peut parler librement, sans frein.

« L'au-delà de moi-même, je ne le rencontre pas dans les textes religieux ou philosophiques, mais dans la musique. Les salles de concert sont mes églises ».

« La question de l'immortalité, on l'a très souvent discutée. Parce que, évidemment, tout ce qui s'appelait ésotérisme, religion, spiritualité, Hubert aimait l'explorer. On a beaucoup de *terra incognita*, comme il disait. L'immortalité, celle dont nous sommes sûrs, c'est celle de nos mémoires ». *François Reeves*

À la suite de son divorce avec Francine, Hubert traverse une période de profonde dépression. Le sentiment d'être seul, irrémédiablement seul avec ses questions, se mêle à l'effondrement. Quels sont les mécanismes qui l'enchaînent ? Pourquoi son énergie s'enfuit-elle ? Où vont ses désirs, sa motivation à poursuivre ses recherches ? Une tristesse, lourde et tenace, l'enveloppe tout entier. Il consulte un psychiatre. Il cherche des repères, quelque chose qui tienne lieu de boussole intérieure.

« La dépression, c'est une manière de mort, et la vie,
comme la pensée, est mouvement. »
Philippe Labro

Hubert se tourne vers les livres, non plus pour apprendre, mais pour comprendre. À défaut de réponses immédiates, il cherche un langage pour

Évadné

L'été et notre vie étions d'un seul tenant
La campagne mangeait la couleur de ta jupe odorante
Avidité et contrainte s'étaient réconciliées
Le château de Maubec s'enfonçait dans l'argile
Bientôt s'effondrerait le roulis de sa lyre
La violence des plantes nous faisait vaciller
Un corbeau rameur sombre déviant de l'escadre
Sur le muet silex de midi écartelé
Accompagnait notre entente aux mouvements tendres
La faucille partout devait se reposer
Notre rareté commençait un règne
(Le vent insomnieux qui nous ride la paupière
En tournant chaque nuit la page consentie
Veut que chaque part de toi que je retienne
Soit étendue à un pays d'âge affamé et de larmier géant)

C'était au début d'adorables années
La terre nous aimait un peu je me souviens.

René Char

rendre intelligible sa douleur. L'architecture de l'âme humaine est faite de conflits, de désirs enfouis et de blessures anciennes. En parcourant l'œuvre de Freud, il commence à nommer ce chaos intérieur qui l'habite. Le fondateur de la psychanalyse devient un allié dans cette tentative de mise en mots. Il lui révèle qu'en chacun sommeille une inquiétude ancienne, une peur archaïque que rien ne dissipe totalement.

« Il y a quelque part en chacun de nous un personnage – un enfant non rassuré – qui s'éveille à la faveur de l'obscurité nocturne ou de bruits inexpliqués et qui dit : "Et si, après tout, les fantômes existaient ?" »
Freud

Hubert confie : ***« J'ai retrouvé cette voix en moi à plusieurs reprises. À chaque fois, j'ai senti ma fragilité et ma vulnérabilité et j'ai compris que ma cuirasse scientifique n'y pouvait rien ».***

Avec Jung, il change de registre. Il n'est plus seulement question d'angoisse, mais de sens. Le psychanalyste suisse lui ouvre un espace symbolique, un territoire onirique. Hubert commence à s'interroger sur ses rêves, ses figures intérieures, sur la part de lui-même qui échappe au raisonnement. Il s'ouvre à la possibilité que sa quête de soi dépasse les frontières du moi rationnel. C'est toutefois Winnicott qui, plus que tout autre, le touche profondément. Non pas par des théories, mais par la liberté créatrice qu'il propose et en met en œuvre avec les enfants. L'idée qu'un être peut se construire ou se briser selon la qualité de l'environnement affectif résonne intensément pour Hubert. Il est l'enfant préféré de Manon. Peut-être cherche-t-il à comprendre ce que cela a laissé en lui, de blessures silencieuses comme de tendres empreintes.

« Tout au long de ma vie, j'ai eu la chance de profiter des acquis de la psychanalyse, non seulement sur les traditionnels divans, mais aussi par des relations amicales prolongées… Je me suis souvent senti très proche de leur mode de pensée, de leur regard sur le monde intérieur et sur le

psychisme. J'ai beaucoup lu Freud, mais aussi Jung et Winnicott, qui, à mon avis, ont porté plus loin les intuitions du maître ».

Françoise Dolto, qu'Hubert côtoie, lui livre une image évocatrice : **« Freud soigne les racines, Jung soigne les branches ».**

À travers Freud, Jung et Winnicott, Hubert n'est pas en quête d'une vérité, mais de balises, d'une manière de reconnaître sa douleur comme une expérience à part entière de la condition humaine.

« Winnicott a montré comment les différentes activités humaines, que ce soit la science, la création artistique, la construction de systèmes religieux, celle de l'histoire, celle de la mythologie, qui est aussi une des activités les plus présentes dans toute l'humanité, en fait, ont la même origine ».

Ce constat vertigineux de la complexité qui touche aussi l'âme humaine, avec ses pulsions contraires, ses voix multiples, trouve un écho particulier dans un court chapitre de *Je n'aurai pas le temps*, intitulé *La pensée magique*. Hubert y relate une expérience révélatrice de ce qui l'anime : la coexistence en lui de la rigueur scientifique et d'une sensibilité exacerbée, vibrante, parfois même irrationnelle.
Il raconte un matin d'été, alors qu'il arrive à la gare de Laroche-Migennes. Un jeune homme l'aborde pour lui demander de l'argent. Hubert détourne le regard et poursuit son chemin. Mais le visage qu'il vient de laisser derrière lui, pâle, marqué par la fatigue, le hante. Arrivé sur la place du village, il constate qu'aucun taxi ne l'attend, contrairement à l'habitude. Une pensée lui traverse l'esprit, illogique mais tenace : l'absence de taxi est-elle liée à son geste, à son manque de charité ? Est-ce une forme de punition, de rappel à une injonction ?
Hubert cherche du sens. Il pressent que ce refus le touche plus qu'il ne l'imagine. Le calme inhabituel du lieu, l'attente prolongée, le sentiment d'anomalie dans cette scène familière éveillent en lui une forme de malaise.

Il n'est ni superstitieux, ni versé dans la pensée magique, mais il observe avec lucidité ces mouvements obscurs qui l'habitent. Il ne les refoule pas, ne les juge pas. Il accepte ce tiraillement intérieur sans trancher.

Cet épisode est une confession pudique, peut-être involontaire, sur la pluralité de ses voix intérieures. Hubert reconnaît, en contrepoint de la science, la persistance de ses élans symboliques, de ses fragilités, de ses fantômes intérieurs. Ce n'est pas un écart de pensée, mais une extension sensible de sa conscience du monde.

Hubert apprécie les promenades en solitaire, tout particulièrement dans sa forêt de Malicorne. Bien plus que de simples échappées, ces marches sont pour lui le prétexte à un retour à l'essentiel. Le temps y suspend sa course. Dans la douceur verte et l'air à peine frais, Hubert s'immerge lentement dans l'atmosphère boisée. Contemplatif, sa présence devient à la fois attentive et apaisée. Il est là, sans intention particulière, en osmose avec la nature, au rythme du vivant.

« J'ai besoin de prendre ce que les Japonais appellent des bains d'arbres. Il y a quelque chose qui passe, je sais pas quoi, je ne me le demande pas, parce que je ne pense pas que je pourrais le trouver. C'est un rapport affectif. On a tous besoin d'un peu de repères dans un monde qui est un peu déboussolé ».

« Votre vision ne deviendra claire que lorsque vous pourrez
regarder dans votre propre cœur.
Celui qui regarde à l'extérieur rêve,
celui qui regarde à l'intérieur s'éveille. »
Carl Jung

Le chaos est toujours là, mais il n'effraie plus Hubert. Il devient matière à penser, parfois même à danser.

LE PUTAIN DE FACTEUR HUMAIN

« Sur une planète minuscule, une espèce – la nôtre – disparaît : que représenterait, à l'échelle du cosmos, notre élimination ? Une simple anecdote dans l'immensité d'un Univers peuplé de centaines de milliards d'étoiles et de planètes ? La "nature" ne verserait pas une larme ».

Hubert le rappelle souvent : à l'échelle cosmique, l'humanité est une exception fragile.

C'est dans cette conscience aiguë de notre précarité qu'Hubert pointe, avec une lucidité mêlée d'ironie, ce qu'il appelle le « PFH » – Le « Putain de Facteur Humain ». Le PFH, c'est savoir que la maison brûle et rester là, passif, hypnotisé par les flammes. C'est posséder toutes les connaissances nécessaires pour comprendre une situation, mais être incapable de prendre les décisions qui s'imposent. C'est demeurer figé, s'obstiner dans l'inaction, et parfois même aller à contre-courant. Pourtant, ce « Putain de Facteur Humain », n'est pas insurmontable, et c'est ce que croit Hubert.

Cette posture est parfois le résultat d'une impuissance acquise : après avoir trop souvent constaté que les efforts ne changent rien, l'individu renonce à agir, même lorsque l'action redevient possible. Il est persuadé qu'il ne peut plus influer sur le réel.

Mais un conflit intérieur plus discret peut aussi entrer en scène : celui de la dissonance cognitive. Lorsqu'une personne agit à l'encontre de ce qu'elle sait être juste, elle ressent un malaise intérieur, une tension entre ses convictions et son comportement. Pour atténuer ce trouble, elle tente de justifier ce décalage, de relativiser l'urgence ou de feindre d'ignorer la situation. Même lorsque les signaux sont sans ambiguïté, même lorsque les connaissances sont là, la solution la plus simple et la moins douloureuse, consiste souvent à ne rien changer. Le confort immédiat, les habitudes, les peurs, l'emportent. L'inaction ne découle pas toujours d'un manque de volonté, mais d'un déséquilibre intérieur difficile à surmonter.

Ce mécanisme, profondément humain, n'a rien d'exceptionnel. Il s'insinue partout, dans les décisions les plus banales comme dans les choix les plus cruciaux. C'est précisément ce que désigne l'expression « Putain de Facteur Humain » qu'Hubert affectionne. Il l'utilise souvent, non pour pointer une situation particulière, mais pour la justesse et l'efficacité avec lesquelles elle met en lumière cette étrange naïveté, cette résignation silencieuse, qui semble habiter à la fois chaque individu et l'humanité tout entière.

Tout se passe comme si, fragiles et tâtonnants, les hommes hésitent encore à se sauver eux-mêmes.

Le PFH tire ses racines de la psychologie, mais il est aussi amplifié, et souvent alimenté, par le contexte dans lequel il s'exprime. Les modèles économiques et technologiques en place contribuent fortement à son maintien et à sa diffusion. Hubert en connaît les rouages, et surtout, les conséquences les plus préoccupantes.

Les logiques de profit à court terme sont rarement compatibles avec le respect de la biodiversité. Au nom de la rentabilité immédiate, et par crainte de déstabiliser les marchés, des États continuent de subventionner les énergies fossiles. La mécanique de l'absurde fonctionne à plein régime : nous savons, mais persistons à agir à rebours du bon sens.

L'innovation technologique, en perpétuelle accélération, reste trop souvent perçue comme un progrès en soi, alors qu'elle répond principalement à des objectifs de productivité plutôt qu'à une réelle amélioration de notre qualité de vie. Les études d'impact, pourtant essentielles à toute décision responsable, sont volontairement négligées ou escamotées pour réduire les coûts et accélérer la mise sur le marché. Dans cette course effrénée, le temps long, celui de la réflexion, de la prudence, de la régulation, devient un luxe obsolète.

« Ce n'est pas parce que nous avons moins de temps que nous sommes pressés, c'est parce que nous devons faire plus de choses dans le même temps… Le moteur fondamental de la modernité est l'accélération ».
Hartmut Rosa

Frénétiquement, le monde s'agite, sature, se décolore. Dans un Univers où la vie ne s'exprime qu'en surface, le Putain de Facteur Humain trouve un terreau fertile. Nous ne sommes pas seulement passifs par ignorance, mais aussi par épuisement.

L'inaction naît d'un système construit pour empêcher la cohérence entre la pensée et l'acte.

Le PFH prend encore plus d'ampleur lorsqu'il est alimenté par la trahison ou le silence des figures d'autorité, qu'elles soient politiques, scientifiques ou économiques. Leur responsabilité, immense, est d'éclairer, d'orienter mais aussi de mobiliser. Lorsqu'elles échouent, elles aggravent le climat de résignation, de confusion, voire de cynisme.

Les dirigeants politiques, disposent des moyens juridiques et institutionnels pour agir à l'échelle de la collectivité. Pourtant, ils temporisent, tergiversent ou légifèrent au bénéfice d'intérêts privés, méprisant les alertes des scientifiques. Cette dissonance entre discours et actes, désoriente les citoyens, détériore la confiance, et nourrit l'idée que la partie est perdue d'avance.

« Hubert était régulièrement sollicité par les partis politiques. Il n'a jamais mis les doigts là-dedans ». *Yves David*

La parole des scientifiques déçoit aussi, lorsque par prudence ou conformisme, elle s'installe dans un discours édulcoré, contenu ou convenu. Le citoyen attend de la science qu'elle réponde au « pourquoi » alors que son champ d'action se limite au « comment ». L'idée d'un savoir en perpétuelle remise en cause effraie. La vérité absolue, tant espérée et tout aussi apaisante, n'est jamais au rendez-vous de la science. S'installe, en lieu et place, la confusion, le doute, voire la méfiance, eux aussi propices à l'inaction.

La science procède par itérations, enchaînant étapes, ajustements et remises en question. Elle construit les savoirs sur des bases provisoires. Chaque avancée n'est pas définitive, elle constitue une formulation temporaire, valable jusqu'à preuve du contraire. Ce préalable n'est probablement pas suffisamment explicité pour dire la science qui heurte les attentes sociales. Là où le citoyen cherche des réponses claires, stables et rassurantes, la science oppose des modèles probabilistes, des incertitudes, des marges d'erreur. Mal présentée, cette réalité nourrit le Putain de Facteur Humain : l'écart entre ce que l'on attend de la science (des certitudes, des solutions immédiates) et ce qu'elle propose réellement (des éclairages évolutifs, des alertes soumises à révision) engendre frustrations et parfois rejets. La défiance envers les experts ne naît pas seulement de la mauvaise foi. Elle résulte aussi d'une méconnaissance de la nature même du savoir scientifique.

« Si la science ne répond pas à toutes les grandes questions, en tout cas, elle peut vous donner beaucoup d'informations qui vous permettent de réfléchir, de prendre votre propre position, de décider comment vous allez orienter votre vie ».

Quant aux acteurs économiques, ils sont les grands producteurs et diffuseurs de récits. À la manière d'illusionnistes, ils tirent les ficelles pour amuser la galerie tout en la piégeant. Ils créent l'agitation pour simuler l'action, fabriquent des décors et mettent en scène un faux mouvement. En quelques actes, ils nous transportent dans leurs imaginaires, loin de la raison, du respect, de l'équité et d'un engagement durable.

Face à cette succession de renoncements, le PFH s'enracine dans un paysage où le courage est une ressource devenue rare : le courage d'exprimer une pensée dissidente, de renoncer au confort ou à la domination, d'imaginer un avenir au-delà de l'immédiat, de planifier sur le long terme. Plus les figures d'autorité démissionnent de leur responsabilité morale et éthique, plus la société s'abandonne à l'inaction et s'enlise dans une forme de désespoir.

« Le Putain de Facteur Humain, c'est ce qui fait que l'on ne passe pas de ce qu'on sait à ce que cela implique ».

Hubert s'interroge continuellement sur la nature humaine. Dès son plus jeune âge, il analyse les situations, toujours avec tolérance et compassion. Lucide mais bienveillant, il décrypte son propre environnement, celui de la recherche. Porté par l'émerveillement d'apprendre, il en découvre aussi les travers, sans jamais sombrer dans l'amertume.

« Mes premiers contacts avec le monde scientifique – d'abord à la Trappe d'Oka avec le Père Louis-Marie et ensuite à l'Université de Montréal – m'en avaient laissé une impression assez idyllique. Ici se vit, me disais-je, le noble culte du savoir et de la recherche pour comprendre l'Univers, loin de la vanité et de l'ineptie de bien des préoccupations humaines. J'ignorais qu'aucun milieu, même celui-ci, n'est exempt de mesquinerie, de jalousie, d'une âpre compétition et des "coups bas" qui peuvent en résulter ».

Hubert se rend vite compte que la mesquinerie s'infiltre partout, jusque dans le monde de la recherche, là même où l'on attend une honnêteté intellectuelle irréprochable. Il voit ses propres idées plagiées, des travaux de collègues minimisés, parfois volontairement passés sous silence, afin que certains puissent s'attribuer seuls le mérite d'une avancée. Il observe aussi des résultats subtilement arrangés pour mieux séduire, des idées saugrenues défendues, non par conviction mais dans le seul but de décrocher un financement ou de consolider une position académique. Hubert en est pleinement conscient : chaque écart, entre l'attente et la réalité, même infime, abîme l'image de la science et entame la confiance que la société lui accorde. La jalousie, omniprésente dans les relations de travail, fragilise aussi la cohésion des équipes et amenuise les fruits des collaborations.

À cela s'ajoute un autre facteur décisif : la question de la prise de décision et des rapports hiérarchiques. Dans les milieux compétitifs, notamment scientifiques, le poids de la hiérarchie étouffe les voix divergentes, freine les remises en question et favorise les décisions davantage guidées par l'intérêt personnel que par l'exigence de rigueur. Pourtant, Hubert sait combien il est crucial que chaque individu, quelle que soit sa fonction, puisse exprimer son désaccord. Il se rappelle, non sans émotion, un épisode édifiant : en octobre 1962, au plus fort de la crise des missiles de Cuba, le sous-marin soviétique B-59, coupé de toute communication, est persuadé qu'une guerre nucléaire éclate. À son bord, deux officiers souhaitent lancer une torpille nucléaire comme les instructions de Moscou le spécifient dans un tel cas. Un troisième officier, Vassili Arkhipov, s'y oppose. Prise à contre-courant, avec sang-froid et lucidité, sa décision empêche le déclenchement d'une guerre mondiale. L'humanité l'a échappé belle.

Dans un monde trop souvent guidé par les rapports de force, Hubert choisit de suivre sa conscience plutôt que les logiques de pouvoir. Il accorde toute sa valeur au discernement individuel, même lorsqu'il va à l'encontre du consensus ou des attentes hiérarchiques. Sa rigueur et son intégrité intellectuelle sont inébranlables.

Sa notoriété, Hubert ne la revendique jamais ; il l'assume simplement comme un outil au service d'une cause plus grande que lui. Porté par un formidable élan humaniste, Hubert fait abstraction, autant que possible, des comportements et des paroles qui le blessent. Il se consacre pleinement à une mission dont il ressent profondément l'urgence : veiller sur la planète, sur son état, et sur le bien-être de tous ses habitants.

Cette attitude, empreinte de lucidité, d'humilité et de fidélité à soi-même, peut sembler austère ou favoriser la solitude. C'est tout l'inverse : elle rend profondément heureux. Car en choisissant la cohérence plutôt que la soumission, la conscience plutôt que le cynisme, Hubert trouve une forme de paix intérieure que ni les honneurs ni le pouvoir ne procurent. Son bonheur naît de l'alignement entre ce qu'il pense, ce qu'il dit, et ce qu'il fait. Une telle posture offre une autre voie : celle de l'engagement joyeux, nourri non par la colère, mais par la fidélité à ses valeurs. Elle prouve qu'il est encore possible d'agir sans se trahir.

« Hubert, c'était un être généreux, quelqu'un qui partageait facilement sa gloire. S'il a vexé certains parce qu'il prenait la lumière, ce n'était pas par sa faute. Lui, ne faisait rien pour ça. Il crevait l'écran tout seul. Il n'avait pas besoin d'artifice, c'était comme ça ». *Anna Alter*

La présence d'Hubert est authentique. Sa sincérité le rapproche naturellement de Théodore Monod, naturaliste, spécialiste des déserts et explorateur hors pair, pour qui « le seul combat qui vaille, c'est celui de la conscience ». Comme lui, Hubert œuvre pour une science humble et engagée. Tous deux partagent une même exigence morale, une même volonté de servir le vivant, au-delà des égos et des honneurs, tournée vers la conscience plutôt que la reconnaissance.

« Hubert a rencontré Théodore Monod et ils sont devenus très amis. Théodore, avait la même sensibilité qu'Hubert. C'était un grand humaniste, comme Hubert. Ils voulaient tous les deux faire en sorte que ça dure, que l'humanité dure. Quand Jacques Chirac a fait des essais nucléaires, ils étaient tous les deux furieux ». *Camille Scoffier-Reeves*

Ainsi, à la disparition de Théodore Monod en 2000, Hubert prend la présidence du ROC (Rassemblement des Opposants à la Chasse), dont il est déjà membre. Dès l'année suivante, il engage un changement de dénomination pour mieux refléter l'évolution des missions de l'association, qui devient alors la Ligue ROC pour la préservation de la faune sauvage et la défense des non-chasseurs. En 2012, l'association adopte le nom d'Humanité et Biodiversité, marquant ainsi l'élargissement de son action à l'ensemble des enjeux liés à la protection de l'environnement. Forte de son rayonnement national, elle est reconnue d'utilité publique.

« Ce qui préoccupait vraiment Hubert, c'est l'état de la Terre. Ce qui l'angoissait au plus haut point, c'était ce que les humains étaient en train de faire de cette petite planète fragile. Et plus il recevait d'amis cosmonautes qui lui racontaient comment ils avaient vu la petite planète bleue, plus il se passionnait pour l'écologie. Vraiment, l'écologie, ça a été sa grande bataille ». *Camille Scoffier-Reeves*

Hubert y est très actif. En quinze ans, il initie et soutient plusieurs actions concrètes visant à préserver la biodiversité et à sensibiliser le public à son importance.

« Souvent, les gens me disent : "avant, vous nous parliez des galaxies, vous nous faisiez rêver et maintenant vous nous racontez des choses dures". Je réponds qu'il faut être réaliste. On ne peut pas passer son temps à rêver. On ne peut pas faire l'autruche. Il faut avoir une bonne connaissance de la situation de la Terre pour savoir comment agir ».

Il lance notamment le Réseau des Oasis Nature, qui invite chacun, particuliers, écoles, collectivités, à créer des espaces favorables au vivant : jardins, balcons ou terrains non chassés, sans pesticides ni interventions excessives. Parallèlement, il multiplie conférences, publications et interventions dans les médias. Il conduit des actions de plaidoyer auprès des décideurs politiques pour intégrer la biodiversité dans les politiques publiques. Il participe aux

« Terre, planète bleue, où, décroché avec fracas de la banquise polaire, un iceberg bleuté entreprend son long périple océanique ». Hubert Reeves

Le Loup et l'Agneau

La raison du plus fort est toujours la meilleure :
Nous l'allons montrer tout à l'heure.
Un Agneau se désaltérait
Dans le courant d'une onde pure.
Un Loup survient à jeun qui cherchait aventure,
Et que la faim en ces lieux attirait.
Qui te rend si hardi de troubler mon breuvage ?
Dit cet animal plein de rage :
Tu seras châtié de ta témérité.
– Sire, répond l'Agneau, que votre Majesté
Ne se mette pas en colère ;
Mais plutôt qu'elle considère
Que je me vas désaltérant
Dans le courant,
Plus de vingt pas au-dessous d'Elle,
Et que par conséquent, en aucune façon,
Je ne puis troubler sa boisson.
– Tu la troubles, reprit cette bête cruelle,
Et je sais que de moi tu médis l'an passé.
– Comment l'aurais-je fait si je n'étais pas né ?
Reprit l'Agneau, je tête encor ma mère.
– Si ce n'est toi, c'est donc ton frère.
– Je n'en ai point. – C'est donc quelqu'un des tiens :
Car vous ne m'épargnez guère,
Vous, vos bergers, et vos chiens.
On me l'a dit : il faut que je me venge.
Là-dessus, au fond des forêts
Le Loup l'emporte, et puis le mange,
Sans autre forme de procès.

Jean de la Fontaine

travaux du Grenelle de l'Environnement, pour faire de la biodiversité une priorité nationale.

« Hubert avait une façon puissante de présenter les problèmes, par exemple celui du changement climatique ; mais il le faisait de manière pas alarmiste. Il était aussi réaliste. Il se rendait bien compte que les choses ne pouvaient pas changer rapidement, mais il restait toujours optimiste. Il avait l'espoir que l'humanité règle les problèmes que nous avons, mais sans tomber dans un optimisme irréaliste ». ***René Doyon, astrophysicien***

« 90 % des espèces, on ne les retrouve plus, mais on en retrouve d'autres. C'est un phénomène récurrent sur la Terre et qui montre que ces extinctions, on ne sait pas toujours à quoi elles sont dues ».

Son engagement en faveur de la vie est total. La souffrance animale le révolte sincèrement, mais, fidèle à lui-même, il refuse de céder à la condamnation facile. Il cherche à comprendre la personne derrière l'acte. Il sait combien les héritages d'une culture, d'une éducation, d'une tradition sont des conditionnements souvent plus forts que la volonté. Il refuse de réduire l'individu à ses gestes. Son regard sur la responsabilité est presque celui d'un anthropologue. Il connaît la grandeur mais aussi la fragilité des humains. Il comprend sans excuser, comme il résiste sans haïr.

« À chaque fois qu'il y avait un problème de chasse ou de piégeage, par exemple un animal qui mourait à petit feu et dans la souffrance, il était révolté, et en même temps il disait : la personne qui a posé ce piège n'en est pas forcément totalement responsable, parce que vraisemblablement, elle a hérité d'un antécédent dont elle ne peut pas complètement se débarrasser. Il ne la condamnait pas ». ***Nelly Boutinot***

« Nous avons engagé une guerre contre la nature et si nous la gagnons, nous sommes perdus ».

En 2009, Johan Rockström, Will Steffen, Katherine Richardson et Paul Crutzen, accompagnés d'une équipe internationale de scientifiques, publient dans la revue *Nature* un article fondateur intitulé *A Safe Operating Space for Humanity.* Ce texte définit neuf seuils biophysiques à ne pas dépasser pour garantir un « espace de développement sûr » à l'humanité sur Terre.

Voici ce que ces neuf limites planétaires nous révèlent de l'état du monde en 2024 : la limite du changement climatique est franchie, en raison de l'accumulation massive de gaz à effet de serre. Il en va de même pour celle de l'érosion de la biodiversité, liée à la disparition accélérée des espèces. L'usage intensif d'engrais agricoles entraîne une perturbation critique des cycles de l'azote et du phosphore. Le changement d'usage des sols, marqué par la déforestation et l'artificialisation des milieux naturels, dépasse, lui aussi, le seuil de durabilité fixé. C'est également le cas de la surexploitation des ressources en eau douce. La charge en aérosols atmosphériques affecte la qualité de l'air et influence le climat, bien que son seuil exact reste difficile à établir. L'acidification des océans, provoquée par l'absorption croissante du dioxyde de carbone, se rapproche dangereusement de son point critique. Un indicateur cependant est en voie d'amélioration : la couche d'ozone montre des signes nets de rétablissement grâce à des efforts internationaux coordonnés. Le protocole de Montréal, souvent cité en exemple, prouve qu'une mobilisation collective peut prévenir une dégradation majeure de l'environnement.

Enfin, l'introduction de nouvelles entités chimiques, plastiques, métaux lourds, substances de synthèse, constitue une nouvelle menace. Encore largement hors de contrôle, elle est au moins désormais reconnue comme un danger. Premier pas vers l'action.

« L'espèce la plus menacée, aujourd'hui, c'est nous, et nous sommes menacés à l'échelle de quelques décennies. Il y a très peu d'espèces qui sont menacées à une telle échelle ».

Parmi les indicateurs les plus alarmants, les récifs coralliens illustrent un effondrement en temps réel. Ces écosystèmes marins subissent de plein fouet les effets conjugués du réchauffement climatique, de l'acidification des océans, de la pollution et des activités humaines destructrices. Le blanchissement des coraux, dû à la perte des algues symbiotiques essentielles à leur survie, devient plus fréquent, plus intense, plus long. De février 2023 à avril 2024, des vagues de chaleur marine ont affecté des zones entières, de l'Indo-Pacifique aux Caraïbes. Si les températures continuent de grimper au rythme actuel, jusqu'à 90 % des récifs coralliens sont susceptibles de disparaître d'ici 2100.
Même les coraux d'eau froide, présents jusqu'à 6 000 mètres de profondeur ne sont pas épargnés : eux aussi sont fragilisés par les déchets marins, les polluants chimiques, et la destruction des habitats profonds.

Pourtant, l'histoire des récifs coralliens n'est pas écrite d'avance. Des solutions existent pour protéger, restaurer et financer ces écosystèmes vitaux. Des projets pilotes montrent déjà des signes de réussite. Le « Coral Triangle Initiative » , lancé conjointement, en 2009, par six pays d'Asie du Sud-Est a permis de restaurer des écosystèmes marins grâce à une gestion durable des pêches tout en impliquant et soutenant les communautés locales. En Australie, le « Great Barrier Reef Restoration Program » utilise des techniques innovantes telles que la culture de coraux en laboratoire et leur transplantation dans des zones dégradées. Ce programme a déjà permis de restaurer plusieurs zones du récif.

Il en est de même pour la déforestation. Là aussi des initiatives, locales, montrent le chemin. Le projet de reforestation du parc national de Wangari Maathai au Kenya en est un exemple. Lancée en hommage à Wangari Maathai, militante écologiste et prix Nobel de la paix, qui a créé le mouvement « Green Belt Movement », cette initiative a permis de planter des millions d'arbres à travers le pays, contribuant à la restauration des forêts, à la lutte contre l'érosion des sols, à l'amélioration de la biodiversité et à l'augmentation des moyens de subsistance des communautés locales. Cette réussite a également joué un rôle clé dans la sensibilisation à la déforestation et à la gestion durable des ressources naturelles.

Ce potentiel de réversibilité est une source d'espoir, à condition que l'action collective l'emporte sur l'attentisme. Le PFH est à l'œuvre mais il peut être surmonté.

« Nous avons tous un rôle à jouer. Il est essentiel d'être conscient de l'impact de nos choix sur le monde ». *Florina Jacob*

« C'est le facteur humain qui va faire ce qui va se passer ».

La santé planétaire désigne l'état du système Terre en termes de stabilité, de résilience et de préservation de ses fonctions vitales. Elle traduit la capacité de notre planète à maintenir les conditions nécessaires au bien-être humain et à l'équilibre écologique. Les neuf limites planétaires tracent aujourd'hui les principales zones d'alerte. Elles signalent les domaines où notre action est la plus urgente pour restaurer un équilibre durable entre l'humanité et la biosphère.

« Nous découvrons progressivement l'importance de l'interdépendance des espèces vivantes. Dans ce réseau qui profite à tous, chaque lignée vient s'inscrire comme un maillon indispensable. L'érosion de la biodiversité à laquelle nous assistons en ce moment, l'extinction par l'activité humaine d'un nombre sans cesse croissant de familles animales ou végétales, appauvrissent et fragilisent tout l'écosystème, dont nous sommes nous aussi un élément ».

Comprendre le fonctionnement du système biophysique de la Terre est essentiel, car cela permet d'agir de manière ciblée et efficace pour préserver notre planète. Ce système englobe les éléments interconnectés, tels que l'air, l'eau, la glace, les sols et toutes les espèces vivantes. Ces éléments interagissent en permanence, formant un réseau complexe où chaque modification peut entraîner des répercussions sur l'ensemble du système. Trois fonctions sont essentielles au maintien de la vie humaine : la stabilité, c'est-à-dire la capacité du système terrestre à maintenir des conditions relativement constantes sur de longues périodes ; la résilience, qui désigne la faculté de la Terre à compenser les perturbations et à retrouver un état d'équilibre ; et enfin, les fonctions vitales, ces processus fondamentaux qui soutiennent la vie, tels que le maintien de températures propices à une biodiversité abondante ou la régulation des cycles de l'eau entre les sols, les plantes et l'atmosphère. Cette compréhension nous offre les clés pour préserver ces fonctions vitales, renforcer la résilience de notre planète, et ainsi garantir un avenir durable.

« Ce qui m'a le plus profondément affecté, ce sont les mauvaises nouvelles en provenance du Québec sur l'état de santé du fleuve Saint-Laurent. Enfants, nous nous y baignions. Quel choc quand j'ai appris, il y a quelques dizaines d'années, qu'il était devenu "la poubelle de l'Amérique du Nord" ».

La dégradation du fleuve Saint-Laurent est un des exemples parmi tant d'autres des atteintes profondes que subit la Terre. Partout, les signes nous alertent : le changement climatique, provoqué par l'accumulation de gaz à effet de serre, entraîne une hausse des températures mondiales ; la dégradation de l'intégrité de la biosphère, avec l'effondrement de la biodiversité et la destruction des écosystèmes, compromet la régulation énergétique et chimique de la planète ; la transformation des paysages par la déforestation et l'urbanisation réduit les capacités naturelles de séquestration du carbone ; la modification du cycle de l'eau douce affaiblit la résilience des écosystèmes terrestres ; la perturbation des cycles de l'azote et du phosphore dégrade la qualité des sols et des eaux ; l'acidification des océans menace les organismes marins ; l'augmentation des aérosols atmosphériques altère les régimes climatiques ; et l'appauvrissement de la couche d'ozone expose davantage la Terre aux rayons UV nocifs. Chaque dégradation, locale ou globale, s'inscrit dans un processus de mise en péril par l'activité humaine.

Les processus du système Terre sont profondément interconnectés : un déséquilibre dans l'un peut entraîner des effets en cascade sur les autres.

Pour restaurer de façon sûre et limiter le réchauffement climatique à 1,5 °C, une gestion environnementale intégrée et holistique est indispensable, car elle permet de traiter ces dégradations de manière globale et coordonnée.

« L'espèce humaine n'est pas assez intelligente pour ne pas faire passer son intérêt immédiat devant la survie de sa planète. C'est une phrase un peu opaque, mais qui dit bien ce qui se passe ».

Hubert, en éclaireur et en fin connaisseur du genre humain, appelle au réveil, à la vigilance et à la responsabilité. À ses yeux, il est encore temps de choisir, d'embellir la vie, de réparer les liens, de retrouver l'humilité et l'émerveillement d'habiter le monde.

« Si on n'annonce que les choses qui vont mal, ça crée de la déprime, ça crée la crise, c'est foutu. Quand on dit c'est foutu, ça veut dire qu'on baisse les bras, si on baisse les bras, c'est foutu ».

« M. Reeves a été nommé officier de l'Ordre national du Québec en 1994. Depuis, il a continué, sans relâche, à pratiquer la vulgarisation scientifique. Au tournant du siècle dernier, il s'est inscrit résolument dans le grand mouvement écologiste. Dès lors, il est devenu une référence en la matière. Ses propos ont alors pris une force nouvelle, se voulant une interrogation pressante, voire un cri du cœur envers le sort incertain des écosystèmes du globe. Ses interventions, surtout celles des dernières années, ont polarisé l'attention. Je suis très fier et heureux d'être ici et d'avoir reçu officiellement, dans l'Ordre national du Québec, cet homme de science et de conscience, qui a grandement contribué à bâtir le Québec. » *Philippe Couillard*

4
IL ESSAIME

Son œuvre

Ses recettes pour transmettre

Enfants, petits-enfants, à votre tour

Planète Terre, notre unique chance

SON ŒUVRE

L'œuvre d'Hubert est avant tout scientifique, à travers ses publications en astrophysique, pédagogique, portée par une quarantaine d'ouvrages de vulgarisation et profondément sensible, mêlant rigueur, élans poétiques, spiritualité, introspection et inspirations musicales.

« On peut se poser la question de savoir quel est le premier article de vulgarisation qu'Hubert a publié. C'était en 1964 dans la revue *Sky and Telescope*. Il s'agit d'un article sur les neutrinos solaires ». *Nicolas Prantzos*

Résolument engagé en faveur du vivant et des générations futures, Hubert s'adresse aussi bien à l'enfant curieux qu'à l'universitaire averti, et sa parole est multiple : livres, conférences, entretiens, émissions télévisées ou radiophoniques, documentaires, lettres ouvertes, ou encore à travers ses engagements associatifs.

Toujours ancrés dans les thématiques de l'Univers et de la nature, ses propos nous entraînent sur le territoire de la science qu'il sculpte par la pluralité de ses regards. Chemin faisant, il élabore une pensée englobante, qu'il sait remettre en cause. Vivants et contés, ses récits touchent par leur chaleur et leur bienveillance. Même lorsqu'il alerte ou dénonce, Hubert ne condamne pas.

« Hubert met les connaissances scientifiques à la portée de tous, montrant qu'il suffit de faire quelques pas pour accéder à des régions qui semblaient lointaines ». *Nicolas Reeves*

Évolution stellaire et nucléosynthèse publié chez Gordon and Breach/Dunod en 1968 et *Nuclear Reactions in Stellar Surfaces* chez Gordon and Breach s'adressent au monde académique. Le premier décrit les processus physiques et nucléaires qui régissent la vie des étoiles, le deuxième explore notamment la formation des éléments légers à la surface des étoiles.

En 1977, avec la complicité de son ami Jacques Very, d'Éliane Dauphin-Lemierre et des élèves d'un collège de la banlieue parisienne, il publie *Soleil : histoire à deux voix*, aux Éditions La Noria, qui mêle, de façon originale, récit scientifique et expression artistique, à destination des jeunes et des éducateurs.

C'est en 1981 qu'un véritable tournant s'amorce : pour la première fois, Hubert choisit de partager sa vision avec un large public à travers *Patience dans l'azur : L'évolution cosmique*, paru aux Éditions du Seuil.

« Je pense que l'écriture de *Patience dans l'azur* est exemplaire de ce qu'Hubert a fait dans sa vie. Il a commencé par écrire un ouvrage de vulgarisation, pas très différent de ce que faisaient les autres, un petit peu trop technique. Et puis, il a pris très au sérieux la question de savoir comment transformer ça en quelque chose qui va vraiment intéresser le public. Je crois que peu de personnes sont allées au bout de ce raisonnement ». *Catherine Cesarsky*

Dans une langue limpide et méditative, Hubert retrace l'histoire du cosmos, du Big Bang aux étoiles. Fort de son expertise en astrophysique nucléaire, il explique, en simplifiant mais sans le dénaturer, le processus de nucléosynthèse. Comment les étoiles se forment-elles ? Comment ces éléments sont-ils ensuite disséminés dans le vide interstellaire ? Hubert rappelle que les atomes qui composent nos corps proviennent d'étoiles mortes. En décrivant la formation des galaxies, des systèmes solaires et des planètes, il introduit la notion de complexité puis s'interroge sur l'énigmatique émergence de la vie sur Terre. C'est une réflexion sensible sur l'indicible beauté du cosmos et sur notre condition humaine, fragile et éphémère, perdue dans l'immensité.

« Personne ne sait vraiment ce que sont le temps, l'espace, la matière, la force, l'énergie, le hasard ou les lois de la nature. Ils ne se laissent enfermer dans aucune définition. Nous avons sur eux des instructions fragmentaires. Quand on les talonne de trop près, ils mènent droit au mystère ».

Hubert dédie ce livre *« à tous ceux que le monde émerveille »*. Dès l'introduction, figurent ces vers extraits du *Cimetière marin* de Paul Valéry, publié en 1920 qui évoquent une durée vertigineuse, celle de l'histoire de l'Univers, une immensité féconde, que nul ne peut véritablement embrasser.

« Patience, patience,
Patience dans l'azur !
Chaque atome de silence
Est la chance d'un fruit mûr ! »

« Hubert, collègue estimé et admiré, était, ou plutôt devint un auteur – "mon" auteur, si je puis me permettre. Pendant plus de quarante ans, j'ai eu le bonheur, le mot n'est pas trop fort, d'être son éditeur au Seuil. Ce fut un privilège que d'être le premier à avoir vent de ses nouveaux projets d'écriture, d'en discuter, d'avoir la priorité de la lecture de ses manuscrits, de pouvoir travailler avec lui à leur polissage, tout en respectant sa façon d'écrire, si peu conforme aux canons académiques – ce qui d'ailleurs n'a pas été pour peu dans le succès de ses livres ». ***Jean-Marc Lévy-Leblond***

Le 23 octobre 1981, Hubert est l'invité de Bernard Pivot dans l'émission *Apostrophes,* aux côtés du philosophe Pierre Thuillier, du botaniste Yves Delange et François Jacob, prix Nobel de médecine.

Lorsqu'Hubert prend la parole pour présenter *Patience dans l'azur,* les téléspectateurs découvrent pour la première fois, le Big Bang, l'expansion de l'Univers et les phénomènes physiques et chimiques qui accompagnent ces étapes. C'est dans un langage familier, qu'Hubert s'exprime pour expliquer le fonctionnement du Soleil :

« Le soleil, il carbure au nucléaire un peu comme une voiture carbure à l'essence. Quand le réservoir est vide, la voiture s'arrête. Quand le soleil aura épuisé ses carburants nucléaires, comme il n'y a pas des stations de pompage un peu partout pour pomper les étoiles, elles meurent quand elles arrivent au bout de leur carburant. C'est aussi simple que ça. On sait la quantité de carburant, c'est la masse du soleil et on sait le rythme auquel il le dépense... Vous faites un petit calcul et ça vous donne cinq milliards d'années ».

« Hubert me racontait que la veille de son passage chez Pivot, il vendait très peu de livres, comme tous les gens qui écrivent des livres de science. Ça se vend un peu parce qu'il y a des passionnés, mais ça se vend au compte-gouttes. Hubert rentrait de Meudon avec sa 2 CV à l'époque. Il rentrait rue Jacob et il voit un embouteillage. Il n'était pas encore célèbre, mais il venait de gagner la célébrité, la veille. Il sort de sa voiture et il dit "Qu'est ce qui se passe" avec son accent ? Et on lui dit : ce sont les camions qui sont venus chercher votre livre au Seuil... À partir de ce moment-là, c'est par centaines de livres par heure que le livre se vendait. Et donc ça a fait un best-seller absolu. Et après c'était lancé. Tout le monde voulait du Hubert ». *Anna Alter*

Patience dans l'azur devient un best-seller et s'impose comme un ouvrage emblématique de la vulgarisation scientifique : plus d'un million d'exemplaires, vingt-cinq langues, une reconnaissance immédiate.

Le nom d'Hubert Reeves se répand comme une bonne nouvelle. Sa notoriété ne cesse de croître. Ce succès marque un tournant décisif : après avoir consacré la première moitié de sa carrière à la recherche, Hubert s'engage résolument dans la démocratisation des savoirs scientifiques. Il choisit, entre autres, l'écriture comme outil de transmission et poursuit cette mission avec rigueur et conviction durant quarante ans, jusqu'à la fin de sa vie.

Le second grand succès littéraire d'Hubert, *Poussières d'étoiles* (Le Seuil, 1984) est récompensé, l'année suivante par le Prix de la Société Française de Physique. L'ouvrage devient rapidement un incontournable et fait d'Hubert une figure publique majeure de la science. Traduit en plusieurs langues et diffusé dans de nombreux pays, *Poussières d'étoiles* trouve un écho international. En France et au Québec, Hubert devient un véritable phénomène culturel, incarnant l'image du savant accessible, à la fois rigoureux, poétique et profondément humain.

« L'Univers savait, quelque part, que l'homme allait venir ».
Freeman Dyson

Poussières d'étoiles, s'ouvre sur le même constat que *Patience dans l'azur* : l'être humain est fait des mêmes éléments que les étoiles. La destinée humaine s'inscrit dans le grand récit de la matière en transformation. Il souligne notre appartenance au cosmos et la responsabilité qui en découle. À travers une vaste fresque de l'évolution cosmique, abondamment illustrée, il décrit avec clarté les processus physiques qui ont façonné l'Univers, de la naissance des atomes à celle de la vie. Il interroge les limites du savoir, les mystères qui résistent, et rappelle l'humilité nécessaire face à l'immensité de ce que nous ignorons encore. Avec inquiétude, il dénonce la capacité de l'humanité à détruire ce que l'Univers a mis des milliards d'années à construire. Hubert matérialise, avec sensibilité et justesse, le lien fragile entre la beauté du monde et notre devenir collectif.

« Nous habitons une planète minuscule, en orbite autour d'une étoile banale, à la périphérie d'une galaxie ordinaire, parmi des milliards d'autres galaxies ».

L'Heure de s'enivrer. L'Univers a-t-il un sens ? (Le Seuil, 1984) emprunte son titre à Charles Baudelaire. C'est un essai à la croisée des chemins, entre science et poésie, rigueur analytique et méditation existentielle. Hubert ne se concentre plus sur la description scientifique de l'Univers. Il explore la question du sens : pourquoi la vie est-elle apparue ? Quelle est la place de l'intelligence humaine ? La conscience est-elle un simple accident de l'évolution ? Sommes-nous seuls dans l'Univers ? Hubert amorce une réflexion sur la conscience, la liberté, la responsabilité humaine et notre pouvoir d'agir sur le destin de la planète. Il esquisse les fondements d'une éthique du vivant, appelant à une alliance entre connaissance scientifique et sagesse humaniste.

« Hubert a écrit un nombre considérable d'ouvrages, arrivant chaque fois à se renouveler, non seulement parce que le savoir scientifique lui-même changeait, mais aussi parce que son approche, sa façon d'expliquer, évoluaient avec le temps, et que s'élargissait l'horizon de ses intérêts et de ses positionnements intellectuels et éthiques ».
Jean-Marc Lévy-Leblond

Malicorne (Le Seuil, 1990), relie l'Univers à l'humain de manière plus intime et sensorielle. Hubert s'y dévoile sous un autre jour : celui d'un promeneur attentif, arpentant la forêt de Malicorne, observant la faune, la flore, les cycles de la vie. Dans un journal naturaliste et contemplatif, Hubert fait dialoguer science, poésie, musique et spiritualité. Il y célèbre la lenteur, les résonances entre l'infiniment petit et l'infiniment grand et évoque avec pudeur sa relation au temps et à la mort. Loin des grands récits cosmiques, *Malicorne* est un livre-racine, un retour à l'essentiel, celui du lien entre l'homme et le vivant.

« En inscrivant notre histoire dans celle du monde, en l'associant à celle des étoiles, des galaxies et de tous les vivants, passés, présents, futurs, en nous expliquant que le battement de notre cœur est une ramification de l'immense énergie déployée au moment du Big Bang, Hubert nous ouvre, sans faire appel à quoi que ce soit de spirituel ou d'ésotérique, une voie d'apaisement, et même de sérénité, face à l'idée de notre disparition ».
Nicolas Reeves

Plusieurs de ses livres édités après *Malicorne* témoignent de l'engagement croissant d'Hubert pour la préservation de l'environnement et la sensibilisation du public aux défis écologiques.

« Le monde est l'ensemble des faits ». *Ludwig Wittgenstein*

En 1992, *Compagnons de voyage,* ouvrage réalisé avec le concours de la photographe Jelica Obrenovich, nous fait sentir combien notre avenir est lié à celui des autres formes de vie.

Deux ans plus tard, en 1994, les Éditions du Seuil publient *Dernières nouvelles du cosmos* qui présente les avancées de la fin du XXe siècle. Avec une approche pédagogique inédite, Hubert distingue deux niveaux de lecture : une piste verte pour les néophytes, une piste rouge pour les lecteurs avertis. Le ton se fait plus analytique pour approfondir la théorie du Big Bang. Hubert examine le rayonnement fossile, l'abondance des éléments légers. Pour la première fois dans ses écrits, il confronte les modèles scientifiques aux grandes cosmologies anciennes – égyptienne, indienne, maya, babylonienne –, dans une exploration lucide des mythes et de ce qu'ils révèlent de notre quête de sens.

« Personne ne peut dire dans quel état sera notre planète dans cinquante ans. Pourtant, l'espoir existe. À nous maintenant de prendre les décisions qui aideront notre planète à rester habitable pour nos enfants et petits-enfants ».

Publié aux Éditions Myriam Solal en 1995, *L'espace prend la forme de mon regard* occupe une place singulière dans l'œuvre d'Hubert, à mi-chemin entre *Malicorne* (1990) et *Mal de Terre* (2003). Plus introspectif, ce livre est un journal réflexif où Hubert partage ses interrogations sur la condition humaine, notre propension à nous autodétruire et l'urgence de cultiver une conscience. Il y confie ses émerveillements et ses doutes. Pour lui, notre regard façonne le monde, et comprendre l'Univers, c'est aussi apprendre à mieux se comprendre soi-même.

Exister, dès lors, devient pour Hubert une amorce fulgurante, une pulsion, un plongeon à la courbure variable et sans filet. Exister, c'est observer, être conscient, agir et partager. C'est aussi douter, compter les énigmes qui subsistent, accepter le manque et renouveler nos rêves. Hubert adopte alternativement toutes ces postures.

Avec ce livre, il franchit un seuil : il ne se contente plus de transmettre des connaissances, il offre un regard personnel, intime et responsable sur l'Univers.
Cette œuvre préfigure ses écrits plus militants et humanistes. Elle témoigne de la maturation de sa pensée, où science, nature, sagesse et engagement s'unissent dans une vision du monde à la fois poétique et lucide.

Parmi l'œuvre de son grand-papa Hubert, Dorian Reeves-Ribière est particulièrement sensible à ce très beau passage, extrait de *L'espace prend la forme de mon regard* :

« Le pouce gauche sur le poignet droit, je sens battre mon cœur. Un long moment je reste à l'écoute de ce rythme fidèle et impérieux qui m'accompagne depuis ma naissance et constitue la trame de mon existence.

À travers la séquence ininterrompue des parents et des grands-parents, qui me l'ont légué, ce battement sous mon pouce me relie directement au passé lointain de la vie terrestre et m'insère dans une histoire qui dure depuis des centaines de millions d'années.

Je m'inscris dans ce moment précis de l'histoire du monde. Pendant quelques décennies, je tiens le flambeau de la conscience que m'assure ce battement de cœur. Comme tant d'autres auparavant, il s'éteindra tandis que d'autres s'allumeront. Vertige de cette formidable aventure de la vie sur la Terre ».

En 1998, *Oiseaux, merveilleux oiseaux : les dialogues du ciel et de la vie* paraît aux Éditions du Seuil. Hubert ancre sa réflexion sur les êtres vivants, et tout particulièrement sur les oiseaux, qu'il affectionne autant pour leur esthétique – éclat du plumage, beauté du chant– que pour le symbole de liberté qu'ils incarnent. Leurs migrations et leurs comportements collectifs deviennent le point de départ d'une méditation plus large sur l'évolution de la vie et la complexité croissante de la matière. Il y explore également les promesses du biomimétisme, soulignant l'ingéniosité de la nature comme source d'inspiration pour l'innovation technologique. Hubert témoigne de son engagement profond en faveur de la protection du vivant qu'il réaffirme dans l'ouvrage *Là où croît le péril… croît aussi ce qui sauve* publié en 2013 aux Éditions du Seuil. Un titre emprunté au poète Hölderlin.

Constat est fait de la pollution, la déforestation, du dérèglement climatique et de l'extinction des espèces, mais l'espoir d'éviter le pire reste intact. Scientifique et humaniste à la fois, Hubert nous invite à imaginer de nouvelles manières de vivre plus harmonieuses, plus conscientes, en accord avec la nature et la beauté du monde, avec un sens renouvelé de notre responsabilité éthique.

Hubert coécrit avec Frédéric Lenoir *Mal de Terre*, publié aux Éditions du Seuil en 2003. Les deux nous alertent : les activités humaines sont responsables de la dégradation accélérée de notre planète. Données scientifiques à l'appui, ils dressent un état des lieux préoccupant : réchauffement climatique, pollution, déforestation, extinction des espèces, surconsommation des ressources. Hubert y dénonce un modèle économique fondé sur une croissance effrénée, incompatible avec les limites naturelles de la Terre. Cet ouvrage, à la fois pédagogique et engagé, appelle à une prise de conscience éthique et politique, et à une mobilisation citoyenne urgente. Une réorientation des priorités vers la durabilité s'impose comme une nécessité. Les auteurs insistent sur le rôle fondamental de l'éducation, de la science et de la solidarité internationale pour éviter une catastrophe écologique mondiale irréversible. Tout en dressant ce constat alarmant, ils refusent le fatalisme et prônent l'action.

« *Mal de Terre,* avec la question de la préoccupation environnementale, m'a donné personnellement le goût d'être un cardiologue. Est-ce que l'environnement a une influence sur la santé cardiovasculaire ? J'ai publié *Planète Cœur* en 2011. Depuis ce temps-là, toutes les études scientifiques confirment cela ». *François Reeves*

Dans ce livre, Hubert adopte un ton grave mais profondément humaniste, convaincu que la lucidité face aux dangers peut susciter un sursaut collectif en faveur de la Terre.

« Il cherchait toujours la confrontation avec l'observation. Hubert, ses livres, c'est franchement la perfection ». *Catherine Cesarsky*

Parmi les ouvrages qui illustrent le mieux l'évolution de sa pensée, ses préoccupations majeures, ainsi que les thèmes récurrents qui jalonnent l'ensemble de son œuvre, il faut ajouter *Je n'aurai pas le temps*, une autobiographie parue en 2008 au Seuil.

Le titre, emprunté au chanteur, compositeur et interprète français Michel Fugain, souligne à la fois la finitude de l'existence et l'urgence de vivre pleinement chaque instant. Hubert retrace son parcours intime : son enfance et sa jeunesse québécoise, sa formation scientifique, ses recherches en astrophysique, sa vie de famille, son installation en Europe, ainsi que ses engagements en faveur de la connaissance et de la préservation de la planète. À travers ce récit, il partage les grands moments de sa vie, ses complicités, ses rencontres marquantes avec des personnalités d'exception, mais aussi son amour profond pour le ciel, la nature et l'humanité. Il évoque avec sincérité sa fragilité, ses doutes, et ses indignations face à la violence et à la destruction du vivant. Cet ouvrage marque également un tournant : pour la première fois, Hubert y souligne l'importance du dialogue intergénérationnel, perçu comme essentiel à la transmission du savoir, de la mémoire et de la responsabilité.

« Mon auteur favori était Edgar Allan Poe. De lui, je racontais volontiers* Le Chat noir *et je m'attardais plus longuement sur le miaulement du chat enterré avec le cadavre de la victime, observant dans les yeux de mes auditeurs combien l'épisode les captivait ».

D'ailleurs, en 2011, Hubert consacre un livre à la transmission des connaissances aux jeunes générations, avec la parution de *L'Univers expliqué à mes petits-enfants.* Construit sous la forme d'un dialogue imaginaire entre un grand-père et ses petits-enfants, le récit adopte un ton chaleureux, accessible et empreint de sagesse. À travers ce dialogue, Hubert aborde les grandes questions de l'humanité : l'origine de l'Univers, la formation des structures cosmiques, l'apparition de la vie, mais aussi les limites actuelles de la connaissance scientifique.

« Il est important que vous sachiez d'où vous venez, non seulement pour comprendre le monde, mais aussi pour mieux y vivre ».

S'ensuit une série d'ouvrages destinés au jeune public, portés par la même volonté de transmission des savoirs et de sensibilisation à la nature. En collaboration avec la journaliste Anna Alter, Hubert publie chez Le Pommier deux titres : *L'Univers, ce qu'on ne sait pas encore* et *Le Soleil et son système, ce qu'on ne sait pas encore*, qui abordent avec simplicité et originalité les zones d'ombre de notre connaissance.
Avec le géochimiste Yves Lancelot, il coécrit *La Mer expliquée à nos petits-enfants* publié au Seuil, un ouvrage pédagogique sur l'importance des océans, leur rôle dans le climat et les menaces qui pèsent sur eux.
Enfin, chez Le Lombard, il participe à la création de trois bandes dessinées dans la collection *« Hubert Reeves nous explique » : La Biodiversité* et *La Forêt*, en collaboration avec Nelly Boutinot et *Les Océans*, avec David Vandermeulen.

Tous ces livres témoignent de la volonté d'Hubert de rendre la science vivante, compréhensible, en particulier pour les générations appelées à décider et agir.

En 2011, Hubert nous surprend avec *La Petite Affaire Jaune*, parue aux Éditions Elytis. Ce recueil réunit contes, historiettes et devinettes, patiemment sélectionnées et assemblées avec malice pour nous offrir une parenthèse curieuse et ludique.

Plus inattendu encore, *Terre, planète bleue,* l'unique poème publié sous son nom. Dix-sept phrases qui, toutes, commencent par ces trois mots qui composent le titre.

« Hubert a publié un seul poème, qui est très beau et que j'adore. Je pense que, quand il a appris que sa fille Evelyne attendait un bébé, il a commencé à écrire ce poème. C'est un poème pour un enfant qui va naître. Il avait une relation avec sa fille tout à fait incroyable, extraordinaire. Il a mis du temps à l'écrire. Ce n'est pas un poème qu'il a pondu un matin comme ça ». ***Camille Scoffier-Reeves***

« Hubert aimait la poésie. Il connaissait certainement celle de Jean Tardieu qui, à la fin de sa vie, vivait seul dans un petit appartement du Boulevard Arago, à Paris, à quelques pas de l'Institut d'Astrophysique, et qu'il m'est arrivé de croiser plusieurs fois. Dans un poème intitulé ***Le ciel ou l'irréalité*****, Tardieu se décrit seul dans son petit appartement, prisonnier des quatre murailles qui sont les murailles de la vie, ressentant toute la pesanteur du monde. Mais dès que la nuit vient, les parois s'effacent, le théâtre s'agrandit, l'esprit gagne les hauteurs, s'envole vers le ciel, vers ce pays de l'irréalité qu'il appelle sa patrie. La patrie d'Hubert. Notre patrie à tous… ».** ***Jean-Pierre Luminet, astrophysicien***

Le Seuil publie en 2017, *J'ai vu une fleur sauvage*. C'est l'herbier de Malicorne, en hommage à celui du père Louis-Marie de l'abbaye d'Oka. Patricia Aubertin signe les photographies qui illustrent soigneusement chaque fleur croisée sur les chemins de campagne ; un joli bouquet d'une quarantaine de variétés qu'Hubert décrit avec la précision d'un botaniste et son émerveillement contagieux. Un site internet complète cet ouvrage

qui, sous couvert d'une simple promenade, explore les rythmes des saisons, les processus de pollinisation, de symbiose, de parasitisme, ainsi que la réplication de l'ADN. Hubert s'attarde aussi sur les papillons, évoque les mousses hivernales, et n'oublie pas de nous rappeler le parfum envoûtant des glycines. L'immersion est totale, et l'éloge de la lenteur, constant.
La même année paraît également aux Éditions du Seuil, *Le Banc du temps qui passe*. Installé sur son banc de prédilection, Hubert, en observateur contemplatif, se laisse porter par la quiétude de Malicorne. Ce livre, au ton plus intime que ses précédents, mêle poésie, philosophie et réflexion intérieure. Il y associe science, littérature, musique et spiritualité pour explorer la place de l'homme dans l'Univers, les croyances, les religions, l'écologie et les réponses possibles aux bouleversements qui menacent le vivant. Abordant des thèmes qui lui sont chers – le hasard, la complexité, la conscience, la vie ailleurs, la mort – il propose une série de réflexions sans aucun dogmatisme, nourries par son expérience, son émerveillement incessant et son profond désir de transmission.

En 2019, Hubert participe à *La Terre vue du cœur*, prolongement du documentaire éponyme réalisé par Iolande Cadrin-Rossignol. À mi-chemin entre cri d'alarme et déclaration d'amour à la planète, ce livre, qui met en scène données scientifiques et émotions, fait dialoguer Hubert avec des scientifiques, philosophes et militants écologistes. Il s'agit d'un appel à une prise de conscience collective et à l'action. Constat est fait d'une responsabilité partagée. L'un des moments forts se déroule aux Îles-de-la-Paix, ce lieu où, dès l'enfance, Hubert contemple la nature et entrevoit sa fragilité. Le message est sans équivoque : il y a urgence à protéger la Terre et à retrouver ce lien intime qui nous unit à elle.

Un an plus tard, en 2020, paraît *La Fureur de vivre* aux Éditions du Seuil. À travers une suite de textes courts, Hubert exprime avec intensité sa passion pour la vie, pour l'énergie qui l'anime, puissante et mystérieuse. Ce livre est un hymne à l'existence. Anecdotes personnelles, réflexions scientifiques, pensées philosophiques et confidences se complètent pour évoquer les grandes étapes qui jalonnent la vie : l'élan de la jeunesse, les questionnements de l'âge adulte, le déclin du corps, la souffrance, la mort, sans jamais céder au désespoir. Il relie les grands questionnements scientifiques à une sagesse acquise par l'expérience, l'observation de la nature et la conscience de notre finitude. *La Fureur de vivre* n'est pas une échappatoire face aux périls, mais une réponse à la hauteur des crises, pleine de vitalité, une force intérieure qui pousse à aimer la vie, à la défendre farouchement et à la transmettre avec tendresse et courage.

« Les dernières fois où je l'ai vu, il s'intéressait à la théorie quantique, il avait un projet de livre qui restera sans doute une symphonie inachevée. Nous eûmes à ce sujet des discussions intenses où j'appréciais combien il ne se laissait pas convaincre par des arguments d'autorité ou des calculs formels, me forçant à faire face aux vraies difficultés conceptuelles du sujet ». *Jean-Marc Lévy-Leblond*

Peu de gens imaginent Hubert Reeves pinceau à la main. Et rares sont ceux qui l'ont vu peindre. La raison est simple : il ne réalise que trois huiles sur toile, toutes créées dans l'atelier de peinture de Malicorne, un lieu qu'il affectionne particulièrement pour y retrouver son épouse Camille et quelques amis proches.

Dans cet espace baigné de lumière, c'est Camille qui prend les choses en main : elle esquisse les ébauches des dessins d'Hubert, lui propose une palette de couleurs, le conseille d'une voix joyeuse. Entre eux, une grande complicité s'établit – une complicité qui ne les quitte jamais.

« J'aime beaucoup la peinture. J'en fais moi-même un peu avec des amis. On a des cours de fusain régulièrement. C'est quelque chose que j'aime faire et que j'aimerais mieux faire. Je suis toujours un peu frustré de voir des gens qui font ça d'une façon extraordinaire et moi je n'y arrive pas ».

« Hubert adorait ça. Il montait cinq minutes dans l'atelier de peinture. Il prenait une feuille de papier, il faisait n'importe quel dessin et ça

s'arrêtait là. Moi, je peignais de temps en temps. Comme il adorait être avec Yves David et Marc Lachièze-Rey qui venaient beaucoup peindre, il s'était dit : "moi aussi je peux, je veux peindre comme vous". Alors il venait et nous empruntait des papiers toilés ou des toiles ou n'importe quoi. Il empruntait une brosse à Yves, des huiles à moi. Il se faisait une petite palette et il peignait. Il n'a jamais fait que deux ou trois tableaux parce que très vite il disait : "Ah, il faut que j'aille travailler". Parce que pour lui, peindre c'était un jeu. Et il rentrait dans son bureau pour écrire ». *Camille Scoffier-Reeves*

Dans la première œuvre d'Hubert, est-ce un Soleil ? Un visage souriant niché dans un astre ? Une étoile ? Une planète ? Les bras ouverts d'un personnage ou les spirales d'une galaxie ? Froids en apparence, mais abritant des pouponnières d'étoiles, comme ces nébuleuses où naissent les soleils. L'espace ici prend la forme du regard d'Hubert : c'est le cône d'un volcan en éruption, les ronds de fumée qui moutonnent dans l'atmosphère, l'horizon brûlant d'un jour qui s'efface, le chemin de crête d'un mont ondulant, ou encore le bord perdu dans l'immensité du cosmos.

Dans ce tableau, Hubert place sur la même scène l'Humain, le Ciel et la Terre, unis dans une vision cosmique et fraternelle. Sur le fond rose tendre d'une vie heureuse qui se renouvelle, il tisse les fils d'un Univers habité, sensible, vibrant de présence.
Les touches épaisses de couleur soulignent le style naïf de l'œuvre, chargée de symboles et d'émotions. Dans ce langage simple, presque enfantin, se dévoilent des pensées profondes sur nos origines cosmiques et le mystère de notre place dans l'Univers.

La seconde œuvre d'Hubert est un message de bienvenu. Placée au centre, la maison rose pâle, est-elle celle de son enfance à Bellevue ? Le carré noir posé sur le toit abrite-t-il le grenier d'où il voyage loin, avec ses timbres ou ses livres ? La végétation foisonnante entoure la bâtisse puis s'éloigne pour former un champ, à perte de vue. Le jardin bariolé de bosquets rouges, suggère les fleurs tant aimées d'Hubert, disséminées dans les herbes hautes. En coin, le bleu vif est-il celui rêvé du lac St-Louis qui s'ouvre sur l'archipel des Îles-de-la-Paix où attend la chaloupe ? Dans le ciel, des lignes ondulantes et des traits courts restent suspendus : nuages ou oiseaux bleu ciel sur fond blanc. L'interversion des couleurs, éclaire et allège l'espace comme une respiration profonde. Les arbres aux troncs noirs dénudés imitent la mort mais ressuscitent déjà par l'unique grappe de fruits orange suspendue à l'une des branches. L'approche d'Hubert est intuitive, libre, elle s'exprime dans l'instant. La nature est omniprésente, presque envahissante, mais toujours accueillante. Elle abrite la vie, fragile et discrète.

La troisième œuvre d'Hubert, met en scène, au cœur du chaos, des formes et des couleurs, une bâtisse aux murs bruns et au toit hachuré. Elle résiste à la force des vents et aux eaux agitées. Est-ce un refuge ? L'écho d'un lieu aimé ? Peut-être le corps de ferme principal de Malicorne ? Ou plutôt la maison d'enfance de Bellevue ? Cette seconde hypothèse semble la plus probable. Le coin d'eau en bas à gauche, noirci dans cette interprétation, rappelle celui de la première œuvre. S'agit-il d'une autre saison ? Hubert imagine-t-il un autre espace-temps dans lequel la matière s'agite et confond les frontières entre la Terre et le ciel, l'air et l'eau ? Les représentations des cheminées disparaissent ici. La vie dans la maison devient indissociable de l'écosystème, comme si toutes les interactions fondamentales de la nature s'agrègent dans un seul cadre. Les courbes bleues fusent, les rouges tourbillonnent, les lignes noires ne sont plus là et le rose tendre n'occupe plus qu'un coin en bas à droite de l'œuvre. L'Univers se maintient en équilibre dans sa mouvance. La nature est vivante et chargée de mystères. À gauche, une tache d'un rouge ardent rappelle la floraison aperçue précédemment. À droite, les formes s'effilent, comme emportées par un vent cosmique. Hubert semble peindre les forces invisibles qui nous traversent. L'humain est là, mais impuissant, pris dans un tumulte qui lui échappe, dont il n'a peut-être pas même conscience. Il fait partie du tout.

Sur cette palette, les couleurs que l'on retrouve dans les trois peintures à l'huile d'Hubert.

SES RECETTES POUR TRANSMETTRE

Un professeur de médecine exerce dans un domaine bien défini, comme la cardiologie, la neurologie ou l'endocrinologie. En tant que chercheur, il collabore avec des biologistes, des généticiens, des neurologues et des néphrologues, ou avec des collègues d'autres disciplines. Lorsqu'il s'exprime en public, c'est dans le but de partager des résultats de recherche, d'actualiser les connaissances et, in fine, d'améliorer la pratique médicale. Il ne se contente pas de transmettre : il porte aussi au débat des résultats d'analyses et d'autres données, interroge les certitudes, évoque des cas cliniques complexes. Il soulève des dilemmes éthiques, comme l'usage de l'intelligence artificielle en santé. Le ton est technique, la visée résolument professionnelle.

« Je ne suis pas sûr que si j'avais enseigné des mathématiques, j'aurais eu le même succès. Il y a des domaines de la science que l'on peut vulgariser ou diffuser, ou simplifier sans trop perdre. L'astronomie est bien placée sur ce plan parce que les étoiles, c'est aussi quelque chose qui est réel. Ce n'est pas comme les atomes que l'on ne voit pas à l'œil nu. Les gens rêvent devant un ciel étoilé. C'est un excellent intermédiaire pour faire passer la connaissance parce que ça allie ces différentes visions : s'émerveiller et comprendre ».

Tout est là : le regard levé vers le ciel comme point d'accès à la science. Les photos de nébuleuses, de galaxies, de planètes ou du mystérieux ciel profond nous font rêver bien davantage que les clichés d'IRM cérébrale ou d'échographie pulmonaire. Il ne s'agit pas d'ignorer la beauté de l'imagerie médicale, ni les prouesses techniques qu'elle requiert. Mais force est de constater que nous attendons d'elle du réconfort, là où les images du cosmos provoquent en nous l'émerveillement. Et c'est précisément dans cet émerveillement qu'Hubert puise l'énergie de son œuvre. Car, qu'il s'agisse d'explorer le ciel ou le corps, l'intérêt pour la science – la méthode, l'observation, l'expérimentation, la preuve – reste le même. Ce qui diffère, c'est notre disposition intérieure. Nos élans vers le rêve, l'idéalisation ou la quête de sens s'expriment sans retenue là où l'angoisse et l'incertitude ne nous concernent pas directement. Lorsque l'inconnu ne nous expose pas à notre propre fragilité, il nous fascine.

« Je crois que pour bien comprendre l'espace, il faut peut-être d'abord garder une âme d'enfant. J'ai essayé de communiquer le sentiment d'émerveillement que l'on éprouve quand on voit tout ce qui se passe dans l'Univers, que ce soit sur le plan de l'astronomie, sur le plan de la biologie, tous ces éléments que l'on peut maintenant remettre en place et qui nous racontent l'histoire de l'Univers ».

Les scientifiques talentueux, qui mènent leurs recherches avec rigueur et élégance, ne manquent pas. Ils obtiennent d'excellents résultats et participent à des avancées majeures pour l'humanité. Mais de combien d'entre eux connaissons-nous le nom ? Le devant de la scène, et plus encore la notoriété, demeurent l'apanage d'une infime minorité. Faire savoir que l'on sait relève du tour de force.

D'où vient ce déséquilibre qui frôle l'injustice ? Pourquoi le mérite scientifique ne se traduit-il que très exceptionnellement par une visibilité publique ? La recherche, souvent collective, reste-t-elle condamnée au silence faute de porte-voix ? La notoriété, dans le monde scientifique, n'obéit-elle qu'à des logiques internes – course aux financements, reconnaissance entre pairs – trop techniques et arides pour franchir les murs de l'entre-soi académique ?

Hubert n'attend pas que le public vienne à lui : il va à sa rencontre. Qu'il soit invité sur un plateau de télévision ou dans un petit village, il prend la parole avec la même sincérité, la même générosité. Dans un amphithéâtre universitaire comme dans une salle des fêtes, il reste tout aussi attentif et engagé. Partout où le dialogue s'installe, il se sent à sa place. Pour lui, chaque lieu d'expression est un lieu de liens. Sa parole y est juste, sa présence, d'une intensité rare.

Bien souvent, Hubert fait salle comble. À l'été 1985, c'est dans la petite église d'un village québécois :

« La scène se passe à Notre-Dame des Bois, au pied du Mont Mégantic : c'est la quatrième édition du festival d'astronomie. Hubert donnait trois conférences en soirée dans l'église du village. Et comme dit le curé de l'époque : "ça n'a jamais été aussi silencieux dans l'église". Il y avait tellement de monde que j'avais été obligé d'aller chercher dans les écoles deux cent cinquante chaises de plus pour asseoir les cinq cents personnes qui voulaient assister aux conférences. Les gens du village étaient très impressionnés. Il n'y avait plus d'essence, il n'y avait plus rien à manger dans des commerces et les restaurants étaient vides. Ils n'avaient pas prévu que cinq cents personnes débarquent dans leur village. C'est resté dans les annales de la région ». *Bernard Malenfant, président de l'Astrolab du mont Mégantic*

Sans relais, sans visages, sans récits partagés, le savoir demeure confiné aux cercles d'initiés. Étouffé par ses propres artisans, privé de sang neuf, il piétine, le souffle court. Il ne suffit pas d'avoir raison : encore faut-il savoir transmettre. La science mérite d'être portée, racontée, incarnée, pour rappeler que derrière chaque avancée, des esprits tâtonnent, doutent et tissent patiemment, fil après fil. Faire connaître ces voix, c'est aussi renforcer la confiance dans la démarche scientifique, pour ce qu'elle a de rigoureux, de vertueux et de profondément humain. Or peu ont su le faire comme Hubert Reeves. Non seulement il popularise la science, mais il touche. Il sait transmettre sans appauvrir, éclairer sans asséner, faire sentir sans enjoliver. Le style d'Hubert n'est pas seulement accessible, il est singulier.

« J'ai lu beaucoup d'ouvrages de vulgarisation et je pense que par rapport à tous ses collègues qui font de la vulgarisation scientifique, c'est Hubert qui amène à un point qui touche à l'émotion, à l'âme. Hubert sait très bien le faire, sans tomber dans l'emphase, sans tomber dans l'exagération lyrique, sans tomber dans le romantisme débridé ». ***François Reeves***

Ce lien direct avec le sensible, ce refus du jargon comme de la grandiloquence, a contribué à sa reconnaissance auprès du grand public. Un jour, Hubert sort de l'anonymat, sans doute un peu par chance, mais surtout grâce à un art de vivre qu'il cultive bien au-delà de son carré de terre, d'un plan de carrière ou d'un devoir institutionnel.

« C'est que Hubert n'était pas, et je pèse mes mots, n'était pas un vulgarisateur. Il n'était pas un simple vulgarisateur au sens où il ne s'agissait pas pour lui de seulement transmettre des connaissances élaborées en haut, dans les strates universitaires et académiques, pour les vulgariser, pour les faire descendre vers le bon peuple – la vulgate, au sens religieux du terme. Non, pas du tout. Si Hubert tenait à partager son savoir, c'est que, en le partageant, il l'accroissait, il le maîtrisait mieux ». ***Jean-Marc Lévy-Leblond***

Une générosité intellectuelle qui va de pair avec une exigence personnelle. Hubert prend soin de lui pour mieux prendre soin des autres. Il adopte le régime et l'entraînement des grands sportifs. Il se prépare en se tenant constamment informé : sur l'état de la recherche en France et dans le monde, sur les avancées de sa discipline comme de celles qui touchent au vivant. Il lit énormément, y compris de la philosophie, et échange volontiers avec ses collègues, scientifiques ou non. Il est attentif à ce qui se passe partout sur la planète, même lorsque rien, en apparence, ne le relie directement aux événements. Sa démarche épouse sa pensée : à la fois globale et profondément sensible.

C'est certainement, cette combinaison rare entre rigueur, présence au monde et sens du récit qui le rend inoubliable. Il a su conquérir une très large audience, bien au-delà du cercle académique.

« Ça a été un scientifique de haut niveau qui est arrivé à une très grande notoriété pour le grand public. Il apparaissait régulièrement dans l'émission de Robert Clarke : L'avenir du futur ». *Yves David*

Lorsqu'il projette l'écriture d'un ouvrage, c'est une page PowerPoint qu'il ouvre. Un grand titre, une phrase brève pour poser l'intention puis l'ébauche d'un sommaire. Avant tout, il imagine une histoire. Il la structure comme un conteur, non comme un professeur.
Il s'agit toujours pour Hubert de raconter une histoire et, inévitablement, de la tester auprès de son entourage avant de se lancer dans l'écriture proprement dite. À ce stade de l'expérimentation, il a déjà en tête pratiquement tous les ingrédients du livre. Il se met alors en situation de le présenter, comme s'il en donnait une conférence, mais face à un seul interlocuteur. Sitôt lancé, il se projette dans les conditions du direct avec une aisance remarquable. Il vit pleinement la scène, s'applique à ne rien omettre et guette les réactions de son unique auditeur. Le moindre signe, Hubert le repère et le mémorise. Il valide la cadence, la fluidité, la musicalité du récit. Il en localise les rugosités, les égarements et les points de résistance, L'histoire entièrement déroulée, il conclut avec quelques questions d'usage : « Qu'en penses-tu ? », « Aimes-tu l'idée de ce livre ? », « Y manque-t-il quelque chose, selon toi ? »

« Je n'ai jamais cru que la pédagogie s'enseigne. Je pense que d'abord il faut avoir l'envie de le faire ; et puis on le fait en additionnant les erreurs, les faux pas. Vous essayez d'expliquer quelque chose à quelqu'un. Il vous dit : je ne comprends rien, alors vous essayez autrement ; dit comme ça, il comprend. Moi-même, quand j'ai compris, je me dis, voilà comment j'aurais aimé qu'on m'explique la chose au début ».

Ce souci de clarté s'est aussi forgé au fil de pratiques concrètes.

« Tous les étés, Hubert partait en vacances avec ses enfants. Il les amenait dans des Centres de vacances où il faisait des conférences. Cela aussi l'a beaucoup aidé à vulgariser ses idées ». ***Camille Scoffier-Reeves***

Les notions d'intelligence émotionnelle et d'intelligence sociale sont au cœur des compétences relationnelles qu'Hubert mobilise lorsqu'il s'adresse à autrui. Il fait preuve d'une grande capacité à identifier et réguler ses propres émotions, tout en percevant avec acuité celles de son auditoire. Il interagit en s'adaptant parfaitement aux contextes, décode les intentions implicites, s'ajuste aux normes relationnelles et établit un lien de confiance avec ses interlocuteurs. Ces deux formes d'intelligence reposent sur une empathie à double composante : affective (ressentir ce que l'autre éprouve) et cognitive (comprendre les états mentaux d'autrui).

« L'attention est la forme la plus rare et la plus pure de la générosité ». ***Simone Weil***

Au cœur de cette dynamique se trouve la capacité à reconnaître que les autres ont des pensées, des croyances, des désirs, des intentions et des émotions qui leur sont propres. Hubert s'appuie pleinement sur cette compétence lorsqu'il prend la parole. Il reste attentif aux signaux faibles – un regard qui s'éloigne, une posture qui change, un soupir discret – qu'il interprète comme des indices d'attention, de questionnement ou de résistance. Il anticipe les représentations mentales de son public, ajuste son discours en fonction de ce qu'il perçoit et adapte son registre en temps réel. À l'image de sa grand-mère Charlotte, dont la narration captivante repose sur une intuition fine des réactions de son auditoire, Hubert fait preuve d'une intelligence relationnelle affirmée et étendue.

« Il est bon de cultiver en soi cette capacité à écouter l'autre, à se mettre à sa place, à deviner son "mode d'emploi". Les relations humaines ne fonctionnent pas autrement : connaître quelqu'un, chercher à savoir ce qui lui plaît et ce qui ne lui plaît pas, deviner ses attentes, ses besoins, éviter les mots qui fâchent, et, ce faisant, construire une relation harmonieuse ».

« Hubert s'intéresse de très près à son interlocuteur. Il prend l'auditeur par la main ». ***Claude Sérillon***

Une fois l'intérêt du sujet confirmé et la structure du récit éprouvée, Hubert entame la phase d'écriture. Il rédige la majeure partie de ses ouvrages depuis son bureau de Malicorne, face à une nature familière, verte et foisonnante. Avant de passer au filtre de Jean-Marc Lévy-Leblond, son éditeur au Seuil, Hubert travaille avec Camille. Après l'expérimentation du récit conté, il met ses écrits à rude épreuve. Tout y passe : l'orthographe, le rythme, la musicalité et bien entendu, le sens.

« Hubert était quelqu'un qui faisait beaucoup de fautes d'orthographe. Alors dès qu'il écrivait, il m'appelait. "Est-ce que tu peux venir relire ?" Alors, j'enlevais les fautes d'orthographe. Je rendais son écriture un peu plus fluide. Hubert traduisait beaucoup. Il pensait beaucoup en anglais. Dans le fond, il était bilingue. Je gommais les anglicismes. J'ai beaucoup travaillé l'écriture avec lui. Au début, il aimait les phrases très longues, un peu à la Proust. Je ne sais pas d'où cela lui venait. Et moi je lui ai appris – parce que c'était mon métier – à couper ses phrases, à introduire de la musique. Quand tu écris, quand tu lis, il faut que ça soit musical. Il faut que ton écriture, tu puisses la dire, autant que la lire. Moi je ne suis pas astrophysicienne, je n'y connais rien en science. Hubert me disait : "si toi tu comprends – ce n'est pas très flatteur à mon endroit mais il me faisait confiance – si toi tu comprends, les autres vont pouvoir comprendre". Il me lisait énormément de choses. "Tu comprends ce que j'ai écrit ?" ; et si je ne comprenais pas, il travaillait ses explications jusqu'à ce que je puisse comprendre. Quand je comprenais, il disait : c'est bon ». ***Camille Scoffier-Reeves***

Ce passage au crible du propos n'est pas un détail : il est au cœur du processus créatif d'Hubert. Il sait que, pour être compris, il faut renoncer à l'érudition pour elle-même, à la démonstration brillante mais inaccessible. Il ne répugne jamais à affiner, à polir, à chercher la justesse du mot, jusqu'à faire d'un concept complexe une évidence à partager.

« Mon objectif, disait Hubert, c'est que le chauffeur de taxi, la femme de ménage, puissent comprendre ce dont je parle ». *Michèle Stanton-Jean*

L'usage éclairé des images, des métaphores et des analogies s'inscrit pleinement dans un objectif affirmé : une communication inclusive. En 1971, le psychologue Allan Paivio formule la théorie du double codage, selon laquelle notre cerveau traite l'information à travers deux canaux distincts mais complémentaires : le canal verbal (les mots) et le canal non verbal (les images). Lorsqu'un message est transmis simultanément par le mot et par l'image, il est mieux mémorisé grâce à ce double encodage en mémoire.

Ce modèle est confirmé par de nombreuses recherches, notamment celles de Richard Mayer. Dans son ouvrage *Multimedia Learning* (2001), il démontre que l'apprentissage gagne en efficacité lorsque texte et image sont judicieusement combinés. Les deux canaux cognitifs sont activés simultanément, favorisant une meilleure compréhension et une rétention plus solide. Cela rejoint l'effet de « supériorité des images » (*Picture Superiority Effect,* Nelson et al., 1976), qui montre que les images laissent des traces mnésiques plus durables que les mots seuls, en mobilisant davantage la mémoire à long terme ainsi que les circuits émotionnels.

« Pour moi, Hubert Reeves, c'est un magicien des mots ».
Olivier Hernandez, astrophysicien, directeur du planétarium de Montréal

Hubert, en associant langage scientifique et images mentales marquantes, qu'elles soient visuelles, poétiques ou narratives, donne à chaque explication

ekki
íslens

une forme sensible, mémorable et incarnée. Il perçoit ce que ressent son interlocuteur et parvient à lui faire ressentir ce que lui-même comprend.

« Ce qui me frappe toujours, c'est la manière d'Hubert de dire les choses, de les simplifier sans les caricaturer. Quand Hubert parlait de météorites, il avait utilisé un terme qui pour moi, montrait toute la différence entre lui et un scientifique classique, comme moi par exemple. Je n'aurais pas l'idée de dire ça. Il parlait de caillasses qui tombent du ciel. Ça veut dire quoi ? Ça veut dire que tout le monde peut comprendre. Tout le monde connaît une caillasse, tout le monde n'a pas eu dans les mains une météorite. Tout le monde sait où sont les cailloux. Et du coup, il y a peut-être des gens qui ont cherché des météorites ». *Daniel Kunth*

Le mot « caillasse », anodin, presque trivial, suffit à établir un pont immédiat entre l'espace lointain et le sol sous nos pieds.

« Hubert ne prononçait pas de mots difficiles qui ne soient pas expliqués. Il avait un petit mémento qui paraissait presque scolaire pour celui qui avait fait des centaines et des milliers de conférences… Il était toujours en décalage avec son époque ». *Alain Cirou, journaliste, consultant scientifique pour* Europe 1 *et pour la revue* Ciel & Espace

« Je m'attendais à ce qu'il présente des PowerPoint, comme dans toutes les conférences que j'avais vues jusque-là. Mais non, Hubert avait utilisé des acétates. Il expliquait des concepts très difficiles, de manière très simple : des dessins acétates, c'était suffisant pour comprendre. Pour moi, ça a été vraiment un moment clé dans ma carrière, parce que je me suis dit que c'est exactement comme ça qu'il faut qu'on fasse en astrophysique : rendre les choses plus simples ».
Julie Hlavacek-Larrondo, astrophysicienne

L'économie de moyens techniques laisse place à une parole rythmée et apaisante. La voix d'Hubert nous convie à entrer dans une histoire, à en faire partie.

Hubert ajuste son discours sans jamais réduire son exigence. Il parle alternativement le langage de l'astrophysicien en s'adressant à ses pairs, celui du grand-papa attentionné à l'égard de ses petits-enfants ou de ceux qui sont en grandes difficultés ou encore celui des commerçants de sa rue ou des touristes qui les questionnent. Il s'adapte instantanément pour être parfaitement compris.

« Vous êtes une troupe de théâtre, et, à l'occasion, un personnage monte sur la scène, bientôt remplacé par un autre. La psychanalyse vous fait découvrir tous vos personnages, mais aussi qu'ils peuvent être incompatibles. C'est important de le savoir, ça m'aide pour mes conférences ».

Cette image n'est pas simplement poétique : elle traduit une conscience aiguë de la pluralité en soi, des voix intérieures, des tensions parfois entre elles. Elle éclaire l'adaptabilité d'Hubert, sa capacité à parler à chacun en tenant compte de cette pluralité – chez lui, comme chez l'autre.

« Hubert c'est un poète. Une personne qui savait expliquer des choses compliquées de manière très simple, sans dénaturer le contenu, mais en apportant toujours cette touche sensible et poétique à la découverte de l'Univers. Et dans l'Univers, j'y intégrerais aussi la nature qui nous entoure ».
Michel Cabaret, biologiste, directeur de l'Espace des sciences de Rennes

La simplicité d'Hubert n'est jamais un artifice. Elle repose sur un long travail, sur une écoute attentive de l'autre, sur l'humilité de celui qui sait qu'il n'a pas fini lui-même d'apprendre.

Pour éclairer cette capacité à percevoir et à comprendre, Bernard Chevassus-au-Louis évoque une image chère à Hubert qui exprime nos limites face à l'immensité du réel.

« Je n'ai jamais essayé d'apprendre à mon chat les mathématiques, mais par contre quand il me regarde, il est évident qu'il comprend

quelque chose de moi. Il me regarde et il voit bien si je suis de bonne humeur, si je suis préoccupé et donc en fonction de ça, il va adapter son comportement. Donc il a une certaine compréhension de son univers. C'est ça que je trouve très beau dans la parabole : moi par rapport à l'Univers, je suis comme mon chat par rapport à moi. J'ai l'impression qu'il y a des choses que j'arrive à comprendre avec les instruments que je peux avoir aujourd'hui. Mais je me dis que je ne suis qu'un animal qui a une certaine capacité de compréhension et que beaucoup de choses, effectivement, je ne les comprends pas. Peut-être qu'un jour d'autres les comprendront ». ***Bernard Chevassus-au-Louis, biologiste et écologue, directeur de l'association Biodiversité et Humanité***

Cette faculté de manier un langage toujours intelligible, de toucher par les mots, de faire naître des images durables, évoque ces vers qu'Hubert apprécie beaucoup :

« Le vent se lève ! … Il faut tenter de vivre !
L'air immense ouvre et referme mon livre,
La vague en poudre ose jaillir des rocs !
Envolez-vous, pages toutes éblouies ! »
Paul Valéry

« À cette époque, où Hubert était en France, il y avait des gens comme Michel Serres ou comme Jean-Paul Sartre. Donc il fallait briller et être reconnu comme un intellectuel. Mais lui, il s'en foutait complètement. C'est ce qui lui a permis de trouver son langage et de recourir effectivement à des métaphores et à des paraboles ».
Bernard Chevassus-au-Louis

Pourtant, à l'image de ces fameux écrivains, Hubert laisse des traces sensibles dans les mémoires. Ce n'est pas seulement ce qu'il explique que l'on retient, c'est ce que l'on ressent à son écoute. Il offre une expérience, pas seulement des connaissances.

« Hubert avait cette capacité de partir du plus lointain, du plus complexe, du plus fondamental, et d'arriver à des choses basiques qui sont effectivement notre quotidien. Cette espèce de manière de tricoter le fondamental et le quotidien de chacun, c'était quelque chose que je trouvais extrêmement important. Je m'en suis souvent inspiré ».
Daniel Kunth

Hubert veille à ce que ses messages nous parviennent avec force et sans ambiguïté. Mais il ne s'arrête pas là. Il s'attache aussi à cerner les centres d'intérêt et les préoccupations de ses auditeurs, toujours à la recherche du plus grand dénominateur commun. Pour illustrer nos préoccupations simples mais universelles, il aime citer cette phrase de Woody Allen : « Ce qui préoccupe chacun d'entre nous, c'est : d'où on vient ? Où on va ? Qu'allons-nous devenir ? Et qu'est-ce qu'on va pouvoir manger ce soir ? »

Hubert commence souvent ses conférences par cette phrase rituelle : « Première chose : est-ce que vous m'entendez bien ? S'il y a le moindre problème, vous m'avertissez. » Une de ses anecdotes illustre bien cette vigilance :

« Un jour, j'ai fait une conférence et à la fin j'ai demandé : est-ce qu'il y a des questions ? Les gens m'ont dit : ben, on n'entendait rien ».

La scène peut prêter à sourire, mais dit l'essentiel : parler, c'est entrer en résonance avec l'autre, s'assurer que le message est parfaitement reçu. Cette exigence traduit bien plus qu'un souci de clarté : elle affirme la volonté d'Hubert de rendre le savoir non seulement compréhensible, mais aussi interactif et désirable. Hubert a besoin de sentir la présence de ceux à qui il s'adresse.

Le démarrage d'une interview a aussi son rituel. Il suffit d'annoncer à Hubert que l'on teste le son pour qu'il entonne les lignes suivantes, qu'il souligne d'un large sourire malicieux et ponctue de son classique « Vous m'entendez bien ? » Si le réglage du son n'est pas parfait, arrivé au quatrième couplet, il s'aventure sur le suivant, énumérant les trois chiffres sans surprise et improvisant une nouvelle rime.

« 1, 2, 3
Nous irons au bois ;
4, 5, 6
Cueillir des cerises ;
7, 8, 9
Dans mon panier neuf ;
10, 11, 12
Elles seront toutes rouges ! »

« Je demande toujours qu'on puisse voir les yeux des gens. J'ai besoin de voir, de parler à des gens dont je sais qu'ils m'écoutent ».

En scrutant les visages dans la salle, Hubert ne se contente pas d'ajuster son discours ; il accueille pour émouvoir, fait vibrer, provoque des étincelles. Il n'expose jamais pour convaincre à tout prix, mais pour favoriser une réelle appropriation. C'est là une forme d'attention, de profond respect, pour l'intelligence sensible du public. Avant tout, Hubert créé des liens. Ils sont pour lui une nécessité pédagogique.

« Hubert est un grand conteur, c'est-à-dire qu'il maintient l'attention grâce au rythme, au vocabulaire, à l'enchaînement des phrases. Chaque phrase laisse une petite question ouverte pour laquelle il faut que l'on attende la phrase suivante, qui elle-même laisse place à une question ouverte. Et c'est comme ça que l'on écoute toute son histoire ». ***Jean-François Clervoy***

« Avec un pied dans le rêve et un autre dans la rationalité, l'astronomie a beaucoup d'avantages quand il s'agit de conquérir un public. La combinaison des deux est jouissive, et les gens se font rarement prier pour suivre une conférence ».

« L'absence d'arrogance qui caractérise Hubert, l'audace dont il faisait preuve en expliquant les phénomènes les plus compliqués en termes simples et son naturel poétique : ce sont les trois ingrédients de sa recette gagnante ». *Jean-René Roy*

Quiconque s'apprête à écouter Hubert sait qu'il ne s'ennuiera pas, et qu'il ne restera jamais à la marge. Hubert entre en scène comme un acteur. Il sait moduler sa voix, marquer les silences, rythmer son discours. D'emblée, il plante le décor et rassure son auditoire : de quoi va-t-on parler aujourd'hui ? Pourquoi ce sujet ? Quel chemin va-t-on parcourir ensemble, quels seront les difficultés et les points étapes ? Hubert construit une dramaturgie du savoir : il alterne anecdotes et questions ouvertes, amorce un suspense, ouvre une fenêtre poétique, laisse planer une interrogation. Ce n'est pas un spectacle au sens de la distraction, mais une mise en forme du discours qui maintient l'attention. En chef d'orchestre, il donne le tempo, capte l'énergie de la salle et s'en empare.

« Il aurait aimé faire du Music-hall. Il aurait aimé être comme Johnny Hallyday. Il aimait la scène. Il aimait captiver. Ce n'était pas seulement transmettre. Transmettre, il adorait transmettre, mais il aimait surtout toute la mise en scène, la foule des spectateurs. C'était un très grand acteur, un acteur de l'astrophysique, un acteur tout court, un acteur de la vie citoyenne aussi ». *Anna Alter*

« Je n'aime ni me voir ni m'écouter… Ça me met mal à l'aise. Ça me frustre parce que je me dis : "je ne peux plus y retoucher… Ah ce n'est pas le bon mot qu'il fallait mettre là". C'est comme moi, mais moi paralysé ; paralysé, dans le sens qu'on ne peut plus y toucher. C'est fixé, de façon définitive ».

Hubert apprend de ses maîtres. Il sait faire siennes leurs méthodes, en les combinant et en les réinventant. Il n'a de cesse d'écouter et de suivre assidûment les productions de Philip Morrison et de Richard Feynman, qu'il considère comme de véritables virtuoses en matière de communication en science.

Philip Morrison, physicien hors pair est sensible, poétique, amoureux de la vie et respectueux de la Terre. Son talent de vulgarisateur, déjà reconnu, prend une dimension mondiale avec *Powers of Ten*. Réalisé en 1977 par Charles et Ray Eames, ce court-métrage de neuf minutes propose un vertigineux voyage à travers les échelles de grandeur de l'Univers.

Partant d'une scène ordinaire – un pique-nique dans un parc de Chicago – la caméra s'éloigne à intervalles réguliers, suivant une progression de puissances de dix toutes les dix secondes, jusqu'aux confins du cosmos. À mi-parcours, la progression s'inverse : le zoom plonge alors dans le corps humain, explore les cellules, les molécules, puis s'engouffre jusqu'aux particules subatomiques.

Ce film suscite l'émerveillement, l'humilité et la curiosité. La narration calme et posée de Morrison accompagne ce voyage de l'infiniment grand à l'infiniment petit, en laissant toute sa place à l'intuition visuelle. Utilisée dans les écoles, les universités et les musées, cette œuvre est devenue un modèle de vulgarisation scientifique. Elle conjugue rigueur, clarté et une véritable dimension onirique.

Dans *Poussières d'étoiles*, Hubert parcourt ces mêmes échelles de grandeur, des atomes aux galaxies, retraçant l'évolution de l'Univers. Là où Morrison privilégie la visualisation logique et structurée, Hubert adopte une approche plus contemplative et poétique. Deux démarches distinctes, mais portées par un même désir : rendre le cosmos intelligible, accessible, et propice à stimuler l'imagination.

Richard Feynman, physicien d'exception explique la science avec clarté et enthousiasme, sans jamais la simplifier à l'excès. Son style de communication est à la fois rigoureux, imagé et profondément humain. Il refuse le jargon inutile et préfère les cas concrets, parfois drôles, souvent inattendus. **« Ce que je ne peux pas créer, je ne le comprends pas ».**

Hubert adopte la même posture en y additionnant une dimension poétique et en tenant compte de sa grande préoccupation pour le vivant. Comme Feynman, Hubert ne dissocie jamais savoir et récit.

Tous deux ont conscience de l'impact d'une parole incarnée, porteuse de sens, d'émotion et d'humanité, pour démocratiser la connaissance.

« Hubert, c'est d'abord et avant tout un grand conteur, quelqu'un d'une curiosité insatiable qui s'est intéressé à une panoplie de sujets de façon très pointue : l'astrophysique, la musique, l'environnement, l'art, la communication avec tout type de public dont la jeunesse. Un de ses grands talents, c'est de pouvoir prendre des idées complexes et de les transformer en des messages simples remplis de beauté dans une plume qui était très claire aussi dans cette dimension de conteur ». *Jérôme Dupras*

La France de la seconde moitié du XXe siècle a ses figures populaires : Hubert Reeves pour l'astrophysique, Yves Coppens pour la paléoanthropologie, Albert Jacquard pour la génétique, Haroun Tazieff pour la volcanologie, et Jacques-Yves Cousteau pour l'océanographie. Brillants chercheurs, ils sont aussi d'exceptionnels conteurs ; leurs visages restent associés à un domaine particulier de la connaissance.

Chacun incarne un champ du savoir, devenant le personnage de référence pour une discipline donnée. Ce phénomène d'identification permet au grand public de s'approprier la science à travers ces personnalités, de la comprendre par le récit. La vie des médias est simplifiée : chaque sujet a son porte-parole, sa figure de savant humaniste, rassurante et familière.

« Hubert était un cheval rétif avec les journalistes. Il détestait, d'autre part, les gens qui l'approchaient pour l'utiliser pour se mettre en valeur. Son instinct était très fort à ce niveau-là ». *Jean-René Roy*

« D'une certaine façon, Hubert a succédé à Camille Flammarion. Il est sans doute pour moi, le dernier personnage Vernien ; Jules Verne qui – même à l'époque où la science commence à se faire en équipe – a besoin d'une identification. L'identification, elle passe par un individu… Aujourd'hui on interroge la figure, on la critique, alors qu'à l'époque, il y avait encore une sorte de : "lui a la connaissance" et il y avait une sorte de respect de la connaissance ». *Alain Cirou*

Une drôlerie – ou peut-être une forme de sagesse discrète – que l'on ne peut passer sous silence : Hubert est totalement hermétique à la controverse. Non par indifférence, ni par peur de débattre, mais parce que le conflit d'idées – et le conflit tout court – l'exaspère. Il ne cherche ni à convaincre, ni à s'opposer. Si une contradiction arrive à lui, il l'absorbe avec un calme désarmant, comme une variation possible du réel, sans y accorder davantage d'importance. Cette attitude à contre-courant, révèle une posture peu commune : celle d'un chercheur pour qui l'élargissement du champ de pensée importe plus que la défense d'une position.

« La controverse ne l'intéressait pas du tout. C'est-à-dire que, si elle arrivait, je dirais qu'il l'absorbait, comme une autre possibilité ».
Alain Cirou

Hubert, celui qui parle si bien, celui que tant de gens viennent écouter, est d'abord, et avant tout, un homme qui écoute. Son art de la parole vient aussi de cette disposition première à recevoir, à se taire, à se laisser modeler par l'échange.

« J'ai le souvenir de quelqu'un qui voulait que les gens lui racontent des histoires. Il voulait apprendre et il écoutait tout le temps… Il était tout aussi curieux que raconteur d'histoires ».
Dorian Reeves-Ribière

La démarche d'Hubert est résolument globale. Le point de départ de son expression, c'est l'écriture. À la manière d'un conteur, il s'empare de ses propres textes, les habite, les fait résonner à voix haute. Chaque rencontre avec le public est une nouvelle scène d'expérimentation, une opportunité d'éprouver les mots, d'en ajuster les inflexions, d'affiner la matière première. Rien n'est définitif : sa pensée, comme son travail, se modulent en permanence, dans un va-et-vient fécond entre création et partage.

« Nous avons souvent eu des conversations à cet égard et nous étions en plein accord sur cette idée, qu'il n'y a pas d'une part et d'abord la production, la création, et d'autre part et ensuite le partage, la diffusion. C'est une seule, ou cela devrait être, une seule et même activité. Tout le travail que Hubert a accompli pour partager son savoir ne peut pas être séparé de son travail pour en produire. L'un a nourri l'autre et réciproquement. Que le chercheur ait nourri le médiateur, cette évidence ne devrait pas nous cacher le mouvement inverse. Et je crois que cette leçon, nous, scientifiques, devrions la méditer et la mettre en application plus résolument ». ***Jean-Marc Lévy-Leblond***

Ce témoignage éclaire la force de la démarche d'Hubert : il ne sépare jamais la pensée de sa mise en partage. Chez lui, la transmission n'est pas une tâche annexe, mais une composante essentielle pour l'élaboration du savoir lui-même.

ENFANTS, PETITS-ENFANTS, À VOTRE TOUR

Ma mère disait toujours : « Ceux que nous avons aimés sont toujours avec nous. Ils influencent nos pensées et nos actions ».
Michèle Stanton-Jean

Agir, oui, mais jamais sous contrainte. Agir, seulement après avoir choisi. Et choisir, le moins possible au hasard.

Encore faut-il en avoir les moyens. Ceux d'accéder librement à la connaissance à partir de sources fiables, et de bénéficier d'une éducation sérieuse à l'esprit critique. Aujourd'hui – et sans doute pire demain – quantité d'informations nous parviennent instantanément, sans filtre, sans hiérarchie, sans contexte, et sans scrupule de la part de sachants autoproclamés.

Réhabiliter le doute, redonner toute sa place au questionnement, est des préalables bien utiles pour s'affranchir des truquages et des fausses annonces. L'urgence est là : assurer la pérennité de notre liberté, notamment celle de penser et de décider. Ne pas se laisser convaincre par la seule autorité, ni par la voix du plus fort, mais rester fidèle à sa sensibilité propre, à ce qui fait sens pour soi.

Hubert prend toujours soin de se documenter, de croiser ses sources d'information, de les vérifier avec rigueur, avec la même exigence lorsqu'il s'adresse à ses pairs qu'au grand public.

« Tout ce que fait Hubert, il le fait avec une grande rigueur intellectuelle. Il se méfie des biais, il se méfie des préjugés ». ***François Reeves***

Devenir expert dans un domaine nécessite une formation rigoureuse, du temps à consacrer à un cursus parfois long et coûteux. Bénéficier d'un soutien financier est bien souvent la condition *sine qua non* pour s'engager dans cette voie, et entrer sereinement en besogne.

Fondée en 1834 par le journaliste Ludger Duvernay, la Société Saint-Jean-Baptiste de Montréal, s'investit progressivement dans la création d'institutions éducatives, sociales et culturelles. Elle défend la mémoire collective et de transmission du patrimoine francophone. En 1958, alors qu'Hubert est encore un jeune chercheur, elle lui octroie un prêt d'honneur.

« Quand on évoque devant moi le Prêt d'Honneur, je me rappelle aussitôt la grande joie que j'ai éprouvée quand on me l'a accordé ! J'étais soulagé des problèmes de sous qui, jusque-là, m'empoisonnaient l'existence et mettaient en péril le programme d'études et de recherches que j'avais envisagé. Enfin je pouvais poursuivre mon rêve, aller étudier à l'université de Cornell, aux États-Unis, et obtenir mon doctorat en astrophysique nucléaire. J'en profite pour exprimer ma reconnaissance envers cette Institution… Son rôle a eu un grand impact sur notre société en permettant à des milliers de jeunes de poursuivre leurs études et d'accéder aux carrières qu'ils avaient choisies ».

Ces mots simples, prononcés bien plus tard, témoignent d'un attachement profond à cette aide décisive. Ils trouvent un écho dans l'hommage que lui rend aujourd'hui cette institution :

« La Société Saint-Jean Baptiste de Montréal est fière d'avoir contribué au parcours exceptionnel d'Hubert Reeves grâce à son programme du Prêt d'honneur. C'est avec beaucoup de reconnaissance envers l'homme et d'admiration pour son œuvre que nous souhaitons lui rendre hommage pour service à la science, à la nation et à la démocratisation des connaissances sur l'Univers. Hubert Reeves n'est plus, mais ses atomes poursuivront pour toujours l'élaboration du monde ». ***Marie-Anne Alepin, présidente générale de la Société Saint-Jean-Baptiste de Montréal***

Plus de soixante ans plus tard, cette bonne nouvelle financière en a fait naître une autre, bien plus substantielle : l'apport immense d'Hubert à la science. Ce soutien reçu au tout début de son parcours permet la construction d'une œuvre rare qui traverse le temps et connecte des disciplines peu semblables. Une œuvre qui, chemin faisant, essaime la connaissance et suscite l'émerveillement.

« Hubert était un immense scientifique et par sa curiosité, il embrassait un énorme champ de thèmes différents. Il n'avait de cesse de vouloir rendre intelligibles – de populariser plus que vulgariser – les découvertes de la science, même les plus ardues, avec l'idée qu'il fallait maintenir l'enchantement : ce que la réalité nous donne à voir la rend si belle ». ***Jean-Pierre Bibring, astrophysicien***

Aujourd'hui, les Prix du Québec en culture et science, attribuent le prix Hubert-Reeves aux jeunes chercheurs « se distinguant par l'excellence de leurs travaux de recherche et démontrant des aptitudes à établir et à maintenir des liens constructifs et durables avec les milieux de la recherche ». Son esprit d'ouverture irrigue ainsi de nouvelles générations de chercheurs.

Plusieurs autres bourses sont mises en place, dont la bourse d'excellence Hubert-Reeves par le Collège Jean-de-Brébeuf, décernée à celles et ceux démontrant un intérêt particulier pour les sciences.

Les aides reçues – précieuses – ne s'oublient pas ! En témoignent aussi les mots de Julie, professeure de physique, spécialisée en astrophysique des trous noirs :

« J'avais candidaté pour une bourse qu'Hubert parrainait, la bourse Hubert-Reeves. Cette bourse est attribuée au niveau maîtrise à un jeune chercheur, ou à une jeune chercheuse vraiment passionnée par l'astrophysique. J'ai obtenu cette bourse. J'étais très fière et j'avais hâte de rencontrer Hubert pour le remercier. C'est quelqu'un de tellement important, qui a tellement marqué plusieurs générations, mais qui demeure très humble. Je voulais faire des études en astrophysique. Grâce à la bourse, j'ai pu payer toutes mes demandes d'admission. Je serai toujours très reconnaissante. J'ai eu plusieurs propositions. Finalement, j'ai décidé de faire mon doctorat à l'Université de Cambridge, en Angleterre ». *Julie Hlavacek-Larrondo*

Hubert s'appuie sur une panoplie de mentors. Grand-maman Charlotte, Père Louis-Marie, ses professeurs de l'Université de Montréal et de Cornell, ses philosophes, ses poètes, ses compositeurs favoris – toutes celles et ceux qu'il admire comptent beaucoup pour lui. Sans eux, Hubert ne devient pas Hubert.

« Mes parents étaient des campeurs. Ils vénéraient la nature. Ça a déteint sur moi. Je dis souvent aux parents : ce que vous aimez déteint sur vos enfants, donc si vous voulez qu'ils soient des protecteurs de la nature, montrez-leur que vous l'aimez ».

À son tour, Hubert suscite l'attention et l'admiration. Son souffle calme, sa diction posée, la fluidité de son expression, nous reconnectent au monde, à sa compréhension des phénomènes naturels, dans un langage dont aucun signe ne nous échappe. Il devient pour d'autres ce que certains ont été pour lui : un guide attentif et bienveillant, et pour quelques-uns, un modèle.

Un rêve dans un rêve

Tiens ! ce baiser sur ton front !
Et, à l'heure où je te quitte,
Oui, bien haut, que je te l'avoue :
Tu n'as pas tort, toi qui juges
Que mes jours ont été un rêve ;
Et si l'espoir s'est enfui
En une nuit ou en un jour,
Dans une vision ou aucune,
N'en est-il pour cela pas moins passé ?
Tout ce que nous voyons ou paraissons
N'est qu'un rêve dans un rêve.

Je reste en la rumeur d'un rivage
Par le flot tourmenté
Et tiens dans la main des grains du sable d'or
Bien peu ! encore comme ils glissent
À travers mes doigts à l'abîme,
Pendant que je pleure – pendant que je pleure !
Ô Dieu ! ne puis-je les serrer
D'une étreinte plus sûre ?
Ô Dieu ! ne puis-je en sauver un
De la vague impitoyable ?
Tout ce que nous voyons ou paraissons,
N'est-il qu'un rêve dans un rêve ?

Edgar Allan Poe
Traduit par Stéphane Mallarmé

« Hubert, tu as su, par tes écrits et tes interventions, insuffler une dimension humaine et poétique à ce qui aurait pu n'être qu'un domaine froid et mathématique. Ta capacité à relier l'infini du cosmos à la fragilité de la vie sur Terre me rappelle constamment l'importance de notre mission non seulement dans l'exploration, mais aussi dans la préservation de notre planète ». *Michel Tognini, astronaute*

Hubert a profondément changé l'image que l'on se fait du scientifique. Là où l'on attend une figure rigide, distante, voire austère, il s'impose avec une présence vivante, chaleureuse, presque magnétique. Par sa manière d'être – sa voix posée, son aisance sur scène, son ton malicieux, son habileté à rendre limpides des idées complexes – il désamorce, une à une, toutes les caricatures que l'on projette sur le monde scientifique. Avec lui, c'est la fin de l'archétype froid et sans fantaisie du chercheur enfermé dans ses calculs. Il brise un carcan. Il sort la science du laboratoire pour l'exposer à la conversation et à l'émotion. Il incarne une autre posture intellectuelle : ouverte, humaine, poétique, résolument moderne et désirable.

**« En lisant *Patience dans l'azur* d'Hubert Reeves, j'ai été libéré. Hubert m'a libéré. Il m'a montré que l'on peut être un scientifique et être plein d'amour, plein de poésie ; être quelqu'un de vraiment pas "plate". Il m'a donné l'autorisation de suivre mon cœur : comprendre l'Univers autour de moi. Merci Hubert, merci de m'avoir permis de devenir un scientifique, un explorateur. Et puis merci de nous avoir laissé tous ces mots, tous ces livres qui vont continuer de nous émerveiller ».
*David Saint-Jacques***

L'adolescent qui fait siens les mots d'Hubert, qui le rencontre à travers son œuvre ou lors d'une conférence, repousse les murs du possible. Il regarde loin, jusqu'aux étoiles, se reconnecte à la nature, se sent exister. Hubert entrouvre la porte des rêves, ceux qui naissent de notre soif de comprendre, de nous sentir exister, non pas dans la solitude mais faisant partie d'un tout.

« Terre, planète bleue,
où un cosmonaute, au hublot de sa
navette, nomme les continents des
géographies de son enfance ».
Hubert Reeves

« Nous sommes un moyen pour l'Univers de se connaître lui-même ». *Carl Sagan*

Avec Hubert, la science devient le miroir du vivant, une manière d'exister dans l'immensité du cosmos. Pour Antonio Damasio, neuroscientifique, la raison ne se construit jamais sans l'émotion qui donne direction et profondeur à notre pensée. Cette émotion ne s'arrête pas à la contemplation : elle transforme la perception, modifie l'échelle, augmente notre lien au monde.

« Hubert a eu une grande influence, en particulier sur ma façon de voir l'Univers qui nous entoure, le minéral, le végétal, le vivant… et d'explorer encore plus profondément, en moi, cette perception depuis le hublot de la navette spatiale. Je ressens désormais la planète Terre comme faisant partie de moi et moi faisant partie de la planète ». *Jean-François Clervoy*

Hubert ne sépare rien, ni la plante de la prairie, ni l'arbre de la forêt, ni le têtard du marécage et moins encore notre cœur de celui des étoiles. Il met en relief les connexions entre les éléments, leur interdépendance. Vivants ou non, inscrits dans un lointain passé ou à peine éclos, dotés ou non d'une intelligence, ils sont inscrits dans un seul et même ensemble : le Cosmos. Cette intrication coupe court le discours de la science. La spiritualité prend le relais dès lors que l'observation fait défaut. La Terre cesse d'être un simple objet d'étude. Elle est un prétexte à l'unification du regard extérieur et de la perception. Elle nous habite, elle nous anime.

« L'important se situerait dans la richesse du contact avec l'Univers. À la jonction du monde intérieur et du monde extérieur. Il serait de l'ordre du plaisir et de la contemplation ».

Le 14 février 1990, à la demande de Carl Sagan, la NASA retourne la caméra de la sonde Voyager 1 – juste avant sa désactivation – vers la Terre à une distance d'environ 6,4 milliards de kilomètres. Ce jour-là, est prise une photographie aussitôt devenue emblématique : le *Pale Blue Dot*. La Terre y apparaît comme un minuscule point bleu pâle. Impossible désormais d'ignorer cette évidence : nous sommes à la fois fragiles et isolés, suspendus dans l'immensité noire et silencieuse de l'Univers.

« Regardez encore ce point. C'est ici. C'est notre foyer. C'est nous. Sur lui, tous ceux que vous aimez, que vous connaissez, dont vous avez entendu parler, tous les êtres humains ayant jamais vécu, ont mené leur existence ».
Carl Sagan

Dans les yeux d'Hubert, le *Pale Blue Dot* résonne profondément. Et dans ceux des astronautes, il s'ancre dans la même réalité, augmentée par les mots d'Hubert – des mots qui ont inspiré toute une génération de scientifiques, devenus à leur tour astrophysiciens : comme lui, les pieds sur Terre, le cœur dans les étoiles.

« Sans Hubert Reeves, je n'aurais pas eu cette carrière-là. Quand j'étais plus jeune, mon objectif c'était de pouvoir m'identifier le plus rapidement possible à Hubert et de suivre ses traces. Sans lui, je n'aurais pas eu la même passion pour l'astronomie. J'étais partagé, vers l'âge de dix ans, entre devenir volcanologue, géologue, astronome ou astrophysicien ; mais après avoir lu *Patience dans l'azur* que j'ai reçu à Noël avec un tout petit télescope, mon choix était fait ». *Olivier Hernandez*

L'œuvre d'Hubert a une portée intime et fondatrice sur celles et ceux qui, aujourd'hui, marchent sur ses traces. C'est une transmission vivante, presque initiatique. Hubert apaise, oriente et donne matière à rêver. Il incarne une figure à laquelle s'identifie Olivier Hernandez, et tant d'autres. Ils sont les enfants spirituels d'Hubert. Ils ne lui doivent ni une méthode, ni une discipline, mais une manière d'être : chercher sans s'éloigner du vivant, penser sans renoncer à ressentir, contempler sans cesser de comprendre. Ce sont des héritiers, non pas d'un savoir figé, mais d'un regard ouvert, d'un lien sensible au monde.

Plus rien

Il ne reste que quelques minutes à ma vie
Tout au plus quelques heures, je sens que je faiblis
Mon frère est mort hier au milieu du désert
Je suis maintenant le dernier humain de la terre
Tout ça a commencé il y a plusieurs années
Alors que mes ancêtres étaient obnubilés
Par des bouts de papier que l'on appelait argent
Qui rendaient certains hommes vraiment riches et puissants
Et ces nouveaux dieux ne reculant devant rien
Étaient prêts à tout pour arriver à leurs fins
Pour s'enrichir encore, ils ont rasé la terre
Pollué l'air ambiant et tari les rivières
Mais au bout de cent ans, des gens se sont levés
Et les ont avertis qu'il fallait tout stopper
Mais ils n'ont pas compris cette sage prophétie
Ces hommes-là ne parlaient qu'en termes de profits
C'est des années plus tard qu'ils ont vu le non-sens
Dans la panique ont déclaré l'état d'urgence
Quand tous les océans ont englouti les îles
Et que les inondations ont frappé les grandes villes
Et par la suite pendant toute une décennie
Ce furent les ouragans et puis les incendies
Les tremblements de terre et la grande sécheresse
Partout sur les visages, on lisait la détresse
Les gens ont dû se battre contre les pandémies
Décimés par millions par d'atroces maladies
Puis les autres sont morts par la soif ou la faim
Comme tombent les mouches, jusqu'à ce qu'il n'y ait plus rien
Plus rien
Plus rien

Chanson des Cowboys Fringants 2004

Et c'est peut-être ça, aujourd'hui encore, le plus grand don d'Hubert : continuer à faire naître des vocations, au-delà de la transmission directe par son œuvre, par la simple force de sa pensée, de sa présence, de ses mots et de cette façon unique qu'il a de faire s'intriquer la science et nos sens.

Le legs d'Hubert est à la fois intellectuel et existentiel. Il façonne des regards et instaure une manière de s'inscrire poétiquement dans le réel.

Son apport pour la connaissance scientifique est également remarquable. Il touche un large éventail de lecteurs : adolescents, curieux de tous âges, passionnés d'astronomie, spécialistes issus d'autres disciplines scientifiques, et parfois même, des artistes. Ses écrits, à la fois clairs, rigoureux et accessibles participent du bonheur de tous car tous y trouvent matière à comprendre, créer ou simplement rêver.

« J'étais en formation, en sciences de la Terre et de l'Univers, à l'Université de Grenoble. J'avais des cours la journée sur le système solaire, sur le système Terre. Je me posais des questions en cours et j'avais les réponses le soir grâce à la lecture de *Patience dans l'azur*. C'est une édition de 1991 que j'ai annotée, surlignée. C'était vraiment mon livre de chevet pendant des mois et je ne rêvais que de rencontrer l'auteur ! »
Jean-Sébastien Steyer

L'influence d'Hubert dépasse le cadre de la connaissance. Il ne se contente pas de dire où en est la science : il augmente notre réceptivité à la beauté du monde. Ses questionnements, laissés en suspens, deviennent des tremplins – une audace qui invite chacun à explorer le réel à sa manière.

« Je suis passé de Jean Rostand avec la terre, l'eau, le très concret à Hubert Reeves où là, c'est le ciel, les étoiles, l'infini, le firmament avec toute la fascination que cela peut exercer… Pourquoi devrait-on s'intéresser à des questions de ce type-là, existentielles ? Il nous ouvrait les yeux sur la planète, sur l'Univers. Il était un communicateur fabuleux, fascinant.

Il a allumé des feux dans l'eau, dans notre tête, dans nos mémoires, dans nos esprits ». *Rémi Quirion*

Chercheur universitaire et professeur en économie écologique à l'Université du Québec en Outaouais, Jérôme Dupras est aussi un entrepreneur engagé. Mais une autre de ses passions le fait connaître d'un large public : celle de musicien, en tant que bassiste du célèbre groupe québécois Les Cowboys Fringants, mêlant folk, rock et country.

Un jour, il assiste à une conférence d'Hubert, consacrée à l'urgence écologique et à la sixième extinction des espèces. Il y est accompagné de son ami Jean-François Pauzé, guitariste et auteur-compositeur du groupe. Profondément touchés par le message d'Hubert, les deux artistes en font un moteur créatif : peu de temps après, ils composent plusieurs chansons marquées par l'empreinte d'Hubert.

« Entendre ce message-là de la voix d'Hubert Reeves, supportée par des données scientifiques, par des images, ça frappe. Au terme de cette conférence-là, Jean-François et moi, avons échangé. Ça a été une grande surprise pour moi de voir, quelques mois plus tard, une chanson qui est née de cette réflexion sur la conférence. La chanson "Plus rien" est un peu une fable, un regard sur ce que serait le dernier humain de la Terre, dernier humain qui a foulé le sol parce que les générations précédentes n'avaient pas pris soin de la planète ». *Jérome Dupras*

Naît ainsi la chanson *Plus rien*, une œuvre marquante qui imagine, avec une grande force évocatrice, un monde postapocalyptique où l'humanité a disparu, victime de sa propre négligence.

Parue en 2004 dans l'album *La Grand-Messe*, ce titre qui envisage, avec lucidité et émotion, la fin du règne humain sur Terre, entre fable et cri d'alerte, rappelle surtout l'urgence d'agir pour préserver notre planète.

« Avant d'être chercheur en astrophysique, je suis un habitant de la Terre et un citoyen du monde. J'ai aussi des enfants et des petits-enfants, et des êtres qui me sont chers. Or je suis extrêmement préoccupé par l'avenir de l'homme sur notre planète. La vie a mis des milliards d'années à se développer pour aboutir à cette extraordinaire merveille qu'est le cerveau humain. Une fabuleuse odyssée cosmique qui pourrait bien prendre fin par notre faute ».

Alexandre Belliard est un auteur-compositeur, conteur, chroniqueur et biographe québécois. À travers ses ouvrages, Hubert lui ouvre l'accès à un univers qui, jusque-là, lui est inaccessible : celui de la science. Alexandre découvre, apprend, et finit par rendre hommage à celui qui a éveillé sa curiosité scientifique, en lui dédiant une chanson.

« J'avais peut-être seize ans. Je travaillais dans une petite bouquinerie. On vendait des livres usagés et à l'époque, je n'avais pas de salaire. J'étais payé en livres. J'avais mis la main sur *Malicorne* et sur *Patience dans l'azur*. Cela m'avait intrigué parce que la science physique, les mathématiques, l'astronomie sont des choses auxquelles je n'avais pas accès. Hubert m'a donné envie de découvrir ça à travers ses ouvrages. Quand il parle, je comprends. Quand je le lis, je comprends. Ça a allumé une étincelle de curiosité chez moi pour des matières qui, je pensais, ne m'intéresseraient jamais alors qu'elles m'ont passionné. C'est grâce à lui. Ce qui a fait qu'on s'est rencontré, c'est une chanson que j'ai écrite à son attention pour lui dire merci de m'avoir fait aimer les sciences. Je l'ai intégrée dans l'un de mes albums Légende d'un peuple, le tome cinq ».
Alexandre Belliard

Autre artiste, autre œuvre. Dans une ruelle verte, au coin de l'avenue De Lorimier et de la rue Bélanger, dans le centre-nord de Montréal, *La Voie lactée* rend hommage à Hubert. Réalisée en 2018 par l'artiste Mateo (Mathieu Bories), cette peinture murale s'inspire des paroles de *Conteur d'étoiles*, une chanson d'Alexandre Belliard. Trois éléments principaux se combinent : *Le Petit Prince* d'Antoine de Saint-Exupéry, debout, tourné vers le cosmos ; les mains d'un chef d'orchestre en mouvement ; et le visage d'Hubert qui semble se détourner de la scène. Sur fond de constellations, de symboles chimiques et de motifs géométriques, le ciel se colore en bleu profond, jaune soleil et violet. Il est connecté à la Terre par une forêt de conifères qui s'étire sur toute la largeur du mur. Mêlant art et science, cette murale illustre les passions d'Hubert pour la nature, le ciel, la poésie et la musique. Elle incarne l'interdisciplinarité, le dialogue et la contemplation.

Le photographe Robert Doisneau a pris en 1957 une photo du ciel Le Compas Céleste – Les Tours de Saint-Laurent qu'il offre à Hubert. Un excellent prétexte, lors d'un dîner d'échanger sur le mouvement des étoiles.

« Doisneau a fait une photo en laissant les étoiles tourner ainsi dans le ciel, braquant son appareil vers le nord, donc vers la tour de Saint-Céré, qui était un château occupé par Jean Lurçat ». ***Jacques Véry***

Hubert façonne l'instant, le joue, le savoure et souvent l'inscrit dans nos mémoires. Pour lui, transmettre, c'est aussi participer à l'œuvre de la nature.

Dans son appartement de la rue Jacob à Paris, chaque pièce est le début d'un jardin d'intérieur qui court au balcon et prospère jusqu'à en occuper l'entière surface. Parmi de nombreuses espèces de plantes, il y a placé un Bégonia Rex vieux de plusieurs dizaines d'années, vraisemblablement huit. Hubert le contemple sans se lasser. Il parle de sa grande résistance et de la beauté toute particulière de ses feuilles vert sombre aux faces intérieures rouge éclatant. Il coupe une petite tige avec, à son extrémité, une feuille. Il enveloppe la base de la tige d'un coton imbibé d'eau et d'engrais. Il l'offre à une personne qu'il apprécie. En moins de deux années, la nouvelle pousse a grimpé d'un mètre. La succession est assurée.

Jean-Pierre Bibring est astrophysicien. Son ouvrage *Seuls dans l'Univers*, publié chez Odile Jacob en 2022, explore la singularité de l'humanité. Pour lui, **« l'humanité est un exemple unique de concours de contingences, une forme particulière et fascinante d'organisation de la matière ».**

Très proche d'Hubert, il raconte à son tour une histoire que celui-ci aime partager. Elle se déroule en 1942, près de Leningrad – l'actuelle Saint-Pétersbourg –, alors assiégée par l'armée allemande. À quelques dizaines de kilomètres à l'est, près du lac Ladoga, un bombardement déclenche un incendie dans la forêt. Tout près, une caserne abrite des centaines, probablement un millier de chevaux. Pris de panique, les animaux s'échappent et se précipitent dans le lac pour fuir les flammes.

C'est l'hiver. Le lac, est encore liquide malgré le froid extrême. Quelque chose d'extraordinaire se produit au moment où les chevaux se jettent à l'eau. Curzio Malaparte le décrit dans *Kaputt*, publié en 1943 : le lac se fige brutalement, devenant une immense plaque blanche, comme du marbre. De cette surface gelée émergent les têtes des chevaux, figées dans la glace, crinières au vent.

Hubert s'appuie sur ce phénomène, bien connu des physiciens, pour illustrer une idée essentielle. En tant que scientifique, il sait qu'un petit nombre de lois physiques suffit à rendre compte de tout ce que l'on observe dans la nature. Ces lois sont universelles : elles s'appliquent à toutes les échelles, du microscopique au cosmique.
Cette universalité pose une question intrigante : si les mêmes lois sont à l'œuvre partout, pourquoi le monde n'est-il pas uniforme ? Pourquoi ne voyons-nous pas une répétition à l'identique, un univers monotone ? Ce que l'observation révèle, c'est exactement l'inverse : la diversité règne.

Les planètes découvertes hors de notre système solaire se révèlent de plus en plus différentes. Sur Terre, l'Humanité est essentiellement un monde de diversité. La nature aussi : la biodiversité ne cesse d'émerger, chaque jour, avec de nouvelles espèces.

Alors, comment expliquer qu'un petit ensemble de lois, agissant de manière identique, puisse engendrer une telle profusion ? Hubert explique cela à partir de ce qu'il se passe avec les chevaux du lac Ladoga.

Lorsque l'on refroidit de l'eau progressivement, elle gèle aux alentours de 0 °C. Elle forme alors des glaçons qui, où qu'ils soient produits, se ressemblent : c'est un processus régulier, prévisible, monotone. Mais si, au contraire, l'eau est extrêmement pure, elle peut être refroidie en dessous de 0 °C sans geler – jusqu'à -2, -3, voire –10 °C. Elle reste alors liquide, dans un état de déséquilibre.

À ce moment-là, si un élément extérieur – un grain de poussière, un cheveu… un cheval – entre en contact avec cette eau, il agit comme un germe de nucléation. La glace se forme immédiatement autour de lui, adoptant en partie sa silhouette, donnant lieu à une cristallisation brutale, irrégulière, imprévisible.

C'est ce déséquilibre qui, selon Hubert, engendre la diversité. Lorsque les lois de la nature s'exercent dans un système instable, le moindre événement fortuit peut créer une forme nouvelle. C'est ainsi que naissent, au fil de l'évolution, les innombrables variations du monde vivant et inanimé.

Jean-Pierre Bibring prolonge le récit par sa propre expérience et dans la continuité de la démarche d'Hubert :

« J'ai eu la chance, non seulement de connaître Hubert, mais un jour d'aller près de Leningrad. Dans une promenade en bateau, je suis passé près du lac Ladoga où j'ai observé ce que Hubert avait décrit après Malaparte : un très grand lac d'une beauté ahurissante, d'une pureté incroyable, et je n'ai pas pu faire autrement que d'aller sur les berges et prélever deux petits bouleaux que j'ai ramenés avec moi. Ils sont depuis parmi l'arboretum de Malicorne ». ***Jean-Pierre Bibring***

« Quand j'ai planté des cèdres et des sequoias, c'était, je le sens bien maintenant, pour qu'ils soient mes représentants et mes messagers dans ces temps où je ne serai plus ».

Hubert ne donne pas de leçons. Il préfère formuler des recommandations, partager ses propres expériences, ses ressentis, pas nécessairement heureux, mais toujours chargés de sens. Lorsqu'un jour Jean-François Clervoy lui demande quelles sont les erreurs à éviter et les attitudes à adopter quand on choisit de devenir scientifique ou astronaute, il lui répond spontanément et sans fard :

« Ces métiers mènent à une certaine forme de popularité.
On devient scientifique pour deux raisons. La première, c'est le désir d'accroître la connaissance. C'est une motivation authentique, valable, et elle justifie qu'on y consacre sa vie. La seconde, plus sournoise, c'est l'envie que mon intelligence soit mise au grand jour. Le scientifique devient alors l'agent de sa propre carrière. Il va faire ce qu'il peut pour que son nom s'inscrive dans l'histoire de la science.
C'est une erreur que j'ai faite moi-même et qui m'a coûté cher : souhaiter devenir Einstein ou Newton. Il n'y en a pas beaucoup des Einstein ou des Newton. Si c'est cela son but, il risque de ne pas avoir l'objectivité requise pour analyser ses résultats de recherche, les fausser inconsciemment et d'être très déçu ensuite.
Ce que je dirais aux jeunes scientifiques, c'est que je me serais dit à moi-même si j'avais appris cela : tes victoires, tes découvertes, les choses dont tu es fier, il faut que tu saches que cela ennuie beaucoup de gens. Il faut que tu saches ça à l'avance.
Ce que tu vas trouver, toi, ce sont des choses qu'eux-mêmes vraisemblablement ont cherchées ; parce que cela fait partie des problèmes connus. Cela ne leur fera pas plaisir d'apprendre que tu remportes un grand succès. C'est ton devoir de faire accepter tes bons résultats à tes collègues. Il faut réfléchir à la manière dont tu vas les présenter.
Le mieux que tu puisses espérer, en vérité, c'est que tes résultats soient repris dans des livres ou des revues… mais sans ton nom. Tu connais la chanson de Charles Trenet, *L'Âme des poètes* ?

“Longtemps, longtemps, longtemps
Après que les poètes ont disparu
Leurs chansons courent encore dans les rues”

C'est exactement ça, la science. »

Puis Hubert ajoute une anecdote : « Quand j'étais à Cornell, mon directeur de recherche présentait ses résultats en disant : “maintenant je vais critiquer les résultats que j'ai obtenus". Et ça, ça passe très bien. Mais ceux qui commencent par dire "ma théorie", ça ne passe pas. Il y a là une dimension affective. C'est normal que des jeunes qui ont fait des travaux rêvent de briller dans le ciel de la science. Mais présenter ses résultats, c'est quelque chose d'extrêmement délicat. Il faut y réfléchir. La meilleure façon, c'est d'être le premier à les critiquer. Si tu es le premier à critiquer tes propres théories, ça passe beaucoup mieux. C'est le grand art de Fred Hoyle : il lance une idée brillante, puis il la démonte aussitôt avec élégance. Les gens aiment ça. »

L'humilité, chez Hubert, est une manière d'être, une force intérieure. Elle n'est pas une résignation mais une discipline. Elle n'éteint rien : ni sa passion ni son humour. Elle agit comme un antidote à l'orgueil, au sentiment de supériorité.

Hubert n'élève pas la voix. Il n'impose rien. Il avance ses idées avec clarté, mais sans volonté de dominer. Pour lui, la science est une œuvre collective exigeante. Ce qui compte, ce n'est pas d'avoir raison, mais de permettre aux autres d'avancer avec soi. Sa stratégie est simple : faire en sorte que chacun se sente concerné, impliqué, partie prenante. Ne pas susciter l'ennui ni la vexation, mais créer de nouveaux liens.

Le lien est au cœur de sa pensée. Il y revient sans cesse. C'est à travers lui qu'il nous fait entrevoir que les atomes qui nous composent aujourd'hui ont appartenu à un dinosaure, un poisson-clown, un séquoia… et qu'ils poursuivent encore leur voyage. L'être humain n'est pas une entité à part. Il est traversé par cette continuité, intimement relié au vivant et à la matière. Il s'inscrit dans une histoire bien plus vaste que la sienne, une histoire dont il est à la fois le témoin et le prolongement.

À partir de cette vision d'un monde en lien, Hubert réhabilite le mystère – indissociable de l'art de cultiver le doute, propre à la démarche scientifique. Il redonne au réel sa densité, sa profondeur, sa beauté. Par ses mots, ses récits, il réenchante le monde.

« Ce que j'ai trouvé extraordinaire chez Hubert, c'est le fait de réenchanter le monde en reconnaissant tout ce qu'il a encore d'inconnu ou de méconnu. Et d'une certaine manière, en lui redonnant du mystère. J'aime bien la définition – disons théologique – d'un mystère. Un mystère en théologie, ce n'est pas quelque chose qu'on ne comprend pas, c'est quelque chose dont la richesse est telle qu'on peut méditer sans cesse et en découvrir de nouveaux aspects. C'est quelque chose que l'on n'a jamais fini de comprendre ». *Bernard Chevassus-au-Louis*

C'est dans la seconde moitié de sa vie, lorsque sa notoriété lui ouvre de nouveaux horizons, qu'Hubert engage pleinement ses forces au service de la démocratisation du savoir. Il met sa parole au travail, et sa célébrité devient levier : pour éclairer, pour éveiller, pour transmettre, parfois à son insu. Jusqu'à un âge avancé, il continue de faire circuler les idées, de tendre des passerelles, de susciter des vocations. Son rôle de passeur est indissociable d'une conviction profonde : l'âge n'entrave ni la pensée, ni la parole, ni l'envie de transmettre. Dans une société où les personnes âgées sont trop souvent reléguées à la marge, il rappelle, par sa seule présence, qu'elles détiennent encore des clés précieuses à partager : savoirs, sagesse, intuitions.

« Dans notre société moderne, on a tendance à mettre à l'écart les personnes à partir d'un certain âge. Une personne comme Hubert peut nous démontrer que, même si l'on est plus âgé, on a encore une grande capacité à réfléchir, une très grande philosophie de vie ; cela pourrait aider tout le monde ». *Rémi Quirion*

L'œuvre d'Hubert se prolonge aussi dans des lieux de savoir et de contemplation, devenus des points de passage, des lieux d'étude, de mémoire et d'inspiration. Porter son nom, ce n'est pas seulement lui rendre hommage. C'est faire vivre sa pensée, prolonger son geste, rappeler à toutes celles et ceux qui y passent, qu'il existe une autre manière d'habiter le monde : plus curieuse, plus sensible, plus reliée.

À l'Université de Montréal, où il est étudiant en physique, puis enseigne, la bibliothèque des sciences, entourée d'un jardin arboré, a été baptisée du nom d'Hubert. Un symbole fort.

« En nommant la bibliothèque des sciences Bibliothèque Hubert-Reeves nous ferons en sorte que cette lumière brille pour toujours à l'endroit même où se forment les scientifiques de demain ». ***Daniel Jutras.***

Maintenant qu'il a une bibliothèque à son nom, à l'Université de Montréal, le deuxième hommage que nous allons lui rendre sera dans Charlevoix, avec L'espace Hubert-Reeves en Charlevoix. C'est un territoire qui a été sculpté par le ciel et qui impressionnait, émerveillait beaucoup Hubert. En voiture, il me faisait toujours m'arrêter sur les montagnes de Baie-Saint-Paul parce qu'il avait une sorte d'engouement pour la terre qui était devenue fertile à la suite d'un impact météoritique ». ***Louisiane Gauthier, psychologue praticienne - Vice-présidente de l'Espace Hubert-Reeves de Charlevoix***

Porté par l'Observatoire de la géosphère de Charlevoix, l'Espace Hubert-Reeves est un centre d'interprétation scientifique consacré aux sciences de la Terre et de l'Univers. Ancré dans un site géologique exceptionnel, il s'inspire de l'héritage humaniste d'Hubert en alliant savoir, transmission et éveil à la conscience écologique. Cet espace vivant a pour ambition de stimuler la curiosité, encourager la persévérance scolaire et créer un dialogue entre science, territoire et citoyenneté.

Le 17 septembre 1993, depuis l'observatoire de La Silla, au-dessus de nos têtes, l'astronome belge Eric Walter Elst repère un nouvel astéroïde dans la ceinture principale. Niché entre Mars et Jupiter, ce corps céleste porte le nom de (9631) Hubertreeves, sur décision de l'Union astronomique internationale, en 1999.

Ces initiatives ne sont pas des cas isolés : nombreuses sont celles qui ont déjà émergé ou sont en cours de création, notamment au sein d'écoles, d'écocampus, de lieux dédiés à la science et d'observatoires. Elles sont portées par des communautés animées par le désir de faire vivre l'héritage d'Hubert, et de diffuser, comme un message porteur d'espoir, sa vision du monde.

« C'est avec une profonde gratitude que nous saluons le geste inspirant de M. Hubert Reeves. Son engagement envers la jeunesse et la science s'inscrit dans une tradition d'excellence et de transmission. Son don est une lumière qui guidera longtemps les pas de celles et ceux qui rêvent de comprendre l'univers. Il porte en lui un message d'espoir pour les générations futures, et une invitation à croire en la puissance de l'éducation. Grâce à lui, l'Université Laval peut continuer à soutenir l'émerveillement et la curiosité de talents qui façonneront le monde de demain ». *Sophie D'Amours, rectrice de l'Université Laval à Québec*

« TOUT N'EST PAS FOUTU ! » Hubert l'a dit, non comme un cri de révolte, mais comme un acte de foi lucide, une confiance têtue dans la capacité humaine à changer et une invitation à reprendre le flambeau. Ce qu'il lègue, ce n'est pas un savoir clos, mais une manière d'être au monde : avec empathie, avec mesure, avec joie. À celles et ceux qui viennent, plutôt qu'une carte, il tend une boussole. Il insuffle le désir de chercher, hors des sentiers battus. Il revient désormais aux enfants, aux petits-enfants, à toutes les générations à venir, de prêter l'oreille à sa voix claire, tendre et malicieuse qui murmure : regarde, comprends, relie, prends soin.

« Pour qu'il demeure parmi nous, l'association Humanité et Biodiversité, qu'il a présidée, a créé un buste en bronze d'Hubert, réalisé par Nacera Kainou. Il est installé à Paris, rue Jacob ». *Bernard Chevassus-au-Louis*

« Merveilleux Hubert, je te salue et j'entends toujours ta voix si spéciale dans ma tête ». *Michèle Stanton-Jean*

PLANÈTE TERRE,
NOTRE UNIQUE CHANCE

« Quelle planète préparons-nous pour nos petits-enfants ? Cette question simple ouvre sur une préoccupation fondamentale : comment faire pour que cette planète léguée en héritage offre les meilleures conditions de vie possibles ? »

Hubert, pose souvent ainsi les bases d'une réflexion mêlant science et responsabilité. Car la Terre, unique foyer connu de l'humanité, va disparaître. Une fin naturelle, inévitable. Une échéance si lointaine qu'elle échappe à notre perception du temps : il est question de milliards d'années. Le scénario est bien connu.

L'évolution de notre étoile, le Soleil, conditionne le destin de notre planète.

« Notre étoile fait environ cent fois le diamètre de la Terre, soit un million de fois son volume. Elle est énorme, mais loin d'être l'une des plus grandes de l'Univers. Certaines étoiles atteignent jusqu'à 200 fois la masse du Soleil. Ce sont des géantes bleues, très massives, mais qui vivent bien moins longtemps ». ***Alexandre Lemerle, astrophysicien***

Le Soleil suit un cycle lent et prévisible. Sa fin ne survient pas dans une explosion brutale – comme une supernova – mais résulte d'une transformation progressive qui affecte tous les corps liés à lui par gravitation : planètes, astéroïdes, comètes… Le système solaire dépasse largement l'orbite de Neptune. Il s'étend jusqu'à la ceinture de Kuiper, peuplée d'objets glacés, puis jusqu'au nuage d'Oort, à près d'une année-lumière du Soleil.

Âgé aujourd'hui de 4,6 milliards d'années, le Soleil se trouve dans une phase stable. Il transforme l'hydrogène en hélium par fusion nucléaire au cœur de son noyau, à une température de 16 millions de degrés kelvin en son cœur. Chaque seconde, il convertit environ 600 millions de tonnes d'hydrogène en énergie, dont une partie inonde la Terre et y entretient la vie.

« "Pourquoi le soleil ne tombe-t-il pas sur la Terre ?" Quand, un jour, un enfant m'a posé cette question, je lui ai répondu : "Parce que la Terre tourne autour du Soleil, avec tout juste la vitesse qu'il faut." Quand, avec sa logique, il a ajouté : "Mais pourquoi tourne-t-elle ?" je me suis rendu compte que la réponse allait nous entraîner très loin, jusqu'aux premiers instants de notre Univers ».

Dans environ cinq milliards d'années, le Soleil épuise son hydrogène. Il se dilate alors et devient une géante rouge. Son diamètre atteint jusqu'à 200 fois sa taille actuelle, englobant l'orbite de Mercure, de Vénus, puis de la Terre. Le Soleil expulse ensuite ses couches externes, formant une nébuleuse planétaire : une bulle lumineuse de gaz et de poussières. Son noyau se contracte, la fusion de l'hélium en carbone prend le relais, puis s'arrête faute de combustible. Il prend alors la forme d'une naine blanche, dense, chaude, mais sans activité nucléaire. Cette étoile morte se refroidit lentement, durant des milliards d'années, voire des billions d'années, jusqu'à ne plus émettre de lumière.

Bien avant cette échéance ultime, la Terre devient inhabitable. Et en tant qu'êtres humains, c'est bien l'avenir de la vie sur notre planète, la préservation de son habitabilité, qui nous préoccupe le plus.

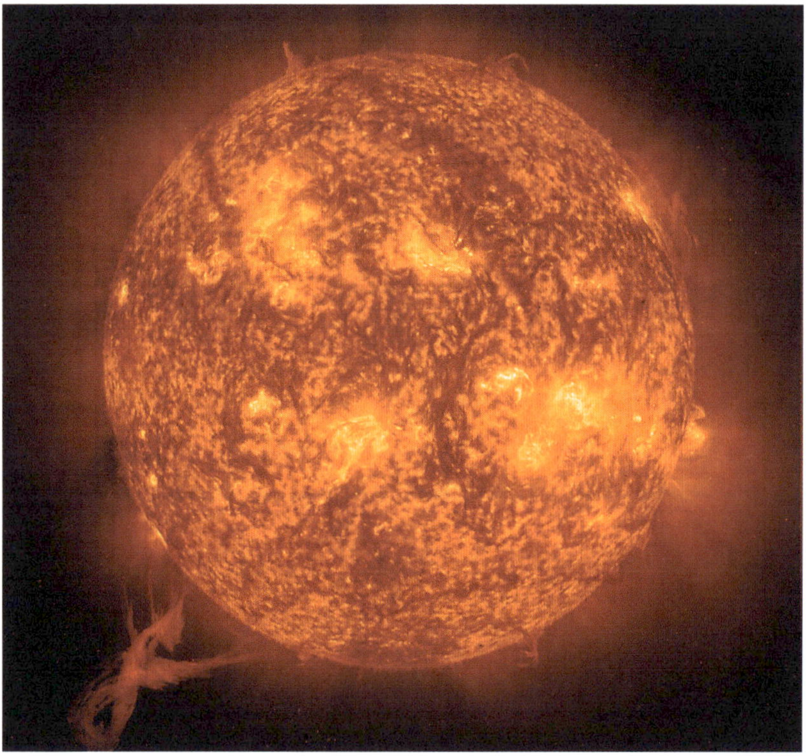

En 2021, Kazumi Ozaki (Université Tōhō, Funabashi) et Christopher Reinhard (Georgia Institute of Technology) publient dans *Nature Geoscience* une étude intitulée « *The Future of Earth's Oxygen* », dans laquelle ils modélisent l'évolution future de l'atmosphère terrestre.

Leurs travaux révèlent qu'à l'échelle d'un peu plus d'un milliard d'années, l'oxygène atmosphérique – celui que nous respirons – connaît un effondrement brutal, provoqué par l'augmentation progressive de la luminosité solaire.

Cette intensification de la lumière solaire accélère l'altération des roches silicatées – riches en silice, comme les granites et les basaltes qui forment l'essentiel de la croûte terrestre. Par ailleurs, elle entraîne une baisse des niveaux de dioxyde de carbone, limitant ainsi la photosynthèse et la production d'oxygène.

L'atmosphère bascule alors dans une phase anoxique, quasi dépourvue d'oxygène, où dominent le méthane et d'autres gaz réducteurs, rappelant les conditions de l'Archéen, il y a environ 4 milliards d'années.

Les chercheurs n'ont pas intégré dans leur modèle les effets potentiels de la résilience biologique, notamment ceux des micro-organismes capables d'adapter leur métabolisme et de continuer à recycler des éléments vitaux même dans des conditions difficiles. Cela signifie que la biosphère peut éventuellement résister plus longtemps, et prolonger l'habitabilité de la Terre sur quelques millions d'années supplémentaires.

« Mais dans ces conditions, la vie telle que nous la connaissons, devient impossible. L'augmentation progressive de la température, combinée à l'effondrement de la teneur en oxygène atmosphérique, entraîne une profonde réorganisation des écosystèmes. Ces changements engendrent une sélection naturelle où seules les espèces capables de vivre dans un environnement anoxique subsistent. La vie sans oxygène est non seulement possible, mais elle a dominé la Terre pendant près de la moitié de son histoire. Elle existe encore de nos jours dans des habitats anoxiques comme les sédiments ou même nos intestins ! Dans un futur lointain, seuls persistent les micro-organismes – bactéries, archées et autres formes unicellulaires – capables de produire de l'énergie en utilisant des accepteurs d'électrons alternatifs, comme les sulfates, les nitrates ou les ions ferriques. C'est la fin des animaux et des plantes dans leur forme actuelle, remplacés par des formes de vie adaptées à un monde réduit à une chimie plus proche de celle de la Terre primitive ».
Purificación López-García, biologiste, membre de l'Académie des sciences

D'ici que le Soleil ne nous entraîne dans sa course mortelle, d'autres événements sont susceptibles d'anéantir la vie sur notre planète. Bien que rares, les impacts d'astéroïdes ou les sursauts gamma, sont potentiellement cataclysmiques.

Il y a 66 millions d'années, un astéroïde d'environ 10 à 12 kilomètres de diamètre, entre en collision avec la Terre dans la région actuelle du Yucatán, au Mexique. Cet impact crée le cratère de Chicxulub, d'un diamètre de 200 kilomètres. Il est la cause principale de la cinquième extinction de masse. L'énergie colossale libérée par cette collision équivaut à environ 72 tératonnes de TNT, soit des milliards de fois la puissance de la bombe d'Hiroshima. Cette déflagration gigantesque engendre des incendies globaux, des mégatsunamis et projette d'énormes quantités de poussières et d'aérosols dans l'atmosphère, occultant la lumière solaire et provoquant un refroidissement climatique brutal sur plusieurs années.

Selon une étude publiée dans *Nature Communications* en 2024, **« Cet événement a probablement déclenché l'extinction massive d'environ 75 % de toutes les espèces, y compris les dinosaures – à l'exception des oiseaux – et a conduit à une perte quasi mondiale de la végétation à la limite Crétacé-Paléogène ». *Rodiouchkina et al***

Aujourd'hui, les agences spatiales surveillent en permanence les objets géocroiseurs, ces astéroïdes ou comètes dont l'orbite peut intercepter celle de la Terre. Plusieurs centaines de ces objets sont classés comme potentiellement dangereux. Bien que le risque d'impact à court terme reste faible, il n'est pas nul. Un astéroïde de 140 mètres de diamètre suffit à anéantir une grande zone urbaine, tandis qu'un objet de plus d'un kilomètre perturbe le climat mondial et menace la stabilité écologique à l'échelle planétaire.

« Astronomie et écologie sont les deux volets d'une même idée : l'astronomie explique comment nous sommes arrivés sur la Terre ; l'écologie, comment y rester dans de bonnes conditions ! Comment s'assurer que notre histoire ne va pas se terminer par l'élimination de l'espèce humaine ».

Le volcanisme à grande échelle cause aussi des bouleversements climatiques majeurs dans l'histoire de la Terre. L'éruption massive de magma sur des millions de kilomètres carrés, s'accompagne de l'émission de quantités colossales de gaz à effet de serre, principalement du dioxyde de carbone et du méthane. Lorsque ces gaz s'accumulent dans l'atmosphère, ils provoquent un réchauffement global rapide, perturbant gravement les cycles du carbone, de l'azote et de l'oxygène, et entraînant des déséquilibres dans les écosystèmes marins et terrestres. L'exemple le plus frappant est celui des Trapps de Sibérie, dont les éruptions coïncident avec l'extinction Permien-Trias, il y a 252 millions d'années, au cours de laquelle disparaissent environ 90 % des espèces marines et 70 % des espèces terrestres.

L'hypothèse d'une « mort thermique » n'est pas non plus exclue : un emballement climatique où l'effet de serre devient incontrôlable, comparable à celui qui transforme Vénus en un enfer aride et brûlant. Une étude, menée en 2022 par M. J. Way, Richard E. Ernst et Jeffrey D. Scargle, suggère que, dans certaines conditions, des épisodes volcaniques simultanés sont en mesure de générer une hausse extrême des températures, dépassant les seuils de tolérance de la plupart des formes de vie complexe.

Sans compter que la stabilité du climat terrestre dépend aussi de facteurs internes : la Terre elle-même, par ses mécanismes géologiques profonds, peut devenir une menace pour sa propre biosphère.

La nature mène le bal depuis toujours mais les Terriens s'invitent volontiers à la fête.

« Nous sommes en train de vivre une sixième grande extinction des espèces. Mais cette fois, ce n'est pas un astéroïde, c'est nous ».

Dans *La redirection écologique des entreprises* publié en 2025 chez Dunod, Jérôme Cuny, Jeanne Baverey, Margot Boitel et Raphaëlle Garnier sont catégoriques :

« Le constat réalisé est implacable : depuis deux siècles, et particulièrement depuis la fin de la seconde guerre mondiale, les activités humaines ont tellement puisé dans les ressources naturelles et rejeté de produits issus de la transformation de ces ressources, qu'elles ont déréglé le fonctionnement naturel du système Terre qui s'était stabilisé depuis plusieurs millénaires ».

Dans quel état se trouve précisément notre planète à l'heure actuelle ? Selon le sixième rapport de synthèse du GIEC (2023), le réchauffement climatique s'accélère à un rythme sans précédent et constitue un facteur déterminant de la sixième extinction de masse.

La température moyenne mondiale a augmenté d'environ 1,1 °C par rapport à l'ère préindustrielle. Cette hausse est directement liée aux activités humaines, principalement à la combustion d'énergies fossiles, à la déforestation et à l'agriculture intensive. Les effets sont là : les vagues de chaleur, les sécheresses, les inondations et les incendies deviennent plus fréquents et plus intenses. La banquise arctique fond, les glaciers reculent, le niveau des mers monte. Des milliards de personnes sont menacées par l'insécurité alimentaire, les maladies liées à la chaleur et la raréfaction de l'eau. Chaque fraction de degré supplémentaire augmente ces risques de manière exponentielle.

« La biodiversité, c'est la vie dans sa capacité à inventer. C'est un trésor, et nous sommes en train de le saccager ».

En parallèle, la biodiversité mondiale s'effondre. Le rapport mondial de la plateforme intergouvernementale scientifique et politique sur la biodiversité et les services écosystémiques (l'IPBES), paru en 2019 – estime qu'environ un million d'espèces animales et végétales sont aujourd'hui menacées d'extinction. Les causes sont multiples, toutes d'origine humaine : destruction des habitats par l'urbanisation et l'agriculture industrielle, surexploitation des ressources naturelles, pollution des sols, de l'air et des océans, introduction d'espèces envahissantes, et bien sûr, les effets du changement climatique. Ces pressions combinées désorganisent les écosystèmes, fragilisent les chaînes alimentaires et menacent les mécanismes naturels essentiels à notre survie, comme la pollinisation, la régulation du climat, ou la purification de l'eau.

« La vitesse à laquelle nous exterminons les espèces animales et végétales constitue l'un des aspects les plus inquiétants. La disparition rapide des abeilles a pour conséquence la diminution de la pollinisation des arbres. Sans pollinisation, il n'y a pas de fruits. Et les fruits contribuent d'une façon essentielle à la survie de l'espèce humaine. Dès qu'un élément de cet édifice de la vie, qui s'est construit au cours de millions d'années et dont la solidité repose sur l'interdépendance des espèces, disparaît, le tout s'appauvrit. La biodiversité, c'est, il faut insister, notre garantie de survie ».

La planète subit une double crise climatique et écologique qui met en péril les conditions même de la vie humaine.

« Il y a des personnes qui croient que si ça va trop mal sur Terre, on ira sur une autre planète. Pour moi, ce n'est pas la bonne solution, car si nous nous avérons incapables de préserver notre planète, nous ne ferons que transporter nos problèmes sur une autre ».

Le procédé visant à transformer en profondeur les conditions existantes à la surface d'une planète afin de la rendre habitable est né dans l'imagination de William Olaf Stapledon, poète et philosophe anglais, principalement connu pour ses romans de science-fiction. Le concept apparaît pour la première fois dans son roman de 1930, Last and First Men, une fresque monumentale débordante d'idées, qui retrace la grande épopée de l'humanité à travers le système solaire et l'Univers sur… deux milliards d'années ! Pour assainir l'atmosphère empoisonnée de Neptune et la rendre respirable, les hommes y relâchent des plantes génétiquement modifiées, capables d'absorber les molécules toxiques et de libérer de l'oxygène.
En 1991 déjà, trois scientifiques américains, Christopher McKay, Owen

Mares hydrothermales et dépôts de silice dans le parc de Yellowstone.

Toon et James Kasting explorent la possibilité de transformer Mars en une planète habitable pour la vie terrestre. Ils publient dans *Nature* « Making Mars Habitable » (littéralement : rendre Mars habitable). Ils partent du constat que Mars, bien que froide et aride, possède des ressources intéressantes : du dioxyde de carbone piégé dans ses calottes polaires et probablement dans son sol, ainsi que de l'eau sous forme de glace.

L'idée consiste à enclencher un réchauffement de la planète afin de libérer le dioxyde de carbone. L'effet de serre, alors renforcé, amorce une hausse progressive de la température et de la pression atmosphérique. Ce processus de terraformation, peut être initié artificiellement par l'introduction de gaz à effet de serre puissants – comme les chlorofluorocarbones. Une fois un seuil critique atteint, Mars s'autoréchauffe grâce à la libération de son propre dioxyde de carbone. Un climat plus doux s'installe, propice à la réapparition de l'eau liquide à la surface et à la croissance de plantes introduites depuis la Terre.

Ce projet s'inscrit potentiellement sur des siècles, voire des millénaires, et mobilise des ressources et des technologies considérables. Les chercheurs soulignent les implications éthiques d'une telle transformation, notamment de l'éventuelle présence d'une vie martienne indigène. Depuis cet article, la terraformation de Mars est restée un sujet d'intérêt majeur, tant dans la recherche scientifique que dans la culture populaire.

En 2021, une équipe dirigée par la physicienne Ruth Bamford propose dans *Acta Astronautica* une méthode pour créer une magnétosphère artificielle autour de Mars. L'objectif est de protéger la planète des vents solaires, responsables de l'érosion atmosphérique, et de favoriser ainsi la rétention d'une atmosphère plus dense, condition essentielle à toute tentative de terraformation. Les chercheurs suggèrent de générer un anneau de particules chargées, appelé plasma torus, en orbite autour de Mars. Ce champ magnétique artificiel s'inspire du système naturel formé par Io et Jupiter. L'idée consiste à ioniser des particules issues de Phobos, l'une des lunes de Mars, puis à les accélérer le long de son orbite pour former un courant circulant autour de la planète. Ce courant produit un champ magnétique capable de dévier les particules du vent solaire. Cette solution consomme moins d'énergie et de ressources que d'autres méthodes, comme les boucliers placés entre Mars et le Soleil.

La course vers Mars est lancée. Poser un pied humain sur la planète rouge figure parmi les plus grands défis de l'exploration spatiale, un projet qui repose avant tout sur une volonté politique. Mars représente aujourd'hui la destination ultime pour les missions habitées. L'exploration robotique y est déjà bien engagée : plusieurs engins s'y sont posés et analysent activement son sol.

Les grandes puissances envisagent des missions habitées vers Mars pour affirmer leur influence, stimuler l'innovation scientifique et renforcer leur économie. Ce projet soulève d'immenses défis techniques et humains. Malgré les avancées technologiques, le voyage reste complexe, fortement conditionné par la position respective des planètes.

Les missions des astronautes visent à mieux comprendre l'histoire de Mars, à étudier son atmosphère et son sol, à repérer la présence d'eau, à détecter d'éventuelles traces de formes de vie, et à prélever des échantillons destinés à être ramenés sur Terre. Cette ambition peut prendre la forme d'une compétition ou d'une coopération mondiale. Explorer Mars, c'est élargir notre connaissance du système solaire et repousser les limites de la présence humaine dans l'espace.

De nombreuses études envisagent donc l'avenir de l'humanité au-delà de la Terre. Comme si notre espèce n'est plus seulement terrienne mais interplanétaire, voire cosmique. Mars, comme la Lune, semble offrir des ressources utiles à la Terre, ce qui motive là aussi des projets d'exploitation, d'installation et de colonisation. Une base minière de 1 000 travailleurs, vivant plusieurs années en confinement, paraît envisageable à condition de disposer d'infrastructures solides pour la vie quotidienne et la gestion des urgences. Une colonie de 100 000 personnes peut former une microsociété

autonome, mais les obstacles techniques, au-delà des considérations légales ou éthiques, restent immenses : produire eau, oxygène, nourriture et énergie dans un environnement aussi hostile dépasse nos capacités actuelles. Une société d'un million d'individus est encore moins réaliste, car elle nécessite une autonomie totale, des ressources locales suffisantes, une organisation sociale stable, et un soutien logistique colossal impossible à assumer durablement. Malgré les ambitions, la Terre demeure notre seul refuge et celui des générations futures.

« La terraformation de Mars, c'est-à-dire la transformation de son atmosphère pour la rendre habitable, reste une idée de science-fiction ; elle exigerait des technologies que nous ne maîtrisons pas. Les défis sont nombreux : gravité réduite, radiations intenses, isolement extrême, complications pour la reproduction humaine, et absence de réel modèle économique viable. Mars ne peut, pour l'instant, accueillir qu'une humanité confinée dans des habitats étanches, à l'abri de conditions mortelles ». *Michel Viso*

Mars fascine, mais elle reste hostile, lointaine et inhospitalière. Aujourd'hui, la Terre demeure notre seul refuge, notre unique vaisseau pour les générations futures. Popularisée en 2014 par Ban Ki-moon, alors Secrétaire général des Nations unies, lors de la Semaine du climat à New York, le slogan « There is no plan B because there is no planet B » – Il n'y a pas de planète B – est devenu emblématique des mouvements écologistes contemporains.

Que dire des mondes lointains, situés à plusieurs années-lumière ? Hubert ne les imagine pas accessibles, y compris dans un lointain futur.

« Aux vitesses que l'on connaît aujourd'hui, c'est-à-dire autour de 50 000 kilomètres par heure, cela prendrait quand même quelques dizaines de milliers d'années. Par rapport à la vie humaine, cela ne paraît pas très compatible. Il n'y a pas de plan B. Nous sommes condamnés à apprendre à vivre avec notre planète ».

Le mythe d'un ailleurs cosmique habitable, désirable et accessible contribue-t-il à minimiser la gravité de la destruction de la biodiversité terrestre et à nourrir l'illusion rassurante d'un exode possible ?

« Est-il possible de reterraformer la Terre ?... De simplement ramener le taux de dioxyde de carbone dans l'air, responsable du réchauffement climatique, de 440 ppm actuellement à sa concentration préindustrielle de l'ordre de 280 ppm et ce en un minimum de temps (une génération ?) ?... La physique est dans ce cas implacable puisque retransformer ce trop-plein atmosphérique de CO_2 nécessiterait une dépense d'énergie au moins égale à l'ensemble des énergies fossiles produites depuis 1750 », rappelle Louis Le Sergeant d'Hendecourt.

Face à cette impasse, Hubert esquisse une alternative : *« La question est de savoir si nous, nous allons pouvoir survivre. Qu'est-ce qui pourrait amener la fin de cette crise ? Eh bien, il y a deux possibilités. La plus dramatique, c'est l'extinction de l'espèce humaine. Il est clair que si l'espèce humaine disparaît de la Terre, cette crise est terminée et on va revoir vraisemblablement la température baisser. Et puis de nouvelles formes de vie vont apparaître et on va retrouver une planète verdoyante. On parlera de nous, on fera des films sur notre existence comme on fait des films sur Jurassic Park. La version la plus raisonnable, c'est que les êtres humains se décident enfin à prendre leur sort en main et à cesser cette détérioration ».*

Le GIEC insiste sur la nécessité de réduire les émissions de gaz à effet de serre mondiales de manière rapide, profonde et durable pour maintenir le réchauffement en dessous de 1,5 °C. Pour cela, elles doivent diminuer de 43 % d'ici 2030 par rapport à 2019, et de 84 % d'ici 2050. Un dépassement de 2 °C peut entraîner la réduction de plus de 50 % de la zone géographique où vivent 8 % des vertébrés, 16 % des plantes et 18 % des insectes, augmentant significativement leur risque d'extinction. À +3 °C ou +4 °C, les pertes s'étendent à plus de la moitié de la biodiversité terrestre.

Le rapport explique qu'il faut accélérer massivement la transition vers les énergies renouvelables, en particulier le solaire et l'éolien, dont les coûts deviennent de plus en plus compétitifs. Ses auteurs insistent aussi sur l'importance de la sobriété énergétique : réduire les consommations superflues, améliorer l'efficacité énergétique dans les transports, le bâtiment et l'industrie, et repenser nos modes de vie. Il souligne également la nécessité urgente de réduire les émissions de méthane, gaz à fort pouvoir de réchauffement, notamment dans l'élevage, les déchets organiques et les fuites de gaz fossiles.

L'IPBES montre les leviers concrets que l'on peut actionner pour enrayer l'effondrement de la biodiversité.

Pour préserver la biodiversité, il faut d'abord protéger les écosystèmes existants (forêts, zones humides, récifs coralliens) et restaurer ceux qui sont dégradés. Agriculture et pêche peuvent devenir durables en réduisant les intrants chimiques, en diversifiant les cultures, et en assurant la régénération des stocks halieutiques grâce à des quotas fondés sur les recommandations scientifiques, des interdictions pendant les périodes de reproduction, des techniques de pêche sélectives, et une lutte renforcée contre la pêche illégale.

La réduction de la pollution passe par l'interdiction des plastiques à usage unique, le développement d'alternatives biodégradables, la limitation des pesticides et engrais chimiques, le traitement efficace des eaux usées, la réduction de l'éclairage inutile la nuit, et la création de zones calmes contre le bruit. Enfin, il est crucial de lutter contre les espèces exotiques envahissantes par la détection précoce, l'éradication ciblée, la restauration des écosystèmes locaux, et un meilleur encadrement des importations, tout en sensibilisant le public.

« On ne se débarrasse pas d'une habitude en la flanquant par la fenêtre, il faut lui faire prendre l'escalier, marche par marche ». ***Mark Twain***

C'est cette conviction, à la fois lucide et patiente, qu'Hubert partage. Tout au long de ses engagements, il n'a cessé de rappeler que les bouleversements écologiques appellent un changement de cap radical – non par idéologie, mais par nécessité. Pour inverser ces tendances, des transformations profondes et urgentes de nos systèmes économiques, politiques et sociaux sont indispensables. Cela passe par une transition rapide vers les énergies renouvelables, une reconfiguration de l'agriculture, la réduction drastique de notre empreinte écologique, la protection active des écosystèmes, et un changement culturel profond dans notre rapport au vivant. Le statu quo n'est plus une option : préserver le climat et la biodiversité est désormais une question de survie.

Ces recommandations s'inscrivent dans un appel plus large à transformer nos sociétés. Elles exigent une coopération internationale forte, une réorientation des investissements, un engagement politique clair et une mobilisation citoyenne massive. Car agir aujourd'hui, c'est préserver la stabilité du climat, la richesse du vivant et les conditions de vie humaines sur Terre.

« La prudence et la modestie nous obligent à dire que nous sommes conscients d'un ébranlement, mais à la peine pour le définir, et surtout incapables de savoir sûrement où il va nous mener ». *Philippe Descola*

« Nous menons une guerre contre la nature. Si nous la gagnons, nous sommes perdus ».

Face à cette impasse, Hubert plaide pour une écologie de la réconciliation, où science, éthique et poésie convergent. À l'inverse de l'imaginaire de la croissance qui bloque toute remise en question structurelle.

« La passion mortifère de la croissance nous empêche de nous attaquer aux racines du problème, avec les connotations "positives" qui lui sont liées : progrès, prospérité, bien-être ou protection. Sortir de la croissance,

de son imaginaire, par une réduction drastique de la production et de la consommation, seule susceptible de réduire notre empreinte écologique, est un impératif. Le solutionnisme technologique, qui considère que nous pouvons optimiser une nature imparfaite, ne remplacera pas le courlis à bec grêle, ni le lézard crocodile de Chine, ni le manchot de Magellan, tous deux menacés par la pollution et la déforestation ».
Alain Coulombel

Que faire ? Comment agir concrètement ? Il ne s'agit pas de prétendre tout changer seul, ni d'un seul coup, mais de discerner quelles actions conjuguent authenticité et efficacité, et de les engager avec lucidité et détermination.

« Chaque geste compte. La pire illusion serait de croire que nous sommes impuissants ».

Hubert aime raconter la légende amérindienne du colibri, que Pierre Rabhi popularise en publiant son ouvrage : *La part du colibri.* Cette expression devient un symbole de l'action individuelle au service du bien commun.

Un jour, la forêt prend feu. Les flammes gagnent rapidement du terrain, noircissant les arbres. Effrayés, les animaux fuient, impuissants, et regardent à distance leur monde partir en fumée. Tous, sauf un. Un tout petit colibri vole jusqu'à la rivière, saisit dans son bec une goutte d'eau, retourne au-dessus des flammes pour la laisser tomber. Il recommence. Encore et encore. Les autres animaux, médusés, le regardent faire. L'un d'eux finit par s'exclamer : « Mais que fais-tu ? Tu ne vois pas que c'est inutile ? Tu ne vas pas éteindre l'incendie avec une goutte d'eau ! » Le colibri continue son va-et-vient et répond simplement : « Je fais ma part ».

« Et il est content de faire sa part, ce qui est doublement positif : il aide – un peu – et, en même temps, il résiste mieux au désespoir dans lequel le plonge la destruction de son habitat ».

La biodiversité, – dont nous faisons partie intégrante – est une source d'inspiration précieuse pour repenser notre rapport au monde vivant. Elle incarne des millions de stratégies d'adaptation, de sobriété, de résilience, façonnées au fil de centaines de millions d'années. En y puisant des enseignements, il est possible d'apprendre à habiter le monde autrement.

« Les tortues nous disent en leur langage : "voyez, nous nous sommes adaptées à cette planète. Nous ne la saccageons pas. Résultat, nous sommes encore ici après 200 millions d'années" ».

Les tortues offrent un exemple frappant de longévité évolutive, d'efficience et de résilience. Elles traversent les ères grâce à une stratégie de vie fondée sur la sobriété énergétique, la capacité d'adaptation et une remarquable résistance aux conditions extrêmes. Leur métabolisme lent, dit « à sang froid », leur permet de survivre avec très peu d'énergie, de nourriture et d'eau. Elles ralentissent leur activité pendant les périodes critiques. Dans les zones tempérées, les tortues terrestres s'enterrent l'hiver, pendant que les tortues d'eau douce s'enfouissent dans la boue au fond de l'eau. En milieux désertiques, les tortues terrestres creusent des terriers pour se protéger de la chaleur.

« Les tortues sont des organismes super efficients. Elles réduisent le métabolisme au maximum, elles passent la mauvaise période, puis quand les conditions s'améliorent, elles ressortent. Ce sont peut-être des comportements dont on devrait s'inspirer dans nos propres modes de vie. Être raisonnable avec les ressources. Je pense que l'on ne va pas avoir le choix ». *Jérémy Anquetin, paléontologue*

Les tortues inventent très tôt un « body plan », un schéma corporel original : des carapaces encombrantes, qui semblent peu favorables dans la course de l'évolution. Et pourtant, ces structures restent quasiment inchangées jusqu'à aujourd'hui et permettent au groupe de perdurer, là où d'autres échouent. Malgré ce qui apparaît comme une contrainte, les tortues parviennent à coloniser des milieux très variés, du désert aux océans, des rivières aux forêts.

La carapace n'est pas un simple bouclier externe, mais une structure intégrée au squelette, formée d'extensions, notamment des vertèbres et des côtes. On ne peut pas sortir une tortue de sa carapace. Elle fait partie de son corps. Cette forme extrême de spécialisation offre à la fois protection, flottabilité et adaptation multimilieux, illustrant la capacité de ces animaux à « faire avec » les cartes que leur distribue l'évolution.

Leur reproduction semble tout aussi étonnante. Après des centaines de milliers de kilomètres parcourus dans l'océan, les tortues marines reviennent pondre dans la zone géographique où elles sont nées. Elles pondent des centaines d'œufs dont seuls quelques individus atteignent l'âge adulte.

« Il y a plein de petits qui naissent en même temps. Les bébés sortent à peine du sable où ils sont enfouis, qu'ils courent déjà vers le point le plus brillant. Ils se dirigent vers l'eau et plongent. Ils doivent éviter les prédateurs et commencer seuls leur vie, sans aucun soin parental. Cette stratégie, bien que risquée, fonctionne depuis des millions d'années. C'est une forme d'espoir, le fait de se lancer dans l'inconnu. Ça me fascine ».
Jérémy Anquetin

Face à un monde humain surexploité et instable, les tortues ouvrent un autre horizon : vivre lentement, sobrement, avec intelligence et patience.

Pour entendre ce que le vivant a à nous dire, encore faut-il l'envisager autrement : reconnaître sa dynamique propre, sa présence englobante, les interactions qu'il crée et entretient, et dont nous sommes, nous aussi, issus.

« La nature ne fait pas de cadeau, et l'espèce humaine est soumise à ses règles. Si elle ne la respecte pas, elle disparaîtra comme tant d'autres auparavant. Tel est le message que m'envoient mes paisibles tortues de l'étang ».

« Ce que la "biodiversité" capture et restitue du vivant, c'est avant tout des listes d'items : des listes d'espèces, d'écosystèmes, de fonctions – c'est-à-dire des choses intrinsèquement passives, à l'égard desquelles le seul rapport est spontanément de type "protection patrimoniale"... Ce n'est pas cela, le monde vivant : ce n'est pas nous qui l'avons fait, c'est lui qui nous a faits. C'est lui qui nous maintient en vie à chaque instant. C'est un environnement donateur qui a créé dans le temps long de l'évolution nos corps, nos esprits et tous les branchements fins aux autres espèces qui permettent à tous de rayonner un jour de plus. Pour changer de projet de société, nous avons besoin de penser le monde vivant comme ce qu'il est vraiment : quelque chose d'actif, d'organisé, de constitutif, de jamais en attente, tramant toujours l'habitabilité de ce monde en nous et hors de nous ». *Baptiste Morizot*

Hubert, nous invite à saisir cette continuité vivante qui dépasse nos catégories utilitaristes. Chaque être est un acteur essentiel d'un réseau fragile et complexe.

Il ne s'agit pas d'aménager ou de configurer la nature dans un cadre utilitaire au service des projets humains, mais bien de reconnaître ses propres besoins, ses exigences, son équilibre, et d'y inscrire nos activités sans les perturber. Mieux encore, il s'agit de concevoir nos constructions, nos infrastructures et nos modes de vie de telle sorte qu'ils contribuent activement au bien-être du vivant, qu'ils soutiennent sa régénération, sa diversité, sa croissance.

Philippe Descola va plus loin, en proposant de reconnaître aux écosystèmes un droit d'exister. Il inverse des siècles d'appropriation et d'exploitation du vivant par l'humain. Le territoire cesse d'être une ressource inerte pour devenir une entité autonome, capable d'exiger des formes d'équité envers tous ses habitants, humains et non humains. Cette perspective, déjà présente dans certains droits reconnus à la nature, appelle à redéfinir le sujet politique : il ne s'agit plus d'être souverain sur un espace, mais de s'y inscrire en tant que cohabitant responsable. En assumant notre interdépendance avec le vivant, nous sommes invités à repenser la citoyenneté comme une relation active au monde, fondée non sur la domination, mais sur la réciprocité.

« Les humains ne sont plus des sujets politiques parce qu'ils sont maîtres et possesseurs d'un milieu de vie, mais parce que, en tant que possédés par l'espace qui les accueille, ils sont en situation d'entretenir avec lui une relation d'équité ». *Philippe Descola*

Hubert nous invite à contempler la Terre comme une chance fragile et précieuse, rappelant que « le ciel ne nous est pas étranger. Nous lui devons l'existence ». L'humanité, dans cette perspective, n'est pas une espèce supérieure, mais l'une des expressions du vivant, née du même tissu cosmique que tout ce qui l'entoure. Philippe Descola prolonge cette intuition en appelant à renverser notre rapport au territoire : au lieu d'en être les maîtres et possesseurs, nous devons nous reconnaître comme ses hôtes, liés à lui par des interdépendances profondes. Là où Hubert souligne la responsabilité émerveillée de l'humain face à la beauté du vivant, Descola pousse cette reconnaissance jusqu'à ses conséquences politiques et juridiques. Il nous invite à sortir de la logique d'appropriation, pour fonder une relation d'équité, de respect et de cohabitation avec l'ensemble du monde vivant.

« Hubert était visionnaire notamment sur la question des changements climatiques. Il l'a soulevé bien avant bien tout le monde et son propos va durer ». *René Doyon*

La Terre n'est pas un décor de théâtre, ni un stock de ressources, ni une halte sur la route d'un ailleurs cosmique. Elle est notre référence et unique miroir. Elle nous fait, nous abrite, nous nourrit, nous relie, nous transforme, nous transporte. Dans le bleu profond d'un ciel étoilé, dans le vert sombre des forêts, sous la vague fracassante de l'océan, dans l'immensité lumineuse des déserts, dans les sols pudiques et mystérieux, la vie – y compris la nôtre – s'improvise depuis des milliards d'années.

« Cet émerveillement porté par Hubert, pour moi, c'est la source de solutions qu'on doit trouver pour faire face à cette crise environnementale qui représente le grand défi de l'humanité au XXIe siècle ». *Jérôme Dupras*

Face aux dérèglements planétaires, rien n'est foutu ! Nous ne sommes ni impuissants, ni dispensés d'agir. Chaque choix, chaque geste, chaque politique, chaque invention, chaque renoncement compte. Aucun individu ne peut réparer le monde à lui seul. Mais c'est bien l'action conjuguée de tous les humains – ceux-là mêmes qui l'ont mis en péril – qui est requise pour en infléchir le cours.

« Toutes mes démarches en faveur de l'environnement participent à ce même mouvement de fraternité universelle et ont donné un sens à ma vie. Elles l'ont aussi embellie. Dès que je me suis lancé dans ce combat, j'ai eu beaucoup moins de problèmes de santé et de somatisations qu'avant ».

Il n'y a pas de planète B. Pas d'autre refuge. Mars est un mirage, et l'Univers, jusqu'ici, demeure silencieux. Il est urgent d'habiter la Terre non comme des propriétaires, mais comme des hôtes lucides, heureux et reconnaissants. Il est temps de construire notre avenir en fonction d'elle, en lui portant un regard attentif et lucide, capable de percevoir sans bruit ce qui s'y joue.

Force est de constater que l'humain agit souvent avec la Terre comme il agit avec ses semblables : dans le désir de contrôler, de posséder, de prouver sa puissance. Il cherche à dominer, à s'imposer, à conquérir, à modeler à son image. Exceptionnellement, fait-il preuve d'une écoute véritable, d'une attention sans contrepartie, de compassion sans visée stratégique ? Notre comportement impacte notre consommation, en nous lançant dans une course effrénée. Est-ce la société qui trompe l'individu, ou alimente-t-il lui-même l'illusion de ses besoins ? Ce désordre extérieur dénonce un déséquilibre intérieur. Il révèle une faille dans notre manière d'être au monde – et à nous-mêmes. Une adaptation substantielle est requise : non seulement de nos structures collectives, mais aussi de nos désirs, de notre rapport au pouvoir, à la réussite, à la reconnaissance et au paraître.

Comme le rappelle Hubert, cette planète est plus qu'un simple décor à nos vies ; elle est un système vivant dont nous sommes une partie intégrante. Il nous invite à dépasser le sentiment d'appropriation pour renouer avec cette appartenance profonde, et à écouter humblement ce que le cosmos et la nature ont à nous enseigner.

Il est temps, aussi, de quitter l'obsession de la gloire personnelle, de renoncer à croire que les idées appartiennent à ceux qui les énoncent. Aucune pensée n'émerge seule. Elle est le fruit d'un terreau commun, d'une longue exposition à notre environnement et à celles et ceux qui l'habitent et qui en écrivent l'histoire. Une idée est le prolongement d'un échange, d'une ambition, de non-dits et de frustrations. Elle n'est jamais isolée, égoïste et sans voix.

« Une idée nouvelle naît toujours fragile : elle ressemble à un petit être vivant, tout neuf, qui vient de naître, encore aveugle, encore incapable de marcher. Elle a besoin d'être nourrie, protégée, entourée de chaleur et de tendresse ». ***Alexandre Grothendieck***

La réussite de demain est collective et sans prétention. Il nous faut désormais habiter la Terre autrement. Non pas en surplomb, mais en osmose. Non pas dans l'exception humaine, mais dans l'appartenance à un tout, vivant, fragile, d'une beauté absolue. L'aimer comme on aime une étoile : non parce qu'elle nous appartient, mais parce qu'elle nous fait rêver, qu'elle nous dépasse, nous éclaire et nous connecte aux autres.

Gens du pays (extrait)

Les vœux que l'on fait, les fleurs que l'on sème
Chacun les récolte en soi-même
Aux beaux jardins du temps qui court

Gens du pays, c'est votre tour
De vous laisser parler d'amour

Gilles Vigneault

5

ET DEMAIN ?

Ses grands questionnements
L'importance des hypothèses
L'humain a ses propres limites
L'avenir est toujours surprenant

SES GRANDS QUESTIONNEMENTS

Pour Hubert, la science ne se limite pas à observer, expérimenter, modéliser. Elle cherche à rendre intelligible le monde, mais elle est aussi un support à l'introspection, un chemin intérieur. Se demander « Où suis-je ? », « Pourquoi j'existe ? », « Pourquoi moi ? », ce n'est pas céder à des spéculations vaines : c'est revenir à l'essentiel, chercher à comprendre non seulement l'histoire du cosmos, mais aussi la place que nous y occupons. Hubert voit dans cette quête une démarche salutaire, presque hygiénique.

Il rappelle que la science avance non par accumulation tranquille, mais par révisions, tâtonnements, remises en cause. Pour lui, le doute n'est pas un repli, ni un scepticisme paralysant, mais une fidélité à la complexité du monde. Refusant le confort des certitudes et se méfiant des vérités toutes faites, il aime souligner qu'aucune théorie n'est définitive : les grandes avancées surgissent souvent par une remise en cause radicale des évidences, dans un basculement inattendu.

Ce doute s'étend bien au-delà de la science : il questionne croyances, discours dominants, dogmes religieux ou technocratiques. Penser, c'est puiser en soi-même, refuser de déléguer sa réflexion à une autorité. Et c'est précisément parce qu'il subsiste que le doute nourrit l'émerveillement, maintient le monde vivant, curieux, infiniment digne d'attention.

« Il faut apprendre à naviguer dans un océan d'incertitudes à travers des archipels de certitudes ». *Edgar Morin*

Ne pas questionner, c'est s'exposer au conformisme, parfois à une complicité silencieuse avec l'inacceptable. Les interrogations d'Hubert ouvrent des espaces de réflexion, de sens, de conscience.

« Je crois que l'élément le plus important, c'est d'amener les gens à se questionner, à se demander : qu'est-ce que je fais ici ? Qu'est-ce qui se passe ? Qu'est-ce qui m'arrive ? Sur quelle planète je suis ? C'est-à-dire oser se questionner sur sa présence, son existence, et le sens de l'existence. »

Adolescent, Hubert lit avec fascination *D'où venons-nous ?* de l'abbé Théophile Moreux qui s'interroge : passer insensiblement de la non-conscience à la conscience reviendrait à imaginer qu'on peut arriver petit à petit du néant à l'existence. Est-ce possible ? Oui ou non, tout est là ! Comment s'est formé l'Univers ? Quelles transformations a-t-il traversées ? La science finira-t-elle par nous révéler les mystères de l'au-delà ? D'où viennent ces astres ? Ont-ils été semés au hasard par une main inhabile ? Ont-ils toujours existé sous la forme que nous leur connaissons ? Et alors, nous interrogeons la science. Que va-t-elle nous répondre ?

Ces questions, Hubert les porte en lui toute sa vie, convaincu qu'elles façonnent notre rapport au monde.

« Je suis un abonné aux questions naïves. Du type : y a-t-il un projet dans la nature ? La vie a-t-elle un sens ? Le cosmos nous veut-il du bien ? »

Il garde aussi en mémoire la figure du Sphinx, créature mythologique redoutable, célèbre notamment dans le mythe d'Œdipe. Le Sphinx incarne à la fois l'énigme, la puissance et la menace. Il pose à l'homme ses grandes questions existentielles, le contraignant à se confronter à lui-même, à son destin, à son intelligence. Dans l'histoire d'Œdipe, il est à la fois un obstacle et un révélateur de vérité : il rappelle qu'avant de comprendre le monde, il faut commencer par se comprendre soi-même.

Hubert voit dans le Sphinx le gardien de quatre énigmes majeures, celles qui, seules, méritent d'occuper l'esprit humain : d'où venons-nous, qui sommes-nous, où sommes-nous, où allons-nous ?

Le hasard intrigue et fascine Hubert. Est-ce le simple masque de notre ignorance, derrière lequel se cachent des causes que nous n'avons pas encore élucidées ? Ou bien une part irréductible d'indétermination, inscrite au cœur même du réel ?

Enfant, lorsque l'explication attendue fait défaut, Hubert puise dans sa réserve de questions ou en invente de nouvelles, convaincu qu'en les posant toutes, il perce les mystères du monde. Plus tard, il s'interroge : suis-je là, ici et maintenant, par hasard ? Mes choix sont-ils plus justes lorsqu'ils s'appuient sur des calculs, ou lorsque je laisse au hasard sa part de jeu ?

Parfois, le hasard accomplit des prouesses, tel un grand magicien. Mais le plus souvent, il s'illustre comme un manipulateur subtil, un générateur de coïncidences troublantes. À coup sûr, il n'est pas digne de confiance. Plus il gagne du terrain, plus il nous expose à des situations à risque, réduisant peu à peu nos marges de sécurité. Il n'a ni contour, ni consistance, ni retenue. Il est silencieux, omniprésent, ambigu, exerçant une influence irrépressible et inextricable.

Toujours en quête de prédictions parfaites, il fabrique du futur à grands coups de désordre. Et soudain, au détour d'un calcul, il révèle une série de structures, belles, organisées, inattendues. Reconnaissons-le : il constitue souvent un excellent prétexte pour échapper à nos responsabilités. Nous n'hésitons pas à invoquer la malchance pour expliquer nos mésaventures. Le hasard-parapluie nous abrite, tandis que le hasard-bienveillant nous croise, porteur de bonnes nouvelles. L'inconnu, celui que nous redoutions tant, finit par surgir devant nous. C'est l'opportunité d'une rencontre formidable, que rien ne laissait présager.

Dans sa réflexion sur le hasard, Hubert évoque une intuition ancienne, déjà exprimée par Fénelon dans Les Aventures de Télémaque :
« On doit se sacrifier [...]. Autrement on marche au hasard pendant toute la vie. »

Ces mots dénoncent une vie menée sans direction, sans clarté, ballottée par les événements, guidée davantage par l'ignorance ou les passions que par la raison. Hubert ne se résigne pas à cette errance. Pour lui, l'enjeu n'est pas d'éliminer le hasard, mais d'apprendre à l'accueillir, à le comprendre, à composer avec lui, pour donner sens et orientation à ce qui nous advient. En explorant les mystères du cosmos, il cherche à saisir cette part d'indétermination, non pour la dompter, mais pour l'intégrer dans une vision plus lucide, plus humble du monde.

« L'homme... est en marge de l'univers, où il doit vivre. Une vie d'aventure, certes, mais une aventure à assumer avec lucidité, dans le seul royaume du hasard et de la nécessité ». *Jacques Monod*

Pour illustrer cette alliance entre hasard et nécessité Hubert contemple les flocons de neige. Ils incarnent magnifiquement ce jeu subtil entre déterminisme et imprévisible. Chaque cristal débute par un petit prisme hexagonal, imposé par la géométrie des molécules d'eau : c'est là la nécessité, l'ordre imposé par les lois fondamentales de la physique et de la chimie. Mais à mesure qu'il grandit, en traversant les couches changeantes des nuages, chaque cristal subit d'infimes variations de température et d'humidité, qui orientent la manière dont les molécules d'eau s'ajoutent aux arêtes et aux pointes. Ici surgit le hasard : chaque trajet est unique, et même de minuscules différences engendrent de grandes variations dans le motif final.

Les six branches se développent indépendamment, sans plan ni communication, mais finissent par adopter des formes similaires car elles obéissent aux mêmes contraintes physiques. Le diagramme de Nakaya, élaboré dans les années 1930 par le physicien japonais Ukichiro Nakaya, montre comment les conditions thermodynamiques – température autour de –15 °C, humidité élevée – façonnent des structures stellaires complexes, tandis que d'autres plages donnent naissance à des aiguilles, des colonnes, des plaques. Souvent, l'ordre cède au chaos : les cristaux irréguliers sont en réalité les plus nombreux. Mais parfois, un équilibre fugitif apparaît, et la nature engendre un chef-d'œuvre éphémère, riche de symétrie et de raffinement.

« Les flocons de neige sont comme des lettres en provenance du ciel ».
Ukichiro Nakaya

Chaque flocon raconte une histoire saisissante : celle d'un ordre sous-jacent traversé par l'imprévisible, d'une complexité née de l'interaction entre ce qui doit être et ce qui peut toujours être autrement.

À la question posée par Jean-François Clervoy : « quelle forme de vie pourrait-on imaginer sur une toute petite exoplanète ? », Hubert répond avec malice :

« La réalité a beaucoup plus d'imagination que nous. Les êtres humains sont particulièrement pauvres quand il s'agit d'imaginer. Qui aurait pu imaginer qu'il y aurait 25 000 sortes de papillons tous plus beaux les uns que les autres ? C'est une des grandes qualités de la nature. Tout ce que tu peux imaginer, tant que ce n'est pas mesuré, tu te dis que c'est possible ».

Parmi les émerveillements d'Hubert, les papillons monarques. Ces créatures légères et fragiles accomplissent chaque année une migration de plusieurs milliers de kilomètres entre le Canada et le Mexique, défiant les conditions météorologiques, traversant montagnes, plaines et forêts, et parcourant des territoires qu'aucun d'eux n'a jamais connus, puisque ce sont plusieurs générations successives qui se relayent pour accomplir le voyage complet.

« Si vous avez chez vous des albums de papillons, vous savez que vous pouvez les feuilleter longtemps et que vous allez toujours trouver des formes différentes, tout aussi belles les unes que les autres. Quel est le rôle des papillons ? C'est de polliniser les fleurs. La nature aurait pu dire : je fais une variété de papillons pour polliniser toutes les fleurs. Ce n'est pas sa façon d'agir : elle fait des quantités de variétés ».

Pour Hubert, les monarques sont le symbole même de la complexité et de la beauté du vivant, une illustration saisissante de l'alliance entre hasard et nécessité. Ils incarnent la performance collective et célèbrent la puissance mystérieuse de la nature. Ils nous rappellent aussi la fragilité des équilibres écologiques.

« Quel est le rôle du hasard dans l'évolution du cosmos ? Par le jeu combiné des lois et du hasard, la nature exprime sa créativité. À partir d'un Big Bang totalement instructuré, elle poursuit depuis quatorze milliards d'années l'élaboration d'une riche collection d'éléments complexes parmi lesquels on retrouve galaxies, étoiles, planètes, animaux, plantes, bactéries, molécules, atomes… ».

Jean-François Clervoy, curieux et enthousiaste, lance à Hubert : « Et toi, quelle serait ta définition de la vie ? » Une question simple en apparence, mais vertigineuse. Hubert répond spontanément :

« Ma définition favorite du vivant, c'est celle proposée par Addy Pross. Selon lui, un être est vivant dès qu'il y a une fonction, dès qu'il y a un but : les atomes qui le composent ne sont pas simplement là, passivement, comme dans un caillou. Dans un caillou, les atomes coexistent, ils n'interagissent pas pour accomplir quelque chose, ils ne font rien. Mais dans un être vivant, comme un poisson, ces atomes sont organisés, ils ont une mission : chercher de la nourriture, trouver un partenaire, assurer la reproduction. Dès qu'un poisson meurt, il cesse d'avoir faim, il cesse d'avoir ce but. Même un virus, pour moi, entre dans cette définition : son rêve, c'est d'infecter, de se multiplier. Ce que je trouve passionnant dans la pensée d'Addy Pross, c'est cette idée de téléonomie, c'est-à-dire la finalité : le programme inscrit au cœur du vivant. Ce n'est pas seulement avoir une fonction, c'est être défini par cette fonction, par cette orientation vers un but. Jusqu'ici, personne n'a réussi à proposer une définition du vivant qui satisfasse tout le monde, mais celle-ci, je la trouve particulièrement éclairante ».

« La vie n'est qu'un état particulier d'instabilité organisée ». *Addy Pross*

Jacques Monod le résume ainsi : « La téléonomie est la caractéristique des objets dont la structure présente des adaptations fonctionnelles et qui peuvent être interprétés comme la réalisation d'un projet ».

Bien avant que le terme de téléonomie ne soit formulé, Teilhard de Chardin propose déjà une vision profondément orientée de l'évolution. Pour lui, l'univers ne se contente pas de produire des structures complexes par hasard : il suit une dynamique interne, une direction profonde qui conduit la matière vers toujours plus de complexité, d'intériorité, de conscience. Là où Jacques Monod insiste sur l'absence de projet global – et où Addy Pross met en lumière une finalité locale inscrite dans les structures vivantes elles-mêmes – Teilhard voit émerger, à travers l'évolution, une montée irrésistible vers un point d'unification ultime, ce qu'il appelle le point Oméga. Teilhard défend l'idée que le vivant, dès ses origines, porte en lui une visée, une finalité intérieure, non imposée de l'extérieur. Ainsi, pour Teilhard, la téléonomie n'est pas simplement une propriété biologique ; elle s'inscrit dans le tissu même du cosmos, comme l'expression d'une quête plus vaste de complexité et de sens.

« La vie végétale et animale, et plus spécifiquement la conscience, sont au sens propre les "enfants" des étoiles. Dans ce schéma de pensée, l'espèce humaine comprend que c'est à la démesure même de l'Univers qu'elle doit sa propre existence ». *Jean-Pierre Luminet*

Parmi les grandes questions qui mobilisent Hubert, il y a aussi la mort. Il ne l'envisage pas seulement comme une fin individuelle, mais comme un rouage essentiel dans le grand mécanisme de l'évolution cosmique.

« Hubert disait : la mort, c'est peut-être plus étrange et plus merveilleux que l'on croit. Il pensait que l'on allait peut-être découvrir des choses éblouissantes. Ce n'était pas une peur mais une interrogation pour savoir quel sens donner à cela. Je n'y pense pas avec plaisir mais je réalise que c'est l'ordre des choses et à quel point on a la chance que l'Univers nous ait permis d'ouvrir les yeux pour le contempler, puis de repartir ». *Jacques Very*

La mort, loin d'être un accident ou une injustice, est une condition nécessaire au renouvellement, à la complexification et, in fine, à l'apparition du neuf. Sans mort, pas d'adaptation et pas de transmission. Elle touche à l'organisation même de l'Univers et à la dynamique profonde qui le façonne depuis quatorze milliards d'années.

« Hubert nous dit que l'histoire de l'Univers, c'est l'histoire de la matière qui s'organise, sans cesse, opiniâtrement, jusqu'à atteindre la complexité qui permet l'émergence du vivant. Il nous fait ainsi comprendre qu'accéder à l'éternité, pour les êtres animés comme pour les êtres inanimés, verrouillerait toute possibilité d'évolution. Que sans cette évolution, l'Univers pourrait ne contenir encore, et pour l'éternité, que des étoiles de première génération dont le cœur incandescent n'est fait que d'hydrogène ou d'hélium. Des éléments bien incapables de produire de la complexité. Sans ces étoiles, ces galaxies, ces milliards d'êtres vivants qui nous ont précédés, et qui, grâce au cycle de la vie et de la mort, ont pu évoluer, nous ne serions tout simplement pas là pour en parler. L'évolution implique la vie, l'adaptation, la transformation, la mort. Si elle implique la disparition des individus, elle est essentielle pour que la vie se poursuive ». *Nicolas Reeves*

Lors d'une conférence donnée par Hubert et son fils Nicolas, ils démarrent ensemble par cet extrait du poème *Le voyage* de Charles Baudelaire :

Pour l'enfant, amoureux de cartes et d'estampes,
L'Univers est égal à son vaste appétit.
Ah ! que le monde est grand à la clarté des lampes !
Aux yeux du souvenir que le monde est petit !

« Une fois qu'on aura tout vu, pour autant que cela soit possible, on a cet espoir que de l'autre côté, il y aura d'autres choses encore à découvrir. Voilà, je crois que ça, c'est quelque chose qu'on partageait ».
Nicolas Reeves

Hubert en pleine
séance de dédicace

Hubert admire infiniment la sérénité de Françoise Dolto, mourante. À ceux que sa mort prochaine plonge dans la tristesse, elle confie : **« La mort est une chose normale ; c'est un événement lié à la vie ».**

Hubert s'interroge aussi sur ce qu'il advient après la mort. Sans certitude, il garde une ouverture, une curiosité humble face à ce mystère. Il refuse de clore la question trop vite et, au fond de lui, il nourrit l'espoir secret qu'il existe une manière de continuer, autrement, au-delà de ce que nous connaissons. Pour lui, la mort n'est pas une fin, mais une transition dont nous ignorons tout, et dont l'étrangeté même mérite d'être accueillie avec optimisme.

« Mon obsession professionnelle, c'est la recherche de la vie ailleurs et Hubert s'est déjà exprimé sur la question. J'ai envie de lui dire : est-ce que tu crois qu'il y a de la vie ailleurs ? Et quelle est sa forme ? Est-ce que c'est de la vie intelligente ? Est-ce que c'est de la vie sous forme primitive ? » ***René Doyon***

La vie terrestre est-elle un phénomène exceptionnel, voire unique dans l'Univers ? Pour Hubert, les probabilités plaident en faveur d'une réponse positive : il juge plus vraisemblable que la vie émerge ailleurs dans l'Univers, compte tenu de l'immensité des galaxies et de la diversité des conditions planétaires. Il estime qu'il serait très présomptueux de croire qu'il n'y a rien d'autre.

« Qui va là ? La question d'autrui suit notre humanité comme son ombre. Hier, elle portait sur les possibles habitants de la caverne d'en face, de l'autre côté de la rivière ou de la mer. Aujourd'hui, l'alien, l'autre extraterrestre nous fascine : il nous attire et nous fait peur. Encore hypothétique son existence nous ramène à tous les aliens qui nous entourent : allons-nous à leur rencontre ? » ***Jacques Arnould***

Aujourd'hui, trente ans après la découverte de la première exoplanète, la recherche de vie extraterrestre prend une nouvelle dimension.

Les scientifiques recensent déjà plus de 7 400 exoplanètes, détectées grâce à des instruments comme le télescope spatial TESS ou le James-Webb. Identifier des mondes est une chose ; repérer ceux susceptibles d'abriter la vie en est une autre. Les astronomes traquent avant tout les planètes rocheuses situées dans la « zone habitable », à la recherche d'eau liquide. Les méthodes d'observation – vitesse radiale, transit, analyse spectrale – permettent de repérer masses, trajectoires, atmosphères, mais restent limitées : pour des mondes semblables à la Terre, les signaux sont faibles, les observations longues, les interprétations délicates. Certaines exoplanètes se détachent, à l'image de LHS 1140 b, une super-Terre particulièrement prometteuse. Mais pour espérer aller plus loin, il faut attendre la prochaine génération de télescopes, comme l'Extremely Large Telescope en construction au Chili. L'enjeu ultime est de détecter des biosignatures, ces molécules comme l'oxygène, le méthane ou d'autres molécules, susceptibles de confirmer une activité biologique, devient l'objectif ultime.

Sommes-nous seuls dans l'Univers ? La question demeure ouverte, mais la quête avance, patiente, méthodique, soutenue par une alliance fragile entre l'imagination et la rigueur. Pour Hubert, cette question reste l'une des plus fascinantes : elle prolonge cette tension entre émerveillement et doute, entre ce que nous savons et ce que nous espérons découvrir.

Interrogé sur les phénomènes paranormaux, Hubert ne les balaie pas d'un revers de main. Sans les tenir pour acquis ni les réduire à des superstitions, il reconnaît ne pas savoir comment les intégrer à une compréhension scientifique du monde.

« Ce que je crois, c'est qu'il faut en tenir compte. Il faut se souvenir d'une chose, c'est que nous vivons dans un Univers qui est très étrange et nous avons tendance à sous-estimer le côté étrange de l'Univers. Je me rappelle une phrase d'un biologiste anglais qui disait : non seulement l'Univers est plus étrange que nous le pensons, mais il est plus étrange que nous sommes… Il y a là quelque chose qui nous échappe. Je ne suis pas du tout d'accord qu'il faille mettre tout cela à la poubelle, mais je ne sais pas très bien quoi en faire ».

Dans l'histoire des sciences, ce qui semble impossible se révèle parfois plus tard, parfaitement réel et mesurable. Hubert reste prudent : ne rien affirmer sans preuves, mais ne rien rejeter trop vite sous prétexte que cela dépasse notre cadre actuel de compréhension.

Hubert s'intéresse aussi aux énigmes vertigineuses soulevées par la physique quantique. Avec son fils Nicolas, il discute longuement de ce que signifie vivre dans un Univers où, à l'échelle des particules élémentaires, la causalité s'efface. Là où, dans notre monde macroscopique, les causes précèdent toujours les effets –donnant au temps son sens, à notre expérience sa structure –, à l'échelle quantique, plus rien n'obéit à cette logique qui nous est familière. Pourquoi un atome passe-t-il soudain d'un état à un autre, en libérant un photon ? Il n'y a pas de cause visible, et même plus : la physique démontre qu'il n'y a pas de cause du tout. Cela arrive, point.

Pour Hubert, cette absence de cause à la base même du réel interpelle non seulement les physiciens et les philosophes, mais aussi la pensée religieuse. Depuis toujours, les religions postulent une cause première, un principe initial – Dieu, une intelligence créatrice, l'élan originel. Or la physique quantique, en révélant qu'à certaines échelles le monde peut se déployer sans causalité, vient ébranler cette idée même, jusque dans ses fondements. Peut-on encore parler d'un commencement, d'une origine, là où les événements surgissent sans raison ? Cette réflexion, que Hubert n'a pas eu le temps d'approfondir avec Nicolas, ouvre pourtant une brèche fascinante entre science et métaphysique, entre ce que nous pouvons expliquer et ce que nous devons laisser dans la catégorie des mystères.

Depuis le début du XXe siècle, les découvertes des pionniers comme Heisenberg et Bohr ont ainsi bouleversé notre rapport au réel.

« Nous devons nous souvenir que ce que nous observons n'est pas la nature en elle-même, mais la nature soumise à notre mode de renseignements ». ***Werner Heisenberg***

Pour Hubert, cela suffit à nous mettre en garde contre un piège subtil : celui de confondre la carte (la théorie) avec le territoire (le réel). Car le territoire – le réel – est toujours plus riche, plus étrange, plus foisonnant que la carte que nous parvenons à tracer.

« Je pense pouvoir dire sans me tromper que personne ne comprend la mécanique quantique ». *Richard Feynman*

Ce constat n'est pas un échec, mais un rappel saisissant : la science ne capte qu'une part du réel, et la physique quantique nous invite à reconnaître l'étrangeté profonde du monde. Pour Hubert, c'est une opportunité précieuse : celle de s'interroger, de chercher, de s'étonner – sans jamais imaginer que nous avons le dernier mot.

« Je ne sais pas si la vie a un sens, mais nous pouvons lui en donner un. Nous avons le choix de le faire par la compassion, l'empathie. Camus disait qu'une vie est réussie lorsque l'on a participé de manière positive, non seulement à sa propre vie, mais aussi à celle des gens qui nous entourent. La vie réussie s'articule autour de trois domaines. La science : découvrir, comprendre ; l'art : faire et contempler la beauté ; et l'empathie : vivre en conscience avec les autres. Pour moi, ce sont les trois clés pour analyser l'humanité. Créer, comprendre et vivre ».

Pour Hubert, l'Univers est avant tout un système complexe, évolutif, où la matière, l'énergie, le hasard et les lois physiques interagissent sans relâche pour engendrer la diversité du monde. Des structures élémentaires aux formes de vie les plus élaborées, tout porte la trace d'une histoire façonnée par l'inattendu autant que par le déterminisme. Étudier le cosmos, interroger l'origine de la vie, réfléchir à l'au-delà ou explorer les mystères de la physique quantique : toutes ces démarches s'inscrivent pour lui dans une même dynamique, celle d'une recherche rationnelle, patiente, méthodique – mais toujours consciente de ses propres limites.

La science construit des modèles, affine des hypothèses, élabore des cartes toujours plus précises, mais sans jamais confondre ces cartes avec le territoire immense qu'est le réel. Hubert nous invite à adopter une posture à la fois rigoureuse et émerveillée, exigeante et ouverte, lucide et profondément respectueuse du mystère. Non pour combler nos ignorances par des croyances faciles, mais pour reconnaître que l'avancée des connaissances passe toujours par l'acceptation de ce que nous ne savons pas encore – et peut-être ne saurons jamais.

L'IMPORTANCE DES HYPOTHÈSES

Les hypothèses sont des propositions provisoires – scientifiques, artistiques ou existentielles – que l'on avance pour expliquer, comprendre ou anticiper une situation. Elles relient ce que l'on sait à ce que l'on pressent, comblent les lacunes et orientent nos décisions. Sans hypothèses, pas de découvertes, pas de bifurcations, pas de réajustements. Hubert nous invite à participer à ce jeu subtil où l'on accepte de penser au-delà des faits établis et de multiplier les possibles.

« Disons que l'hypothèse de l'infini est la plus probable en ce qui concerne l'Univers. Les modèles mathématiques vont dans ce sens. Aussi, prétendre que, où que vous soyez, vous verrez partout des multitudes de galaxies est la façon la plus immédiate et la plus sûre de se représenter l'Univers. Mais rien n'est certain à 100 %. Il faut se garder des certitudes en sciences, parler plutôt d'approximations, de probabilités de plus en plus sérieuses. La science n'est pas la vérité, mais seulement la somme de ce qui peut être expliqué par les humains. D'ici à 20 ans, l'hypothèse d'un Univers infini sera peut-être taxée de naïveté. Mais aujourd'hui elle est la meilleure à se mettre sous la dent : la plus simple et la plus compréhensible ».

Mais comment le cerveau produit-il ces hypothèses ?

Le cerveau n'est pas un récepteur passif : il fonctionne comme une machine prédictive, anticipant le monde à partir de ses modèles internes. Ce qu'on appelle le cerveau « bayésien » désigne sa capacité à générer des hypothèses probabilistes sur l'environnement, qu'il confronte ensuite aux signaux sensoriels qu'il reçoit. Autrement dit, il cherche à réduire l'erreur de prédiction – l'écart entre ce qu'il attend et ce qu'il perçoit – en ajustant ses modèles internes dès qu'une hypothèse se révèle fausse.

En 2004, David C. Knill et Alexandre Pouget montrent que les neurones codent souvent l'information sous forme probabiliste : ils ne représentent pas une seule réponse, mais une distribution de possibilités, intégrant l'incertitude. Même à un niveau local, le cerveau combine les indices – visuels, auditifs, sensoriels – selon leur fiabilité pour formuler les hypothèses les plus plausibles. La même année, les travaux de Konrad P. Körding et Daniel M. Wolpert confirment que nous adoptons des stratégies proches de l'optimalité bayésienne, ajustant nos décisions en fonction de l'incertitude.

En 2016, Andy Clark insiste sur le rôle fondamental du corps et de l'action : nos hypothèses ne sont pas seulement mentales, elles sont incarnées, enracinées dans une boucle continue d'interaction avec le monde. En 2020, Jakob Hohwy décrit le cerveau comme un scientifique interne, testant sans relâche ses hypothèses sur les causes de nos sensations. Dès 2007, Kenji Doya relie ce processus aux mécanismes biologiques : certains neurotransmetteurs, comme la dopamine ou la noradrénaline, signalent les incertitudes et les erreurs, influençant directement la révision de nos hypothèses.

Ainsi, les hypothèses naissent d'un dialogue permanent entre anticipation et expérience, entre les modèles internes et les données du monde, selon un cycle dynamique et adaptatif. Elles sont au cœur de nos raisonnements scientifiques, mais aussi de nos perceptions, de nos décisions, et de notre manière quotidienne de naviguer dans la réalité.

En mathématiques, les hypothèses constituent la charpente même du raisonnement déductif. Chaque théorème repose sur des prémisses précises :

modifier l'une d'elles peut renverser tout l'édifice logique. Par exemple, l'abandon du cinquième postulat d'Euclide ouvre la voie aux géométries non euclidiennes, indispensables pour comprendre les courbures de l'espace-temps décrites par la relativité générale. En analyse, les hypothèses de continuité, de dérivabilité ou de convexité jouent un rôle fondamental : sans elles, les démonstrations classiques ou les méthodes d'optimisation perdent leur validité. L'histoire des mathématiques montre que des hypothèses longtemps jugées marginales – comme les nombres imaginaires, les dimensions supérieures, ou les espaces de Hilbert, ces espaces à dimensions infinies essentiels pour formaliser la physique quantique – ont fini par ouvrir des champs entiers de recherche, devenus incontournables pour la physique moderne, la mécanique quantique ou la théorie de l'information.

En astrophysique, où l'expérimentation directe est impossible, l'hypothèse est un outil central. Hubert rappelle qu'il est illusoire d'« aller voir » un trou noir, le Big Bang, ou l'intérieur d'une étoile à neutrons. Les astrophysiciens formulent donc des hypothèses théoriques robustes, qui permettent de relier observations et modèles. Dans le cas de la matière noire, on observe que les galaxies tournent trop vite pour que leur masse visible suffise à expliquer leur cohésion gravitationnelle. On postule donc l'existence d'une masse invisible, détectable uniquement par ses effets gravitationnels. Cette hypothèse, longtemps controversée, est désormais explorée par des centaines d'expériences, allant de la cartographie gravitationnelle à la recherche de particules hypothétiques comme les WIMPs (particules massives interagissant très faiblement avec la matière ordinaire) ou les axions (particules légères et insaisissables, issues de modèles théoriques, susceptibles d'expliquer certains comportements quantiques).

L'hypothèse de l'inflation cosmique joue un rôle clé pour expliquer certaines caractéristiques fondamentales de l'Univers. Selon cette idée, une fraction de seconde après le Big Bang, l'Univers connaît une phase d'expansion extraordinairement rapide, multipliant ses dimensions d'un facteur colossal en un temps infiniment court. Cette expansion fulgurante permet possiblement d'étirer à très grande échelle de minuscules fluctuations quantiques initiales, normalement imperceptibles, pour leur donner des effets visibles à l'échelle cosmique. C'est grâce à cette hypothèse qu'on peut comprendre pourquoi l'Univers paraît aujourd'hui si homogène à grande échelle, alors que certaines régions très éloignées n'ont, théoriquement, jamais eu le temps d'interagir. Cette inflation initiale laisse des signatures précises : elle est responsable, entre autres, des infimes variations de température détectées dans le rayonnement fossile cosmologique, ou fond diffus cosmologique, ce « fond lumineux » vieux de 13,8 milliards d'années qui baigne encore l'Univers. Les missions spatiales COBE, WMAP et Planck mesurent ces fluctuations avec une précision extrême, confirmant plusieurs prédictions issues du modèle inflationnaire et fournissant des indices cruciaux pour comprendre les toutes premières fractions de seconde de l'histoire cosmique.

Dans ses propres travaux, Hubert avance des hypothèses pour expliquer des phénomènes complexes, comme l'origine des éléments légers lithium, béryllium et bore, produits non pas par la nucléosynthèse classique, mais par des processus de spallation cosmique. Ce type de raisonnement montre comment l'hypothèse fait le lien entre observations dispersées (par exemple, les spectres stellaires), modèles nucléaires, et scénarios d'évolution galactique. Hubert s'intéresse aussi aux neutrinos, ces particules fantomatiques qui, bien que presque indétectables, permettent de mieux comprendre le Soleil, les *supernovæ*, et la physique des particules.

Aujourd'hui, l'astrophysique s'appuie sur des hypothèses testées indirectement par des instruments sophistiqués : interféromètres comme LIGO et Virgo (pour les ondes gravitationnelles), détecteurs souterrains comme Xenon1T (pour la matière noire), ou réseaux de radiotélescopes qui imagent l'ombre des trous noirs. Formulées, simulées, confrontées à des masses de données, les hypothèses sont ajustées ou remplacées selon les résultats. Hubert souligne que cette dynamique – avancer des hypothèses plausibles, les tester, les réviser sans dogmatisme – est le cœur même de la vitalité scientifique.

Sans hypothèses, l'astrophysique reste figée : impossible de remonter aux premières secondes de l'Univers, d'imaginer les processus internes des *supernovæ*, ou de projeter le destin ultime du cosmos. L'hypothèse ouvre des horizons qui dépassent l'immédiatement observable. Elle permet à la science d'avancer non par certitude, mais par exploration progressive de l'inconnu. Pour Hubert, cette posture est à la fois scientifique et philosophique : elle invite à penser le monde comme une énigme ouverte, où chaque réponse provisoire ouvre de nouvelles questions.

« À partir du moment où j'ai lu ce poème de Jacques Prévert – "la craie redevient falaise" –, quelque chose a changé dans mon regard. L'école, quand j'étais petit, est devenue encore plus sympathique à mes yeux, car je voyais désormais la craie non plus comme un simple matériau posé sur le tableau, mais comme un fragment de falaise, un morceau de nature venu se glisser jusque dans la salle de classe ». ***Nicolas Reeves***

Jacques Prévert réenchante les objets du quotidien, les reliant à un univers plus vaste. C'est aussi de ce jeu entre images, résonances, correspondances que naissent aussi les hypothèses. Ces fragments réinventés par l'imaginaire interagissent, se combinent, nous invitant à penser autrement, à créer, à esquisser sans limite d'autres scénarios possibles.

Le langage de René Char exprime également ce que les neurosciences nomment la dynamique hypothétique du cerveau : cette mécanique intérieure qui nous permet de naviguer dans un monde incertain, en reliant convictions, intuitions, observations et attentes. Formuler une hypothèse, ce n'est pas seulement faire un pari rationnel ; c'est aussi un acte créatif, un saut dans l'inconnu, un détour pour parvenir à comprendre. Poésie et science se rejoignent ici : toutes deux avancent à petits pas d'hypothèses, portées par le désir d'élargir les frontières du réel.

Calendrier (extrait)

« J'ai lié les unes aux autres mes convictions et agrandi ta Présence.
J'ai octroyé un cours nouveau à mes jours en les adossant à cette force spacieuse ».

René Char

Pour Gaston Bachelard, l'hypothèse n'est pas seulement un outil méthodique : c'est un acte profondément créateur. Dans *La Formation de l'esprit scientifique*, il explique que la science progresse moins par accumulation de faits que par rupture avec les évidences, par la capacité à imaginer d'autres façons d'expliquer le réel. Loin d'être un obstacle à la rigueur, l'imagination scientifique est, selon lui, une fonction essentielle de l'esprit scientifique :

« Imaginer, c'est hausser le réel d'un ton ». *Gaston Bachelard*

L'hypothèse n'est donc pas qu'une simple proposition provisoire ; elle est un levier, un instrument de dépassement, qui ouvre des champs nouveaux. Sans hypothèses audacieuses, il n'y a pas de progrès : la science doit sans cesse dépasser les cadres anciens, inventer de nouveaux concepts, proposer des perspectives inédites.

Cette tension féconde entre imagination et vérification, entre élan créatif et contrôle rigoureux, constitue toute la richesse du processus scientifique. C'est dans cet espace d'incertitude que l'esprit scientifique puise sa véritable dynamique.

Cette vision résonne profondément avec la manière dont Hubert et Nicolas Reeves conçoivent le dialogue entre science et poésie. L'hypothèse ouvre l'espace, elle relie raison et imagination, calcul et émerveillement. Elle devient un instrument pour naviguer dans la complexité du monde. Sa puissance réside dans sa capacité à guider l'exploration, à stimuler la curiosité, et à nous rappeler que la science est un voyage sans fin vers une compréhension toujours plus fine de l'Univers et de nous-mêmes.

Hubert rappelle que la science ne donne pas toutes les réponses – et qu'elle ne le doit pas. Elle avance par ajustements successifs, consciente que chaque réponse provisoire ouvre de nouvelles interrogations. Dans cette démarche, il voit une profonde résonance avec la condition humaine : comme nous, l'Univers se construit dans l'inachevé, l'incertain, l'inattendu. Science et quête de sens ne sont pas deux mondes séparés.

« La science, aussi rigoureuse soit-elle, m'a appris l'importance qu'il y avait à écouter l'impression qu'une idée nous fait. Le psychanalyste Carl Gustav Jung disait fort justement que les idées ont du goût. Je l'ai souvent expérimenté : mes meilleures intuitions ont toujours flatté mes papilles. »

La beauté des hypothèses réside dans leur puissance explicative, mais aussi dans ce qu'elle révèle de notre rapport au monde. Elles sont le reflet de notre humanité. Elles disent notre besoin d'explorer, de comprendre, d'imaginer ce qui nous dépasse. Elles témoignent d'un lien fort entre la rigueur de la raison et la soif de sens, entre l'observation minutieuse et l'élan créatif. Pour Hubert, la science n'est pas une accumulation de vérités définitives, mais un chemin toujours ouvert, où chaque hypothèse formulée éclaire un peu plus le mystère, sans jamais l'épuiser. C'est dans ce mouvement humble et obstiné, à la fois fragile et grandiose, que se joue l'aventure de la connaissance et peut-être aussi, celle de notre émerveillement face à l'Univers.

« Ce qui vient au monde pour ne rien troubler ne mérite ni égards ni patience ». *René Char*

L'HUMAIN A SES PROPRES LIMITES

« Ce qui me différencie des "croyants", c'est qu'il s'agit pour moi d'une question : qu'y a-t-il derrière cela ? Je ne suis pas satisfait des réponses habituelles, que je trouve limitées par notre propre limitation. Nous sommes certes très intelligents, mais pas infiniment. Nous n'avons pas la capacité de tout connaître ».

En science, comme ailleurs, Hubert pose la question fondamentale des limites humaines. Malgré tous nos progrès, malgré notre curiosité insatiable, nous restons des êtres bornés, enfermés dans un corps, une pensée, un environnement, une société, un monde que nous ne comprenons et ne maîtrisons que très partiellement. Nos limites sont multiples : biologiques, physiques, cognitives, sociales, existentielles. Elles impactent la perception que nous avons de notre propre existence et en changent insidieusement le cours. Nous avançons nécessairement avec elles, nous en cernons le contour, nous les apprivoisons, nous les interrogeons, nous les explorons de nouveau… toujours en cherchant à les repousser à la moindre occasion.

« Il y a une limite à toute chose, et il faut toujours la dépasser ».
Georges Guynemer

Notre corps vieillit, se blesse, tombe malade. Même lorsqu'il ne l'est pas encore, il tend inexorablement vers la fragilisation, la dégradation, la défaillance. Par-delà le corps, notre mémoire finit par déclarer forfait ; pire encore, elle se trompe aussi parfois, forgeant des faux souvenirs, remodelant le passé à notre insu. Nos émotions nous figent, notre attention lâche prise, et nos pensées ralentissent, tentant de garder le cap, tel un skieur subitement plongé dans la brume, privé de repère, qui s'en remet au seul contact tangible : la neige qu'il chasse sous ses spatules. Même l'esprit, pourtant agile, finit par ternir.

À nos limites internes, d'autres viennent s'ajouter. Parmi elles, un agent extérieur et omniprésent : la vie collective. Elle restreint nos libertés individuelles, impose ses règles, et échoue à instaurer un écosystème véritablement favorable à la symbiose culturelle. Au-delà de ces contraintes sociales, s'érigent des limites plus profondes, existentielles et métaphysiques : notre propre finitude, la mort, l'inconnu, ces grands questionnements si chers à Hubert.
« Moi, je suis dépassé », aime dire Hubert. Et pourtant, il continue d'explorer, de s'interroger, de s'émerveiller devant ce qui reste hors de portée.

« Estimer correctement son degré d'ignorance est une étape saine et nécessaire ».

En pleine possession de nos moyens, sous notre meilleur jour, quelles sont nos capacités ? Quotidiennement, sans même y penser, l'adulte respire environ 20 000 fois, et son cœur bat près de 100 000 fois pour maintenir en vie son organisme incroyablement complexe. Derrière chaque respiration, chaque battement, se cache une machinerie biologique sophistiquée, qui coordonne des milliards de réactions chimiques, procède en permanence à de fins ajustements : température du corps, équilibre interne, niveaux hormonaux, défenses immunitaires. Ce simple fait – que nous soyons des systèmes automatiques, capables de maintenir sans effort conscient une homéostasie, cet équilibre interne subtil qui résiste aux variations externes – est à la fois fascinant et fragile. Quand nous croyons être aux commandes, la quasi-entièreté des processus qui nous maintiennent en vie nous échappe totalement. Chaque respiration constitue un maintien actif de l'homéostasie contre l'entropie, c'est-à-dire contre la tendance naturelle des systèmes biologiques à se désorganiser et à perdre de l'énergie disponible.

Chaque battement de cœur assure en continu la préservation d'un ordre physiologique précis, nécessaire pour contrer les forces internes et externes qui, à chaque instant, nous poussent vers le déséquilibre et l'effondrement.

Dans nos cerveaux, environ 100 à 500 trillions (10^{14} à 5×10^{14}) de connexions synaptiques relient les neurones. À titre de comparaison, la NASA estime que la Voie lactée contient entre 100 et 400 milliards d'étoiles, une estimation corroborée par la mission Gaia de l'Agence spatiale européenne. Cela signifie que le nombre de synapses dans un seul cerveau humain dépasse de plusieurs centaines de fois le nombre total d'étoiles de notre galaxie. Ces synapses structurent un réseau d'une densité et d'une plasticité exceptionnelles, sans équivalent connu dans un autre système biologique au sein d'un seul organisme, comme l'a montré en 2023 l'étude connectomique de Shapson-Coe et ses collègues publiée dans *Science*, qui cartographie les connexions neuronales à l'échelle microscopique.

« Qui serait assez téméraire pour affirmer que nous connaissons et percevons toutes les forces, toutes les ondes et tous les moyens de communications ? »

Nous possédons, logé dans un crâne de quelques centimètres, l'un des systèmes les plus complexes connus de l'Univers. Pourtant – et c'est là le paradoxe – malgré cette richesse, notre mémoire de travail retient à peine sept éléments (plus ou moins deux) en simultané. Notre cerveau n'est pas une machine surpuissante, mais un système économe, lent, sélectif, façonné non pour tout traiter, mais pour survivre. Sa vitesse moyenne de traitement cognitif plafonne autour de 60 bits par seconde, dérisoire comparée aux milliards d'opérations par seconde des ordinateurs modernes. Là où une machine avale des montagnes de données en un clin d'œil, notre esprit avance par petits pas, lentement, en s'appuyant sur l'attention, la mémoire à long terme, les raccourcis cognitifs. Ces chiffres rappellent que nous restons limités par l'architecture même de notre biologie.

Notre pensée est également affectée. Sebastian Dieguez, spécialiste en neurosciences cognitives, précise la force des biais cognitifs. Ces distorsions systématiques de notre jugement ne sont pas de simples erreurs : elles sont la conséquence d'un cerveau façonné par l'évolution, non pour atteindre une vérité absolue, mais pour prendre des décisions rapides dans un environnement complexe et social.

Sebastian Dieguez décrit notamment le biais de confirmation (privilégier les informations qui renforcent nos idées préexistantes), l'effet Dunning-Kruger (surestimer nos compétences dans des domaines que nous maîtrisons mal), et l'illusion de contrôle (croire que nous maîtrisons des événements qui nous échappent). Il s'intéresse aussi au biais téléologique, cette tendance à voir des intentions ou des finalités derrière des phénomènes purement mécaniques ou naturels, comme si tout devait forcément « avoir un but ». À cela s'ajoute l'effet gourou, un biais cognitif qui nous conduit à accorder du sens, de la profondeur et de la valeur à des propos confus, ambigus ou même incompréhensibles, simplement parce qu'ils proviennent d'une figure perçue comme une autorité. C'est précisément le fait de ne pas comprendre qui renforce l'impression qu'un sens profond est caché derrière, renforçant ainsi l'aura du « gourou ». À l'inverse, on parle parfois d'effet gourou inverse : ici, l'auditeur comprend tout, trouve les propos simples, voire triviaux, et estime donc qu'il doit exister une signification plus profonde, parce qu'ils émanent d'un individu considéré comme un génie ou une autorité intellectuelle. Dans les deux cas, l'évaluation objective du contenu est biaisée par le statut perçu de l'émetteur, et non par la pertinence ou la validité intrinsèque du message.

Comme le souligne Sebastian Dieguez, l'humain n'est pas spontanément un scientifique ; il est avant tout un être social, qui construit des récits cohérents, parfois au prix d'illusions. Reconnaître ces limites cognitives, ce n'est pas sombrer dans le scepticisme radical, mais accepter qu'il ne suffit pas d'accumuler des connaissances pour raisonner juste ; il faut aussi apprendre à repérer nos propres angles morts. Car, souvent, le problème n'est pas seulement que nous ignorons certaines choses, mais que nous ignorons à quel point nous nous trompons déjà.

« Une des choses qu'Hubert trouvait la plus difficile, c'était de se dire que probablement l'être humain n'aurait jamais la capacité de comprendre l'Univers. Parce qu'il y a probablement des tas d'informations qui passent et que notre cerveau n'est pas capable d'analyser, de mesurer. On ne sait pas comment les capter ». ***Olivier Hernandez***

Physiquement, même à notre apogée, nos performances sont circonscrites. Notre cerveau, aussi complexe soit-il, s'incarne dans un corps vulnérable, limité, lent. Un sprinter d'élite atteint 44–45 km/h sur 100 m, mais une personne sans entraînement court à peine à 20 km/h : face à un guépard, à un cheval, même à un simple vélo lancé à pleine vitesse, nous restons lents. Nos oreilles perçoivent les sons entre 20 Hz et 20 kHz, une bande minuscule comparée aux ultrasons des chauves-souris ou aux infrasons des éléphants. Nos yeux ne captent qu'une étroite fenêtre du spectre lumineux, de 380 à 750 nanomètres, et sans outils, nous restons aveugles aux rayons X, gamma, ou infrarouges. Notre bulle sensorielle est réduite, façonnée par les seuils de notre biologie.

« Nous sommes une espèce animale parmi des millions d'autres, même si nous surpassons les autres espèces sur le plan de la pensée abstraite ».

Nos seuils biologiques ne bornent pas seulement ce que nous percevons, mais aussi ce que nous pensons. Hubert, aime citer cette pensée malicieuse de Guy Béart :

« Parlez-moi d'moi
Y a qu'ça qui m'intéresse ». ***Guy Béart***

Notre anthropocentrisme – cette posture centrée sur l'humain, ce filtre à travers lequel nous percevons et interprétons tout ce qui nous entoure – comment l'ignorer ? L'homme se place spontanément au centre du monde. Il rapporte à lui tous les événements : ceux de l'Univers, les découvertes scientifiques, les réflexions métaphysiques. Galaxies lointaines, trous noirs, particules quantiques, nous les interrogeons toujours à partir de nos propres préoccupations : que nous apprennent-ils ? Que signifient-ils pour nous ? Quelle y est notre place ? Nous ne savons pas – mais peut-être ne pouvons-nous pas – nous extraire de nous-mêmes.

« Les vivants existent de leur plein droit et n'ont pas à se justifier d'exister. Les mots "espèces nuisibles" et "mauvaises herbes" ne sont que le reflet d'un préjugé séculaire, selon lequel plantes et animaux sont là pour nous servir ou nous réjouir, et que nous exerçons sur eux un droit discrétionnaire. Ces termes traduisent directement notre égocentrisme – ou plutôt notre anthropocentrisme –, notre ignorance, notre étroitesse d'esprit. Les animaux dits nuisibles ne le sont qu'à nos yeux, et il en va de même des herbes prétendues mauvaises ».

Cet anthropocentrisme ne s'arrête pas à notre rapport à nous-mêmes ; il imprègne aussi notre manière d'aborder les grandes questions contemporaines.

Dans le domaine de l'intelligence artificielle, nous projetons spontanément nos propres schémas mentaux sur les systèmes que nous construisons, leur prêtant des intentions, des émotions, des objectifs. Nous parlons d'intelligence, de compréhension, de décision. Pourtant, ces machines ne pensent pas, ne ressentent rien. Le concept même d'une IA « humaine » n'est qu'un miroir tendu, non une réalité. L'IA nous dépasse-t-elle ? Nous imite-t-elle ? Nous remplace-t-elle ? Encore une fois, nous raisonnons en référence à nous-mêmes.

En cosmologie, le même biais apparaît : nous scrutons l'Univers pour y chercher des indices sur notre origine, notre place, notre futur. Nous explorons les planètes habitables, les traces de vie, les conditions « semblables à la Terre ». Nous traçons les contours du cosmos, mais toujours en nous demandant où nous nous situons dans ce tout vertigineux.

Que nous projetions notre image sur des algorithmes ou que nous cherchions des traces de nous dans les étoiles, nous demeurons anthropocentrés.

Reconnaître cette posture, c'est faire un premier pas : c'est accepter que le monde ne nous attende pas, ne nous ressemble pas, ne parle pas notre langage et qu'il n'est aucunement disposé à le faire.

Cette tension entre nos intuitions humaines et la réalité du monde se manifeste même chez les plus grands esprits scientifiques. Les avantages et les limites des convictions sont parfaitement illustrés par le parcours d'Albert Einstein. Ce physicien, convaincu que le comportement de la matière est parfaitement déterminé en termes de causes et d'effets – rien n'est laissé au hasard – élabore en une vingtaine d'années, les théories de la relativité restreinte et générale, qui vont profondément remodeler la physique contemporaine. Mais Einstein n'acceptera jamais les fondements probabilistes de la physique quantique. Pendant plus de trente ans, il s'acharne à trouver une alternative qui rétablit un déterminisme absolu. Pour Einstein, « Dieu ne joue pas aux dés » ; ce à quoi Niels Bohr lui réplique : « Albert, cessez de dire à Dieu comment il doit se comporter ! » Même les génies ne s'affranchissent pas des intuitions parasites, ne se libèrent pas, coûte que coûte, de l'attachement à certaines idées et sont parfois victimes de leur besoin impérieux de cohérence.

Malgré ces limites – biologiques, physiques, cognitives – qui le caractérisent, l'humain continue pourtant d'explorer, de modéliser, de tester les frontières. Beaucoup de questions demeurent sans réponse, de nombreuses barrières restent infranchissables, mais les efforts de recherche successifs affinent les modèles, repoussent certains seuils et ouvrent des domaines d'application, jusque-là, hors de portée.

En 2019, le consortium international de l'Event Horizon Telescope révèle la toute première image de l'ombre d'un trou noir, celui de la galaxie M87* et en 2022, publie la première image de Sagittarius A*, le trou noir supermassif situé au centre de notre galaxie, la Voie lactée. Cette prouesse technologique permet de visualiser l'ombre du trou noir, confirmant ainsi les prédictions de la relativité générale d'Einstein.

Sagittarius A* se trouve à environ 26 000 années-lumière de la Terre, soit environ 246 000 000 000 000 000 kilomètres (246 quadrillions de kilomètres). Pour mettre cette distance en perspective, si un avion de ligne voyage sans interruption à une vitesse de 900 km/h, il lui faudrait environ 31 milliards d'années pour atteindre Sagittarius A* – plus de deux fois l'âge actuel de l'Univers, estimé à environ 13,8 milliards d'années.

Pour obtenir une résolution suffisante pour visualiser Sagittarius A*, les chercheurs ont combiné les données de huit radiotélescopes répartis sur plusieurs continents, formant ainsi un télescope virtuel de la taille de la Terre grâce à la technique de l'interférométrie à très longue base. Cette configuration permet d'atteindre une résolution angulaire équivalente à celle nécessaire pour lire une carte de visite posée sur la surface de la Lune depuis la Terre, soit environ 20 microarcsecondes. Un microarcseconde est une unité d'angle extrêmement fine : il correspond à un millionième d'arcseconde, sachant qu'une arcseconde elle-même représente 1/3600 d'un degré. Autrement dit, 20 microarcsecondes équivalent à environ un cinquantième de millième de degré. À cette échelle vertigineuse, on peut distinguer des détails minuscules à des distances cosmologiques. C'est grâce à ce niveau de précision inédit qu'il a été possible, pour la première fois, de capturer l'image de l'ombre d'un trou noir, un exploit majeur de l'astronomie.

Dans le même domaine, en 2020, le Prix Nobel de physique récompense Roger Penrose, Reinhard Genzel et Andrea Ghez pour avoir démontré théoriquement puis observé la présence de trous noirs supermassifs. Un trou noir est une singularité gravitationnelle où les lois physiques connues s'effondrent. Pendant longtemps, cela reste une prédiction mathématique. Mais en observant le centre de la Voie lactée, où une étoile file à une vitesse vertigineuse autour d'une masse invisible, les chercheurs prouvent que ces monstres existent vraiment.

Peu après, grâce aux détecteurs LIGO et Virgo, ils captent les premières ondes gravitationnelles jamais détectées, issues de la collision de trous noirs lointains. Détecter ces ondes, c'est ressentir les infimes vibrations de l'espace-temps, mesurer une déformation mille fois plus petite que le diamètre d'un proton – soit moins d'un milliardième de milliardième de mètre – causée par un cataclysme cosmique survenu des milliards d'années auparavant. Pour la première fois, nous ne regardons plus seulement l'Univers : nous l'écoutons.

Au cœur de la matière, en physique quantique, le Prix Nobel 2022 honore John F. Clauser, Alain Aspect et Anton Zeilinger pour avoir démontré l'intrication quantique : deux particules séparées par des kilomètres restent corrélées instantanément, violant notre intuition. Cet exploit expérimental valide une facette étrange de la réalité et ouvre la voie à des records en cryptographie inviolable, en calcul quantique ultrarapide, et en téléportation d'information.

En biologie moléculaire, la technologie CRISPR-Cas9, découverte en 2012, aboutit en 2020 à ses premiers essais cliniques réussis sur des maladies humaines. Pour la première fois, nous parvenons à corriger des gènes défectueux directement à l'intérieur des cellules, sans opération ni greffe. Le Prix Nobel de chimie 2020, attribué à Emmanuelle Charpentier et Jennifer Doudna, marque un tournant historique : éditer le génome humain, c'est franchir un seuil jamais atteint, poser les bases d'une médecine de précision et, en même temps, enclencher des débats éthiques inédits.

En physiologie, David Julius et Ardem Patapoutian, Prix Nobel 2021, découvrent les récepteurs moléculaires qui nous permettent de ressentir le chaud, le froid, la pression. Cette avancée éclaire le fonctionnement fondamental de nos sens et ouvre la voie à des innovations comme des prothèses plus sensibles, des thérapies contre les douleurs chroniques et même des interfaces tactiles révolutionnaires.

Sur le terrain des libertés fondamentales, Maria Ressa et Dmitry Muratov, lauréats du Prix Nobel de la paix 2021, rappellent que sans une information libre, ni la science, ni la technologie ne peuvent garantir le progrès humain.

Dans un monde saturé de fausses informations, défendre la vérité devient un exploit humain et politique en soi, aussi essentiel qu'une avancée de laboratoire.

Les avancées énergétiques battent elles aussi des records. En 2019, le Prix Nobel de chimie honore John B. Goodenough, M. Stanley Whittingham et Akira Yoshino pour l'invention des batteries lithium-ion, qui permettent aujourd'hui à des milliards de téléphones, d'ordinateurs, de véhicules électriques de fonctionner et stocker efficacement les énergies renouvelables. Mais l'avancée la plus spectaculaire dans le domaine de l'énergie a lieu en 2022, lorsque les ingénieurs du Joint European Torus produisent un record mondial : 59 mégajoules d'énergie produite par fusion contrôlée. Recréer, sur Terre, l'énergie des étoiles est l'un des rêves les plus anciens de la physique : c'est maîtriser une source propre, quasi inépuisable, pour les générations futures.

Dans le domaine des énergies renouvelables, des cellules solaires dites « multijonctions » battent un record en 2022 avec un rendement de 47,1 %, convertissant ainsi presque la moitié de la lumière solaire en électricité. Ce progrès rend les panneaux solaires plus efficaces que jamais et nous rapproche d'une autonomie énergétique mondiale sans émissions polluantes.

Dans l'industrie chimique, des chercheurs inventent en 2021 de nouveaux catalyseurs électrochimiques capables de produire de l'ammoniac à température ambiante. Aujourd'hui, la fabrication industrielle de cet ingrédient clé des engrais repose sur le procédé Haber-Bosch, extrêmement énergivore : il consomme à lui seul jusqu'à 2 % de l'énergie mondiale. Réinventer cette étape clé, c'est poser les bases d'une agriculture à faible impact carbone, essentielle pour nourrir 8 milliards d'humains sans épuiser la planète.

En neurosciences, des équipes japonaises accomplissent un exploit qui relève jusqu'alors de la science-fiction : décrypter les images d'un rêve humain.

Les signaux cérébraux, enregistrés par IRM pendant le sommeil, sont traduits en représentations visuelles approximatives grâce à des algorithmes d'intelligence artificielle. Autrement dit, il s'agit de donner forme aux rêves, de rendre visibles ces constructions mentales fugaces à partir de l'activité cérébrale brute. Pour la première fois, nous entrouvrons la porte des mondes intérieurs et accédons aux images de l'esprit sans passer par le langage.

En biomédecine, certains patients amputés parviennent aujourd'hui à contrôler des prothèses neuromusculaires par la pensée, en utilisant directement leurs signaux neuronaux pour réaliser des gestes précis. Reconnecter le corps et l'esprit à travers l'ingénierie neuroprothétique, c'est dépasser la frontière entre biologie et mécanique et repousser les limites imposées par le handicap.

Enfin, grâce à une campagne de plusieurs décennies menée par l'OMS et la Carter Foundation, l'humanité est sur le point d'éradiquer le ver de Guinée, une maladie parasitaire qui frappe depuis des millénaires. Ce succès a été obtenu sans vaccin ni médicament, uniquement par des actions de prévention ciblées et de la pédagogie. Cette avancée montre qu'il est possible d'effacer de la surface du globe un fléau grâce à une mobilisation collective à l'échelle planétaire.

« Nous ne savons pas jusqu'où nous pouvons aller dans la compréhension de l'Univers. Et peut-être qu'un jour on arrivera à une limite et il faudra se dire que nous sommes bloqués parce que notre esprit n'est pas assez puissant pour aller bien au-delà. Et je crois que cette limite existe. Mais c'est une pure opinion et c'est quelque chose que l'on doit envisager en essayant justement d'avancer de plus en plus ».

Nous avançons, portés par ce mélange d'humilité et de témérité, conscients de l'immensité de notre terrain de jeu et de nos propres limites. Dans cet élan, une nouvelle question surgit, posée par Jean-François Clervoy à Hubert : « Qui ou quoi a choisi ou voulu les lois de la physique que nous connaissons ? Ont-elles été créées avec notre Univers ou bien lui préexistaient-elles ? »

La grande question, c'est : pourquoi y a-t-il quelque chose plutôt que rien ? Pourquoi l'Univers existe-t-il, pourquoi obéit-il à des lois, et pourquoi ces lois peuvent-elles être formulées en termes de concepts ? Autrement dit : pourquoi y a-t-il des concepts plutôt qu'aucun concept ?

Je pense qu'il est réaliste d'admettre qu'il n'y a pas de réponse à ces questions qui puisse être formulée avec les moyens limités de notre façon humaine de connaître.

J'aime beaucoup, à ce propos, l'image du chat. Tu regardes ton chat, tu sais qu'il est très intelligent, qu'il sait faire beaucoup de choses – chasser, jouer, communiquer – mais tu ne vas pas lui enseigner la géométrie. Non pas parce qu'il est stupide, mais parce que la géométrie ne l'intéresse pas, et surtout, parce qu'il n'est pas équipé pour la comprendre.
Le grand problème de tous les animaux, y compris nous-mêmes, c'est de manger sans être mangés. Les animaux y parviennent avec des moyens assez primitifs : courir vite, se camoufler, injecter du venin... Nous, en revanche, sommes capables d'aller beaucoup plus loin : nous fabriquons des outils, des armes. Nous avons reçu ce cadeau de la nature – une grande intelligence – qui nous permet de réaliser des choses extraordinaires. Mais cette même intelligence est aussi devenue une menace.
Aujourd'hui, elle nous oblige à réagir, à trouver des solutions. Et c'est exactement cela, l'écologie : apprendre à nous défendre contre nous-mêmes.

Peut-être, comme Hubert le suggère, certaines questions resteront à jamais hors de portée ; des vérités que notre cerveau, aussi puissant soit-il, n'est tout simplement pas en mesure de saisir.

« Si l'on connaissait le monde dans son ensemble, il serait semblable à un astre mort, semblable à un monde fini, rigide, inéluctable, sans devenir, sans surprises pour la connaissance, sans surprises pour les sensations, quelque chose de déjà déterminé et figé, semblable à un astre mort ». *Friedrich Nietzsche*

Peut-être est-ce justement parce que l'Univers nous résiste, parce qu'il nous échappe encore et toujours, qu'il conserve son souffle vivant, imprévisible – et que notre quête scientifique, malgré ses limites, continue de vibrer.

Être humain, n'est-ce pas avancer en équilibre sur une ligne de crête : assez intelligents pour percevoir les contours de notre ignorance, mais assez curieux, obstinés même, pour continuer à les questionner. Nous sommes l'un des rares systèmes biologiques connus capable de réfléchir à ses propres contraintes, de modéliser ses limites cognitives et d'y projeter des hypothèses pour tenter de les repousser.

Ce défi, profondément scientifique, dépasse les seules découvertes de laboratoire : il touche à la nature même de notre rapport au réel. Nous voulons connaître, mais nous devons aussi apprendre à nous connaître nous-mêmes – à admettre aussi que, souvent, l'Univers nous échappe, que ses mécanismes s'étendent bien au-delà de nos outils de mesure, de nos concepts, de nos modèles actuels.

Et pourtant, ce constat n'est pas une invitation à renoncer. Dans le sillage d'Hubert, il est, au contraire, un appel à l'humilité épistémique : cette posture qui consiste à avancer en acceptant l'incertitude, à construire des savoirs partiels mais robustes, à chercher sans présumer pouvoir tout maîtriser. Car c'est précisément là, dans cette tension entre nos limites et nos ambitions, que réside pour Hubert ce qui fait l'humanité de notre quête : non pas l'illusion de tout savoir, mais l'ambition de continuer à chercher, galvanisée par la beauté du mystère.

« J'ai l'impression, en vivant ma vie, de participer à quelque chose de grandiose qui me dépasse et dont le sens m'échappe. Je ne perds pas espoir d'en apprendre plus un jour, posthume ou non. Qui sait ? »

L'AVENIR EST TOUJOURS SURPRENANT

« J'aime lire les biographies des personnes, artistes ou scientifiques, qui ont marqué leur temps. Autant les épisodes glorieux de leur vie et de leur carrière sont racontés avec enthousiasme, autant l'ultime étape est généralement plus ou moins passée sous silence ».

Une fin d'après-midi ordinaire, Paris, août 2023.

— Monsieur Reeves, c'est l'heure de dîner.
— J'arrive dans quelques minutes. Je termine une conversation.
— Monsieur Reeves, on vous attend. C'est maintenant.
— J'arrive, j'arrive.

Il se tourne vers moi :

— Alors, où en étions-nous ? Je dois y aller. Veux-tu m'accompagner ? Viens dîner avec moi. C'est important que tu restes, que tu voies. Cela aussi fait partie de la Commedia dell'arte.

Il se lève lentement, glisse ses pieds dans ses mules en toile et avance à pas feutrés vers le réfectoire. Un moment suspendu, comme un dernier rôle qu'il choisit de jouer avec une lucidité troublante. Je le suis.

— Ces personnes-là, vois-tu, n'ont plus toute leur tête mais chacune a une histoire. Regarde la dame, là-bas, celle qui fixe son assiette. Elle arrive toujours la première. C'était une grande pianiste. Parfois, je lui parle. Enfin… j'essaie. Elle ne parle que d'elle. Quand je lui réponds, elle ne m'écoute pas.

Ce soir-là, Hubert n'est pas seulement le témoin des autres. Il m'offre, avec pudeur, un regard sur notre finitude. Un moment d'humanité désarmante.

— Et cette autre, là-bas, avec le chandail rouge ? Elle s'est perdue plusieurs fois dans les étages. Elle crie qu'elle veut partir, qu'elle veut rentrer chez elle… mais elle est toujours là.
Tout cela fait partie de la vie. C'est aussi riche, aussi instructif, que n'importe quelle autre situation. Ne l'ignore pas. Cela existe vraiment et tu dois en tenir compte et en parler.
Viens, assieds-toi là. À moins que tu ne préfères partir ? Je comprends.

Cette fameuse ultime étape, Hubert ne la passe pas sous silence, bien au contraire. Il accueille chaque situation de la vie, y compris au moment de conclure, avec douceur et humilité. Il les intègre, les fait siennes, en tire des enseignements, des fragments sensibles qu'il nous confie : la vie vaut d'être vécue pleinement, dans l'entièreté de ses nuances, jusqu'aux plus étranges, aux plus solitaires. Fermer les yeux sur la vie, en détourner le regard et passer son chemin est la pire des attitudes : c'est un semblant de quiétude aux racines acides.

« Dans notre société moderne, on a tendance à mettre à l'écart les personnes à partir d'un certain âge. Hubert peut nous démontrer que même lorsque l'on est plus âgé, l'on a encore une grande capacité à réfléchir, une très grande philosophie de vie ». *Rémi Quirion*

TOUT N'EST PAS FOUTU… si nous portons un regard attentif et respectueux sur les personnes âgées. L'amenuisement de leurs capacités ne signe pas la fin mais la relocalisation de leurs compétences. Lorsque leur mémoire est encore là, elles nous racontent de formidables histoires : celle de nos vies, celle de nos exploits, celle d'un monde passé et de celui auquel elles participent encore. Quand elles semblent absentes, elles ne sont pas tout à fait parties. Leurs chuchotements résonnent : notre dignité est éternelle, notre présence au monde, intacte, les traces de notre passage, indélébiles. Chacune d'elles nous transmet une vie d'expériences, menée à son rythme, fou ou paisible, au gré du hasard et de la nécessité, des trop-pleins et des vides, des amours et des angoisses, des renoncements et des espoirs, dans la lumière comme dans l'obscurité. Vécus, émotions, pensées, tout compte. Les leurs et les nôtres, dialoguent jusqu'à se confondre. Tout se mêle, s'agrège, nous inspire et nous apaise.

Les grands sages guident nos choix dans une réalité qui parfois nous dépasse. Pourquoi ce surplomb ? Comment la réalité se construit-elle ? Sommes-nous parties prenantes de cet édifice ou simples spectateurs ?

« Le réel est une superposition des possibles imaginaires. L'homme a besoin d'écrire une histoire. L'espace-temps d'Einstein lui offre une page blanche. À cause de la décohérence, l'homme peut écrire une histoire en fonction du temps ». *Alain Connes*

« Mais le passé n'est pas toujours entièrement déterminé. Parfois, c'est le présent qui décide de ce qui s'est passé, lorsque parmi les possibles imaginaires, un seul devient réel. Dès lors, ce passé se fixe, et nous pouvons penser, sans difficulté, qu'il en a toujours été ainsi – oubliant qu'il aurait pu en être autrement ». *Hervé Zwirn*

La réalité n'est jamais figée : avant qu'un événement ne survienne, plusieurs possibles coexistent. Sous l'effet de la décohérence – ce processus par lequel les interactions éliminent les autres options – un seul scénario s'impose, tandis que les alternatives disparaissent. Le temps et la mémoire cristallisent cette version, reléguant les autres à l'oubli.

Nos choix sont impactants, bien plus qu'on le pense, car chacun d'eux contribue à orienter le scénario en cours de réalisation. Yasmina Reza, dans une formule chère à Hubert, affirme « qu'il faut agiter la vie » : en être acteur, refuser les certitudes, oser provoquer, remettre en question, prendre des risques pour bousculer l'existence, la façonner à notre goût et en extraire toute la saveur. Agiter la vie ne signifie pas rejeter toutes les habitudes.

« Agiter la vie, c'est exercer autour de soi une influence vivante, qui fait vibrer, qui enrichit, qui embellit l'existence – par la connaissance, la musique, les promenades, ou mille autres choses ».

TOUT N'EST PAS FOUTU… si nous réalisons que nous sommes tous auteurs, libres d'écrire à notre manière notre propre histoire – et coauteurs, solidaires, de celle de l'humanité. Aucun savoir-faire n'est requis, aucune sélection imposée pour imaginer, inventer, insuffler du sens. Nous ne sommes, par nature, ni répétiteurs ni suiveurs, mais des créateurs, tous talentueux. Tout commence au moment où l'on agit. Le premier petit pas donne l'élan : il impulse une longue marche et ouvre des voies inconnues. En chemin, immanquablement, l'on trébuche. « **Tomber sept fois, se relever huit** » nous dit l'écrivain Philippe Labro, retrouvant le goût perdu de ses tartines au petit-déjeuner en émergeant d'une longue dépression. Il ne s'agit pas de s'emprisonner dans l'étau du perfectionnisme, mais d'oser agir en faisant de notre vulnérabilité et de l'incertitude de solides alliées. Le hasard, ce tout-puissant joueur, déverse ses zones d'ombre sur nos parcours, convoque d'inattendues rencontres et répand son lot de coïncidences. C'est là le sel de la vie, celle qui vaut le détour, celle qui nous procure une énergie à la hauteur de sa démesure. Agir pour exister librement. Douter sans crainte.

C'est contre-intuitif, mais s'en remettre à l'aléa est parfois la meilleure option, voire la plus éthique, pour prendre une décision juste. Disposer d'un maximum d'informations fiables avant de se prononcer n'est jamais un luxe. Y accueillir l'esprit critique est un préalable précieux. Prendre le temps d'enseigner ce que l'on sait, et celui de bénéficier des savoirs des autres, c'est lutter contre le gaspillage des connaissances, et favoriser leur épanouissement. C'est aussi une façon de vérifier ce que l'on a réellement assimilé, ce que l'on souhaite approfondir, tout en sachant que rien n'est jamais figé. Transmettre, c'est entrer en interaction, initier des enrichissements mutuels. Dans la valse des idées, l'apprenti et le maître se relaient tour à tour. L'enseignement le plus réussi n'est-il pas celui par lequel on apprend soi-même ?

TOUT N'EST PAS FOUTU… si nous cessons de laisser nos connaissances s'effacer ou se corrompre, si nous retrouvons le plaisir de transmettre, d'apprendre à l'autre, de cultiver l'art de l'écoute et celui de la conversation. Le partage des idées, l'entrelacs des points de vue sont des motifs essentiels pour composer l'immense ouvrage de dentelle qui embellit nos vies : une œuvre sans bord, où chaque point ajouté crée des ponts, entre nous, entre nos pensées, entre nos désirs. Nous avons souvent conscience de ce que nous initions, mais rarement des effets induits. De nos rencontres et de nos échanges naissent d'autres liens, imprévus, qui à leur tour fécondent. Ainsi s'élargit l'horizon des possibles, nous éloignant peu à peu des préjugés inhibants. Nous construisons ensemble un édifice robuste – sans perte, sans limitation – qui enrichit la diversité de nos expériences et la liberté de leur expression.

Comment parvenir à une telle harmonie, une telle complicité, un tel équilibre dans la considération de l'autre, dans le partage, alors même que nous ne cessons de dénoncer – ou de subir en silence – le flot des fausses nouvelles, les décisions prises à rebours de notre bien-être et de celui de notre planète ; alors même que des guerres d'une indicible cruauté persistent, et que les abus de pouvoir deviennent des gestes réflexes ?
En 1960, Saint-John Perse reçoit le prix Nobel de littérature « pour l'envolée altière et la richesse imaginative de sa création poétique, qui donne un reflet visionnaire de l'heure présente ». Cette reconnaissance

célèbre non seulement une œuvre, mais une posture : face au tumulte du monde, Perse capte les possibles, les futurs imaginés, et les restitue dans sa langue, celle du poète. Il conclut son allocution au Nobel par ces mots :

« Il n'est pas vrai que la vie puisse se renier elle-même. Il n'est rien de vivant qui de néant procède, ni de néant s'éprenne. Mais rien non plus ne garde forme ni mesure, sous l'incessant afflux de l'Être. La tragédie n'est pas dans la métamorphose elle-même. Le vrai drame du siècle est dans l'écart qu'on laisse croître entre l'homme temporel et l'homme intemporel ». *Saint-John Perse*

Nicolas Reeves prolonge cette idée : « Le poète et le savant ont cette même pulsion qui consiste à s'approcher des frontières de l'inconnu ou de l'inconnaissable, chacun par ses propres moyens, chacun avec ses propres objectifs ».

Le drame humain ne réside pas dans le changement, car la vie elle-même est mouvement. Le vrai drame, insidieux, surgit lorsque l'homme temporel, absorbé par l'instant, s'éloigne de l'homme intemporel, porteur d'une mémoire profonde et d'une vision élargie. Lorsqu'il procède à l'exclusion comme à une évidence. Ce drame se concrétise dans les jeux de pouvoir, les mises à l'écart, les procédés d'invisibilisation, insensibles et aveugles aux dommages collatéraux, humains ou non. Des châteaux s'érigent – de sable ou de béton – enfermant l'esprit de quelques-uns, érigé en vérité pour tous. Tout dialogue est empêché. Tout se joue en vase clos, dans le superficiel, l'éphémère, la pensée unique.

TOUT N'EST PAS FOUTU… si nous cessons de sacrifier l'intemporel sur l'autel de l'urgence, et réapprenons à synchroniser nos actions au rythme lent de nos cerveaux et à ajuster la profondeur de nos échanges à celle de la pensée humaine. Il ne s'agit pas de démultiplier nos activités et nos relations, mais de les rééquilibrer, de leur redonner du souffle et leur permettre de grandir. L'urgence est de libérer nos pensées

des compartiments où elles végètent puis s'éteignent. Il nous faut faire dialoguer le scientifique et le poète, l'artiste et l'ingénieur, l'expert et le profane. Il nous faut élargir notre attention à l'ensemble des habitants de la Terre – pas seulement à ceux que les projecteurs éclairent ou que les algorithmes sacralisent. Il s'agit de reconnaître la dignité de chaque voix, d'accueillir un inconnu et de l'écouter, affranchi de tout préjugé.
Le « putain de facteur humain » débusqué par Hubert ne reste jamais en retrait. Il revient sans cesse, impertinent, frapper à toutes les portes, apportant son lot de bonnes et de moins bonnes nouvelles. Victime d'une ambition débordante et de l'aveuglement qui l'accompagne, l'individu entretient un besoin inassouvi de reconnaissance. À la moindre occasion, il exhibe ses trophées. Victime de ses aspirations, il l'est encore davantage de ses limites perceptives. Pour traiter le réel, il le structure : il segmente, classe, étiquette.

Dans l'histoire du fermier que raconte Hubert, l'inspecteur projette sur le monde ces mêmes schémas mentaux : vaches blanches d'un côté, vaches noires de l'autre ; poules blanches ici, poules noires là. Il perçoit des catégories parce que son cerveau les attend, il cherche des différences parce qu'il a appris à en voir. Le fermier défait calmement cette construction, en ponctuant chaque réponse du même « Pareil ». Il inverse le regard. L'individu, lui, reste prisonnier de son besoin d'ordonner, de maîtriser le réel par le langage et la classification. Sa vision du monde est filtrée, orientée, interprétée. Mais le réel glisse entre les cadres. Il se montre plus fluide, plus surprenant, moins ordonné qu'il ne le perçoit. Il résiste aux étiquettes. Il déjoue les attentes.

Hubert évoque aussi l'histoire du Québécois qui coupe du bois. Un homme s'affaire à remplir sa charrette pour l'hiver. Il croise un Indien qui lui dit solennellement : « L'hiver sera froid. » Inquiet, il coupe davantage. Et plus l'homme coupe, plus l'Indien confirme un hiver rude. Jusqu'à ce que le Québécois lui demande : « Mais comment savez-vous cela ? » — « Homme blanc couper du bois, hiver froid », répond l'Indien. Nous observons le monde à travers des signaux que nous générons nous-mêmes. Nous croyons lire des indices objectifs, alors que nous ne faisons souvent que projeter nos propres récits sur ce qui nous entoure. Le réel, lui, ne dit rien. Il se laisse lire de travers. Il nous laisse voir ce que nous sommes prêts à croire.

TOUT N'EST PAS FOUTU… si nous gardons à l'esprit – autant que possible – les mécanismes qui sous-tendent nos raisonnements et valident une conclusion plutôt qu'une autre. Se prendre trop au sérieux dans de telles circonstances est déjà une erreur d'appréciation. Réhabiliter l'humour, la légèreté et la dérision ne relève pas de la distraction : c'est une nécessité. Le sociologue et artiste du numérique Hervé Fischer l'illustre en paraphrasant Hegel : **« Tout ce qui est réel est fabulatoire ; tout ce qui est fabulatoire est réel ».** La science construit des récits testés, vérifiés, corrigés, mais des récits tout de même. L'Univers « réel » passe par le filtre de nos représentations. Hubert, sensible à la poésie du cosmos, à son évolution vers une complexification toujours plus grande, sait pertinemment que la réalité qui nous est perceptible est toujours filtrée et racontée.
Inversement, nos récits, qu'ils soient mythologiques, artistiques, scientifiques ou philosophiques, produisent du réel. Ils façonnent nos manières de vivre, de nous organiser, d'agir.

Il y a quelque chose à faire de ces quelques décennies que la nature nous accorde : prendre résolument, et sans faillir, le parti d'embellir la réalité.

Peut-être est-ce là, au fond, ce qui nourrit notre quête : cette capacité du réel à toujours dépasser nos concepts, à échapper à nos modèles, à rester insaisissable, bref vivant. À cela s'ajoute la puissance de nos récits, qui, eux aussi, fabriquent du réel. L'Univers, comme l'avenir, est toujours surprenant. Il nous oblige sans cesse à réviser nos cadres, à reconnaître que, parfois, blanc ou noir, c'est à la fois pareil et différent. C'est dans cette oscillation, que s'exprime toute la subtilité du vivant.

« On sait qu'on ne sait pas. Et c'est ça qui est merveilleux. Il y a une part d'inconnu qui restera toujours là. Et tant mieux ».

« Dans *Aux frontières des mathématiques – Kurt Gödel et l'incomplétude,* Jean-Paul Delahaye rappelle combien l'infini, cœur de la théorie des ensembles, échappe toujours à notre pleine compréhension : "La théorie de l'infini – c'est la nature profonde de la théorie des ensembles – qu'on ne comprend qu'en la liant à celle des indécidables ouvre par ailleurs une fenêtre sur un univers dont on ne réussit jamais à savoir parfaitement s'il est imaginaire ou réel". Cet infini, nous ne le maîtrisons jamais tout à fait, car il se dérobe derrière des énoncés indécidables, des hypothèses suspendues, des univers possibles. Les limites de la connaissance ne sont pas seulement physiques ou expérimentales : elles sont aussi logiques et conceptuelles. L'infini et l'indécidable, ces entités surgies du cœur des mathématiques, témoignent de la capacité de notre raison à concevoir des mondes qui défient l'intuition – des mondes dont la réalité elle-même devient incertaine. Et c'est précisément cette part d'inconnu, vertigineuse mais féconde, qui nous laisse espérer, imaginer, agir ».

Hubert est contemplatif, amoureux du ciel, de la nature, et de la vie sous toutes ses formes. Son désir profond, selon le fameux sociologue Hartmut Rosa, est de rendre le monde accessible : visible, connaissable, atteignable. Pour Rosa, la science procède en trois temps : elle part d'un savoir existant, mène une recherche, et produit de nouveaux savoirs – nourrissant sans cesse la promesse d'un horizon toujours plus vaste, où le monde devient progressivement contrôlable. Mais tout ne se laisse pas ainsi saisir. L'imprévisible, le beau, le mystérieux échappent en partie à cette logique d'appropriation. La beauté, selon Rosa, exprime cette indisponibilité du monde. Elle ne se produit, ni ne s'explique pleinement. Elle survient. Elle résiste.

« Ce qui est beau nous touche précisément parce qu'il ne se laisse pas entièrement saisir, parce qu'il garde une part d'étrangeté, d'inaccessibilité ». *Hartmut Rosa*

C'est dans cet écart que réside l'émerveillement. Il naît lorsque nous acceptons que le monde ne nous soit pas totalement disponible. Hubert tente de comprendre le monde, mais il chérit aussi ce qui, en lui, demeure insaisissable. Peut-être est-ce là le véritable amour du monde : non pas le réduire, mais l'écouter, en lui laissant la liberté de nous répondre – ou non.

TOUT N'EST PAS FOUTU… si nous ne brisons pas la beauté du mystère en voulant à tout prix le rendre disponible. Il nous faut résister à la tentation de réduire le monde à ce que nous pouvons mesurer, contrôler ou exploiter. Il s'agit d'ouvrir nos yeux et notre cœur à ce que la nature nous offre à voir, à sentir, à écouter. Accueillir une lumière, un chant d'oiseau, un silence, sans tout disséquer, sans chercher à tout maîtriser. Le monde ne nous appartient pas : il nous précède, il nous échappe. Refuser de tout rendre disponible, c'est préserver l'espace du vivant, du fragile, de l'imprévu. C'est reconnaître que la beauté surgit justement lorsque nous renonçons à réduire le monde à notre champ de vision, nos outils, nos certitudes. Mais cela ne signifie pas renoncer à comprendre. La science est précieuse. Elle éclaire, soigne, relie. Trouver est une joie immense. Elle aussi est une source d'émerveillement. Mais cette joie, pour rester intacte, s'accompagne d'humilité : car quelque chose, toujours, nous échappe. Au fond, ce que nous cherchons dans cette quête de savoir, ce n'est pas seulement à posséder le monde, mais à entrer en dialogue avec lui. Hartmut Rosa parle de résonance : cette expérience rare et profonde où le monde nous répond, où quelque chose – un paysage, une idée, une rencontre, une découverte – entre en vibration avec nous. Ce n'est pas la maîtrise qui crée cette magie, c'est l'ouverture et l'écoute.

« La beauté sauvera le monde ». ***Fiodor Dostoïevski***

La modernité a voulu rendre le monde disponible, non par avidité seule, mais parce que nous espérons y trouver un écho, une réponse vivante. Mais la résonance ne se décrète pas. On peut tout prévoir, mesurer, cartographier, analyser, elle n'apparaît que si le monde garde la liberté de nous résister, de nous surprendre, de rester énigmatique. Notre limite à comprendre n'est pas une défaite, mais une ouverture. Le mystère n'est pas un échec de la raison : il est une promesse. Celle d'un monde qui nous dépasse, et qui peut donc encore nous émerveiller et donner de l'élan à nos vies.

« Si je le revoyais encore, je lui poserais la question : pourquoi tu continues ? Pourquoi doit-on continuer ? À quoi ça sert ? Est-ce que c'est utile ? Je pense qu'il n'aurait pas de réponse et c'est parce qu'il n'aurait pas de réponse qu'il continue ». *Daniel Kunth*

Avancer sans certitude de résultat, interroger sans espérer une réponse immédiate, c'est aussi établir une relation de sérénité et de confiance, un lien durable.
Hubert incarne une autre manière d'être au monde. Hartmut Rosa dénonce notre volonté de rendre le monde totalement disponible, cette logique qui, poussée à l'extrême, devient un programme global où tout se transforme en ressource, où tout devient exploitable. Mais le monde n'est pas inépuisable. Hubert rappelle que le monde n'est pas un stock dans lequel nous pouvons puiser à l'infini. La matière première de la résonance, c'est le monde lui-même : vivant, entier, libre. Si nous le réduisons à ses seules fonctions, si nous coupons les forêts pour en tirer profit, si nous forçons les sols, les mers, les corps, alors nous ne rendons pas le monde disponible, nous l'épuisons. Ce que Rosa appelle une relation résonante au monde rejoint ce que vit Hubert depuis toujours : une attention, une retenue, une capacité à laisser être, sans toujours chercher à prendre. Une éthique du lien plutôt que de l'appropriation qu'il traduit en gestes simples : observer, écouter, transmettre. Continuer, comme Hubert, ce n'est pas exploiter. C'est tenir dans l'incertitude. C'est avancer en prenant soin, avec respect. C'est croire que le sens naît du lien, pas de la possession.

« Nous abusons de la terre parce que nous la considérons comme une propriété nous appartenant. Quand nous la voyons comme une

communauté à laquelle nous appartenons, nous pouvons commencer à l'utiliser avec amour et respect ». ***Aldo Leopold***

TOUT N'EST PAS FOUTU… si nous apprenons à écouter. Même les tortues nous soufflent, à leur manière : « Voyez, nous nous sommes adaptées à cette planète sans la saccager. Résultat, nous sommes encore là, après deux cents millions d'années. » Leur force ne vient ni de la vitesse, ni d'un esprit de conquête, mais de la sobriété, de la résilience, de l'attention aux rythmes du monde. Elles incarnent une autre voie : ralentir, ajuster, faire avec, au lieu de forcer. Leur stratégie, c'est la retenue. C'est traverser l'incertain sans l'épuiser. À leur image, apprenons à faire avec : avec nos limites, nos vulnérabilités, les ressources finies de la planète. Être, plutôt que de vouloir sans cesse devenir, ou passer notre temps à échapper à nous-mêmes. Non par résignation, mais par respect. Et par modestie. Dans un monde saturé, où nos gestes numériques pèsent lourd sans même que nous en ayons conscience, il est urgent de réapprendre à faire moins, à faire mieux, à faire sens. L'éducation à la sobriété ne consiste pas à priver, mais à choisir. À discerner. À rétablir des seuils et des priorités. La résonance, elle aussi, a besoin d'espace. Elle ne naît pas dans le bruit, l'excès, la saturation. Elle demande du vide, du silence, du temps. Elle exige que nous laissions au monde la possibilité de nous répondre – pas seulement en mots ou en chiffres, mais en présence. Ralentir, c'est parfois résister pour sauver. Simplifier, c'est s'engager avec honnêteté, sans dépasser les limites du vivant, sans présumer des nôtres.

Pénélope, l'épouse d'Ulysse, tisse. Chaque jour, elle avance. Chaque nuit, elle défait en silence ce qu'elle a patiemment construit. Non pas par folie ou par perfectionnisme, mais parce qu'elle sait, au fond, que toute précipitation est une trahison. Elle choisit de croire qu'Ulysse est sur le point de revenir. Elle habite l'incertitude avec dignité. Ses prétendants s'impatientent. Ils exigent une décision, un délai. Pénélope leur oppose une patience obstinée, nourrie par un lien invisible, par une fidélité à Ulysse qui ne demande pas de preuve de réciprocité. Jamais elle ne se résigne, n'emprunte de raccourci ou ne met fin à son rêve. Même sans certitude, même si tout semble perdu, elle continue à tisser, à son rythme.

« Ce que la chenille appelle la fin du monde, le reste du monde l'appelle papillon ». *Richard Bach*

TOUT N'EST PAS FOUTU… si nous reprenons le fil. Si, comme Pénélope, nous continuons à tisser, même si l'ouvrage est fragile et l'issue incertaine. Tisser, détisser, recommencer, pour tenir, espérer et garder vivant un lien qui semble s'éloigner mais dont nous sentons qu'il demeure. Car la patience n'est pas inaction : elle est persistance lucide, fidélité, force tranquille. Il ne s'agit pas d'attendre mais d'agir avec constance, par le geste, par la malice, par la fidélité. Refusons la précipitation, fuyons le renoncement. Apprenons à faire taire le vacarme des injonctions extérieures, pour écouter la voix qui a du sens pour nous. Ce que l'on maintient en suspens aujourd'hui sera peut-être un refuge demain.

« Merci pour ta sagesse, ton humanité et pour avoir tracé un pont entre la science et la poésie. Tes idées continuent de voyager avec nous, au-delà de l'atmosphère ». *Michel Tognini*

Vendredi 13 octobre 2023, 15 heures :

Allô, Laurence ?
C'est Camille.
Il faut que tu viennes tout de suite à l'hôpital.
Hubert est en train de mourir.
Mourir ? Tu es sûre, Camille ?
Oui, je suis à côté de lui. J'en suis sûre.
Viens vite.
Camille… je ne préfère pas.
Je l'entends me parler.
Avant-hier seulement.
Merci de me prévenir.
Je reste là. Pour toi.

Ceux qui allument en nous des étoiles ne meurent jamais. Merci Hubert !

Chanson d'automne

Les sanglots longs
Des violons
De l'automne
Blessent mon cœur
D'une langueur
Monotone.

Tout suffocant
Et blême, quand
Sonne l'heure,
Je me souviens
Des jours anciens
Et je pleure

Et je m'en vais
Au vent mauvais
Qui m'emporte
Deçà, delà,
Pareil à la
Feuille morte.

Paul Verlaine

REPÈRES CHRONOLOGIQUES

25 juin 1927 : Joseph-Aimé Reeves et Marie-Manon Beaupré se marient à l'église Notre-Dame-de-Grâce de Montréal.

13 juillet 1932 à 8h30 : Joseph, Jean-Louis, Hubert Reeves né à Montréal.

15 juillet 1932 : Hubert Reeves est baptisé à la Paroisse Notre-Dame-de-Grâce de Montréal. Maximilien Caron et Colombe Beaupré sont ses parrain et marraine.

5 septembre 1940 : Hubert entre en préparatoire au Collège Jean-de-Brébeuf, à Montréal.

1942 : La famille Reeves emménage dans une maison à Côte-des-Neiges, un quartier de Montréal.

1950 : Hubert obtient son baccalauréat ès arts (B.A.) au Collège Jean-de-Brébeuf, à Montréal.

1952 : A l'occasion d'un emploi d'été à Burnt Creek, Hubert travaille pour la société Iron One Company of Canada où il participe à l'analyse du minerai de fer de la compagnie minière.

1953 : Hubert obtient son baccalauréat en physique (B.Sc.) de l'Université de Montréal.

1955 : Hubert présente son mémoire de maîtrise Formation of Positronium in Hydrogen and Helium, à l'Université McGill, à Montréal.

7 septembre 1955 : Hubert épouse Francine Brunel à Outremont, un quartier de Montréal. Le couple a quatre enfants : Gilles, Nicolas, Benoît et Evelyne.

1955-1960 : Hubert effectue son doctorat à l'Université Cornell, Ithaca, État de New York, sous la direction d'Edwin Salpeter.

1960 : Hubert soutient sa thèse de doctorat Thermonuclear Reactions Involving Medium Light Nuclei au département de physique de l'Université Cornell, Ithaca, État de New York.

1960-1964 : Hubert est professeur au département de physique de l'Université de Montréal. Il est également chercheur et consultant à l'Institute for Space Studies de la NASA et enseignant à l'Université Columbia (New York).

1964-1965 : Hubert prend une année sabbatique. Il est professeur invité à l'Université Libre de Bruxelles en Belgique, au service de physique nucléaire de Marcel Demeur.

À partir de 1965 : Hubert devient directeur de recherches au Centre National de la Recherche Scientifique (CNRS) à Paris et conseiller scientifique au Commissariat à l'Énergie Atomique (CEA) à Saclay en France.

1971 : Hubert publie avec ses étudiants, Jean Audouze et Maurice Meneguzzi, l'article *The production of the elements Li, Be, B by galactic cosmic rays in space and its relation with stellar observations.*

1972 : Hubert démarre une collaboration avec le physicien suisse Johannes Geiss.

1974 : Hubert donne des conférences majeures sur la nucléosynthèse et l'origine des éléments dans l'univers.

1976 : Hubert est co-auteur de l'article : *Implications of the Presence of Deuterium in the Galactic Center.*

1981 : Hubert publie *Patience dans l'azur*, qui connaît un grand succès et vulgarise l'astrophysique auprès du grand public.

1981 : Hubert effectue un séjour d'un semestre au Département d'Astronomie de l'Université de Berkeley, Californie, USA.

1981 : Hubert devient une figure médiatique de la vulgarisation scientifique, apparaissant dans divers documentaires et émissions télévisées.

1983 : Hubert participe à plusieurs conférences internationales sur la cosmologie et la physique des étoiles.

1984 : Hubert publie *Poussières d'étoiles*, un autre ouvrage majeur de vulgarisation scientifique.

31 janvier 1987 : Hubert se marie avec Camille Scoffier, sa seconde épouse, à Paris dans le 6ème arrondissement.

1989 : Hubert commence à s'engager publiquement pour la protection de l'environnement et la biodiversité.

10 août 1991 : Hubert est invité à la première édition des Nuits des étoiles sur Antenne 2.

1999 : L'astéroïde 9631, découvert le 17 septembre 1993 à l'ESO par l'astronome belge Éric Elst, est baptisé Hubert Reeves par l'Union astronomique internationale.

21 novembre 2001 : le Prix mondial des sciences Albert-Einstein est attribué par le World Cultural Council à Hubert Reeves et Johannes Geiss pour leurs travaux remarquables en cosmologie.

2001-2017 : Hubert est président honoraire de l'Association Humanité et Biodiversité (anciennement Ligue ROC pour la préservation de la faune sauvage).

2003 : Hubert publie *Mal de Terre* avec Frédéric Lenoir. Il s'engage davantage dans la protection de l'environnement.

8 septembre 2016 : la ministre de l'Environnement Ségolène Royal nomme Hubert Président de l'Agence française pour la biodiversité.

2020 : Hubert publie *La fureur de vivre*, où il partage ses réflexions sur la science et le vivant.

13 octobre 2023 : Hubert meurt à Paris, dans le 13ème arrondissement, à l'âge de 91 ans.

1940-1941 : Éléments français (section B)
1941-1942 : Éléments français (section A)
1942-1943 : Éléments latins (1re division, section D)
1943-1944 : Syntaxe (section A)
1944-1945 : Méthode (section B)
1945-1946 : Versification (2e division, section A)
1946-1947 : Belles lettres (1re division, section A)
1947-1948 : Rhétorique
1948-1949 : Philosophie 1
1949-1950 : Philosophie 2

Sources : Annuaires du Collège Jean-de-Brébeuf

DISTINCTIONS HONORIFIQUES

Sans être exhaustive, cette énumération présente les principales distinctions reçues par Hubert Reeves. Elles soulignent à la fois son apport scientifique et sa contribution majeure à la diffusion des connaissances, tout au long de sa carrière. Elles reflètent également son engagement profond pour la préservation de l'environnement et de la vie sur Terre.

Ordres nationaux et décorations :

- Compagnon de l'Ordre du Canada (2003)
- Commandeur de la Légion d'honneur (France, 2003)
- Commandeur de l'Ordre de Montréal (2016)
- Grand officier de l'Ordre national du Mérite (France, 2019)
- Grand officier de l'Ordre national du Québec (2018)

Prix scientifiques et littéraires :

- Prix Jean-Perrin de la Société française de physique (1985)
- Prix Blaise-Pascal de Clermont-Ferrand (1988)
- Grand Prix de la Francophonie de l'Académie française (1989)
- Prix Albert Einstein (2001)
- Prix Samuel de Champlain de l'Institut France-Canada (2002)
- Prix Jules Janssen de la Société astronomique de France (2019)

Doctorats honoris causa :

• Université de Montréal (1983)
• Université Laurentienne, Sudbury (1985)
• Université de Berne (1989)
• Université de Moncton (1991)
• Université libre de Bruxelles (1992)
• Université Laval QC (1998-1999)
• Université d'Ottawa (2004)
• Université du Québec à Montréal (2010)
• Université de Sherbrooke (2011)
• Université du Havre (2014)

Hommages

• Un astéroïde nommé en son honneur : (9631) Hubertreeves (1999)
• Création du prix Hubert-Reeves par l'Association des communicateurs scientifiques du Québec (2011)
• Nomination comme premier président d'honneur de l'Agence française pour la biodiversité (2016)

OUVRAGES D'HUBERT REEVES

Ce qui suit ne se veut pas exhaustif, mais donne à voir l'ampleur et la diversité de l'œuvre d'Hubert : une œuvre prolifique, à la fois scientifique, pédagogique et profondément humaniste, portée par une voix au timbre unique. Livres, films, entretiens, conférences… Il fait feu de tout support pour transmettre ses connaissances, nourrir la réflexion et appeler à l'action.

- *Évolution stellaire et nucléosynthèse*, Gordon and Breach / Dunod, 1968
- *Nuclear Reactions in Stellar Surfaces*, Gordon and Breach, New York, 1972
- *Pour comprendre l'univers*, avec Armand Delsemme et Jean-Claude Pecker, Paris, Flammarion, 1988
- *Soleil : histoire à deux voix*, (en collaboration avec Jacques Very, Éliane Dauphin-Lemierre et les enfants d'un CES) - La Noria, 1977 - La Nacelle, 1990 - Seuil Jeunesse, 2006
- *Patience dans l'azur*, Seuil, « Science ouverte », 1981 - « Points Sciences », n°55, 1988 (nouvelle édition)
- *Poussières d'étoiles*, Seuil, « Science ouverte », 1984 (album illustré), « Points Sciences », n°100, 1994, 2009 (nouvelle édition) - Point Deux, 2011
- *L'Heure de s'enivrer*, Seuil, « Science ouverte », 1986 - « Points Sciences », n°84, 1992, 2007
- *Malicorne*, Seuil, « Science ouverte », 1990 - « Points », n°179, 2007
- *Poussières d'étoiles. Hubert Reeves à Malicorne*, cassette vidéo 52 min Vision Seuil (VHS SECAM), 1990

- *Comme un cri du cœur*, (ouvrage collectif), L'Essentiel, Montréal, 1992
- *Compagnons de voyage*, (en collaboration avec Jelica Obrénovitch), Seuil, « Science ouverte », 1992 (album illustré) - « Points », n°542, 1998 (nouvelle édition),
- *Dernières nouvelles du cosmos*, Seuil, « Science ouverte », 1994 - « Points Sciences », n°130, 2002 (nouvelle édition)
- *La Première Seconde*, Seuil, « Science ouverte », 1995 - « Points Sciences », n°130 (nouvelle édition)
- *L'espace prend la forme de mon regard*, (photographies Jacques Very), Myriam Solal, 1995 - L'Essentiel, Montréal, 1995 -Seuil, 1999 - « Points Sciences », n°173, 2006
- *La Plus Belle Histoire du monde*, (en collaboration avec Yves Coppens, Joël de Rosnay et Dominique Simonnet), Seuil, 1996, et « Points » P897, 2001
- *Intimes convictions*, (entretiens), Paroles d'Aube, 1997 - La Renaissance du livre, 2001
- *Oiseaux, merveilleux oiseaux*, Seuil, « Science ouverte », 1998 - « Points Sciences », n°154, 2003
- *Noms de dieux*, (entretiens avec Edmond Blattchen), Stanké, Montréal - Alice Éditions, Liège, 2000
- *L'Univers*, CD à voix haute, Gallimard, 2000
- *Sommes-nous seuls dans l'univers ?*, (en collaboration avec Nicolas Prantzos, Alfred Vidal-Madjar et Jean Heidmann), Fayard, 2000 - Le Livre de poche, 2002
- *Hubert Reeves par lui-même*, Stanké, Montréal, 2001
- *La Nuit*, CD, éditions De Vive Voix, Paris, 2001
- *Hubert Reeves, conteur d'étoiles*, (documentaire écrit et réalisé par Iolande Cadrin-Rossignol), Office national du film canadien, 2002 - DVD Éditions Montparnasse, 2003
- *Mal de Terre*, (en collaboration avec Frédéric Lenoir), Seuil, « Science ouverte », 2003 - « Points Sciences », n°164, 2005, 2015
- *Chroniques du ciel et de la vie*, Seuil / France Culture, 2005 - « Points Sciences », n°191, 2010
- *Réponses à des questions fréquemment posées*, Vol. 1 et 2, CD, Spirit Music, Metz, 2006

- *Chroniques des atomes et des galaxies*, Seuil / France Culture, 2007 - « Points Sciences », n°200, 2011, 2018
- *Patience dans l'obscur*, (photographies Jacques Very), Éditions Multi-Mondes, Montréal, 2008
- *Petite histoire de la matière et de l'univers*, (collectif), Le Pommier, 2008, 2009
- *Je n'aurai pas le temps*, (mémoires), Seuil, « Science ouverte », 2008 - « Points Sciences », n°205, 2012
- *Le joli petit monde d'Hubert Reeves*, (avec Christophe Aubel, illustrations de Cécile Léna), Élytis, 2009
- *Arbres aimés*, (photographies de Jacques Very), Seuil, 2009 (album illustré)
- *La Petite Affaire jaune*, Élytis, 2011
- *L'Univers expliqué à mes petits-enfants*, Seuil, 2011, 2012 (album illustré)
- *L'Avenir de la vie sur Terre*, Bayard, 2012
- *L'Univers, ce qu'on ne sait pas encore*, (avec Anna Alter, illustrations Eglantine Ceulemans), Le Pommier, 2013
- *Les étoiles d'Hubert*, (avec Dominique Dimey), Les Editions des Braques, 2013
- *Là où croît le péril… croît aussi ce qui sauve*, Seuil, « Science ouverte », 2013 - « Points Sciences », n°219, 2015
- *La Mer expliquée à nos petits-enfants*, (en collaboration avec Yves Lancelot), Seuil, 2015
- *Les Secrets de l'Univers*, Bouquins, Robert Laffont, 2016
- *Le soleil et son système, ce qu'on ne sait pas encore…* (avec Anna Alter, illustrations Benoît Perroud), Le Pommier, 2016
- *Dialogues sous le ciel étoilé* (avec Jean-Pierre Luminet, adapté par Iolande Cadrin-Rossignol), Robert Laffont, 2016
- *L'Univers : créativité cosmique et artistique*, (avec Daniel Casanave), Le Lombard, 2016 (Coll. « Petite Bédéthèque des savoirs »)
- *La Terre et les Hommes*, Robert Laffont, 2017
- *Hubert Reeves nous explique*, Tome 1 : La Biodiversité (Nelly Boutinot), Le Lombard, 2017

- *J'ai vu une fleur sauvage* (photographies de Patricia Aubertin), Seuil, « Science ouverte », 2017 - « Points Sciences », n°4986, 2019
- *Le Banc du temps qui passe*, Seuil, « Science ouverte », 2017 - « Points Sciences », 2020
- *L'incroyable destin de Hubert Reeves conteur de l'Univers* (Estelle Vidard, Hervé Duphot), Bayard jeunesse, 2018
- *Hubert Reeves nous explique*, Tome 2 : La Forêt (Nelly Boutinot), Le Lombard, 2018
- *Hubert Reeves nous explique*, Tome 3 : Les Océans (David Vandermeulen), Le Lombard, 2019
- *Je chemine avec Hubert Reeves*, (entretiens menés par Sophie Lhuillier), Seuil, 2019
- *La Terre vue du cœur*, (avec Frédéric Lenoir et Iolande Cadrin-Rossignol), Seuil, 2019
- *La fureur de vivre*, Seuil, 2020
- *Parmi des millions*, (illustrations de Pascal Lemaître), L'Aube, 2020
- *Pourquoi moi ? Le hasard dans tous ses états*, (collectif), Belin, 2021

FILMOGRAPHIE

Les étoiles naissent aussi, 1979

Le Soleil, notre étoile, 1980

La Vie dans l'univers, série de 12 émissions de 15 minutes, 1982

Un soir, une étoile, série de 66 émissions de 2 minutes, 1984

Trois pommes à côté du sommeil, film de Jacques Leduc, 1989

Grand beau, téléfilm de Bernard Choquet, 1990

Hubert Reeves : Conteur d'étoile, ONF, 52 minutes version VHS, 89 minutes en version DVD, 2003

Hubert Reeves : La Terre vue du Cœur, 91 minutes, 2018

L'Océan vu du cœur, 2023

De nombreuses conférences et interviews exclusives d'Hubert Reeves sont en accès libre sur la chaine YouTube Ideas in Science

https://www.youtube.com/@IdeasinScience

CRÉDITS PHOTOS

© : Laurence Honnorat :
Couverture : Portrait d'Hubert Reeves, 2012
P. 14 : Lac Louise, parc national de Banff, Rocheuses canadiennes
P. 18 : Cimetière Notre-Dame-des-Neiges, Montréal
P. 21 : Feuilles d'automne dans les Laurentides
P. 30 : Cerisier d'ornement (Prunus groupe Sato-Zakura), Jardin des plantes, Paris
P. 48 : Lac Waterfowl, parc national de Banff, Rocheuses canadiennes
P. 66/67 : Télescope Hooker - Observatoire du mont Wilson, Californie
P. 72/73 : Observatoire de Byurakan, Mont Aragats, Arménie
P. 84/85 : Accordéon au Carnaval de Québec
P. 88 : Eclipse totale du 8 avril 2024, Magog, Québec
P. 106/107 : Bouteilles et verrerie à Malicorne, Bourgogne
P. 113 : Cardère sauvage, Jardin des plantes, Paris
P. 118 : Laboratoire Edison, Fort Myers, Floride
P. 128/129 : Portrait d'Hubert Reeves, 2020
P. 150/151 : Jardin à Malicorne en avril 2025, Bourgogne
P. 157 : Île de Vancouver, Canada
P. 166/167 : Glacier Perito Moreno, Argentine
P. 176/177 : Fruit de la passion, Maui, Hawaï
P. 178 : Mélèzes subalpin, Jasper, Rocheuses canadiennes
P. 196/197 : Palette de peinture à l'huile
P. 206/207 : Portrait d'Hubert Reeves, 2020
P. 230/231 : Portrait d'Hubert Reeves, 2013
P. 233 : Murale « La Voie lactée ». Hommage à Hubert Reeves, Mateo - Ruelle La Voie lactée, au coin de l'avenue De Lorimier et de la rue Bélanger, Montréal
P. 242 : Forêt humide, Île de Vancouver, Canada
P. 252/253 : Parc national de Yellowstone, Montana
P. 256 : Guanacos - Désert de l'Atacama, Chili
P. 268 : Lys - Île de Pâques, Chili
P. 278/279 : Main d'Hubert Reeves, 2014
P. 300/301 : Portrait d'Hubert Reeves, 2017
P. 309 : Tournesol, Jardin des plantes, Paris

© : NASA, ESA, CSA, STScI
P. 42 : Uranus prise par la caméra NIRCam (Near-Infrared Camera) du télescope spatial James Webb de la NASA.

© : NASA, ESA, M. Robberto (Space Telescope Science Institute/ESA) and the Hubble Space Telescope Orion Treasury Project Team
P. 90 : Nébuleuse d'Orion

© : X-ray: NASA/CXC/SAO ; Infrared: NASA/ESA/CSA/STScI/D. Milisavljevic (Purdue Univ.), I. De Looze (UGent), T. Temim (Princeton Univ.) ; Image Processing : NASA/CXC/SAO/J. Major, J. Schmidt and K. Arcand
P. 137 : Vestige de la supernova Cassiopée A

© : Terry Virts
P. 224/225 : La Terre vue de la Station Spatiale Internationale - Floride, Cuba, Bahamas

© : SOHO (ESA & NASA)
P. 246 : Soho - Solar and Heliospheric Observatory

© : Observatoire Vera C. Rubin NSF - DOE
P. 326/327 : Le coffre au trésor cosmique

RÉFÉRENCES BIBLIOGRAPHIQUES

P. 16 – Les amis de la montagne : https://www.le-montroyal.qc.ca/fr

P. 19 – « *Les oiseaux… dans la nuit* ». *L'espace prend la forme de mon regard*, Myriam Solal (1999)

P. 19 – « *Ma mère… le ciel et l'eau* ». *France Inter* – Le grand entretien de François Busnel (2011)

P. 20 – « *Mon père nous emmenait… vous enseigne quelque chose* ». *France Culture*, Les nuits magnétiques (1979)

P. 20 – Léry, Ville québécoise : https://www.lery.ca/la-ville/portrait-de-lery

P. 20 – Réserve nationale de faune des îles de la Paix : https://www.canada.ca/fr/environnement-changement-climatique/services/reserves-nationales-faune/existantes/iles-de-la-paix/depliant.html

P. 20 – L'encyclopédie canadienne : https://www.thecanadianencyclopedia.ca/fr

P. 24 – « *Aller aux îles… si intense que j'en oubliais de ramer* ». *Je n'aurai pas le temps*, Mémoires, Seuil

P. 24 – « *Je pouvais passer des heures… de toutes sortes de formes* ». *KTO TV* – Émission Visages inattendus de personnalités (2009) : https://www.ktotv.com/video/00042780/hubert-reeves

P. 25 – « *Quand la comète de Halley… souvenir d'astronomie que j'ai* ». *France-Culture*, Les Nuits magnétiques (1979)

P. 25 – « *Écouter… de plaisirs plus intenses* ». *Je n'aurai pas le temps*, Mémoires, Seuil

P. 26 – « *Son aura… et même au-delà* ». *Je n'aurai pas le temps*, Mémoires, Seuil

P. 27 – « *La ligne acérée de l'horizon… visiter la planète* ». *Le Saint-Laurent un fleuve à découvrir*, Éditions de l'Homme (1999)

P. 27 – « *J'ai le vif souvenir… les rares nuages blancs* ». *Oiseaux, merveilleux oiseaux*, Seuil

P. 27 – *Historical Studies in Education* (Revue d'histoire de l'éducation) : https://historicalstudiesineducation.ca

P. 32 – « *Lorsqu'on me demande… j'ai voulu suivre ses traces* ». *Je n'aurai pas le temps*, Mémoires, Seuil

P. 33 – « *Je pouvais…* Et après ? et après ? ». *Je n'aurai pas le temps*, Mémoires, Seuil

P. 34 – Hervé Fischer – *La condition planétaire*

P. 37 – Herbier Louis-Marie : https://www.herbier.ulaval.ca

P. 37 – Potagers d'antan – Les fruits et légumes rares du Québec : https://potagersdantan.com/2019/09/22/pere-louis-marie-lalonde-1898-1978-premier-docteur-en-biologie-canadien-francais-dharvard/

P. 38 – Abbaye Notre-Dame-du-Lac-à-Oka : https://toponymie.gouv.qc.ca/ct/ToposWeb/Fiche.aspx?no_seq=441698

P. 39 – « *Je m'émerveille… à portée de mes yeux* ». *Je n'aurai pas le temps*, Mémoires, Seuil

P. 39 – « *Regardez !… révéler le monde aux gens* ». *Je n'aurai pas le temps*, Mémoires, Seuil

P. 40 – L'Abbé Théophile Moreux – *D'où venons-nous ?* Maison de la Bonne Presse (1939)

P. 41 – « *Ayant à décider… vers la capitale du Burundi* ». *Je n'aurai pas le temps*, Mémoires, Seuil

P. 43 – « *Vous ferez vos études… vous aurez au moins cela : l'instruction* ». *Je n'aurai pas le temps*, Mémoires, Seuil

P. 44 – « *Le Père Jacques Tremblay… le gaspiller à nous presser !* ». *Je n'aurai pas le temps*, Mémoires, Seuil

P. 45 – « *C'est dans le même terreau… poétique et religieuse* ». *Malicorne*, Seuil

P. 45 – « *Ce qui m'impressionna… un sentiment de vertige* ». *Je n'aurai pas le temps*, Mémoires, Seuil

P. 46 – « *L'influence de mon frère… bien d'autres encore* ». *Je n'aurai pas le temps*, Mémoires, Seuil

P. 50 – « *Quand est venu le temps… pencher la balance* ». *La fureur de vivre*, Seuil

P. 50 – L'Observatoire fédéral astrophysique : https://www.cadc-ccda.hia-iha.nrc-cnrc.gc.ca/fr/ofa/

P. 51 – Canada under the stars – Andrew McKellar : https://astro-canada.ca/andrew_mckellar-eng

P. 51 – « *Tout se passe… moindre idée de ce que cela veut dire* ». *Je n'aurai pas le temps*, Mémoires, Seuil

P. 53 – « *J'avais de fréquents contacts… des heures à parcourir* ». *Je n'aurai pas le temps*, Mémoires, Seuil

P. 53 – « *L'ambiance était exaltante… profondément émotif* ». *Je n'aurai pas le temps*, Mémoires, Seuil

P. 53 – « *Croisant un jour… des décennies plus* tard ! ». Je n'aurai pas le temps, Mémoires, Seuil

P. 54 – « Doué d'un sens intuitif… dans les ascenseurs ». *Je n'aurai pas le temps*, Mémoires, Seuil

P. 55 – « *J'allais aux cours de Philip Morrison… de la science et des arts* ». *Je n'aurai pas le temps*, Mémoires, Seuil

P. 55 – *Fred Hoyle, « c'est un homme… pas d'accord avec lui »*. *Je n'aurai pas le temps*, Mémoires, Seuil

P. 56 – « *Fred Hoyle… aussi bête* ». *France Culture, Petits voyages dans le cosmos d'Hubert Reeves* – Etienne Klein (2020)

P. 56 – Simon Mitton – *Conflict in the Cosmos : Fred Hoyle's Life in Science* – Joseph Henry Press (2005)

P. 57 – The Feynman lectures on physics : https://www.feynmanlectures.caltech.edu

P. 57 – Richard Feynman – *Surely You're Joking, Mr. Feynman !* – W. W. Norton & Company (1997)

P. 57 – Richard Feynman – *Meaning of It All* – Penguin Books (2007)

P. 57 – *George Gamow ou le joyeux refus des idéologies* : https://odysseum.eduscol.education.fr/georges-gamow-ou-le-joyeux-refus-des-ideologies

P. 58 – « *Il répétait souvent… fête pour l'esprit* ». *Je n'aurai pas le temps*, Mémoires, Seuil

P. 59 – « *C'est à cette période… la physique* ». *Je n'aurai pas le temps*, Mémoires, Seuil

P. 60 – *Solar Wind Composition Experiment* : https://nssdc.gsfc.nasa.gov/nmc/experiment/display.action?id=1971-008C-03

P. 60 – *William Alfred Fowler* : https://phys-astro.sonoma.edu/brucemedalists/william-fowler

P. 60 – « *Je me suis ainsi… ce que j'ai à vous dire* ». *Je n'aurai pas le temps*, Mémoires, Seuil

P. 61 – *Brève histoire de la Révolution tranquille.* Martin Pâquet et Stéphane Savard, Éditions Boréal (2021)

P. 62 – « *Bientôt s'imposa… contre un seul en français* ». *Je n'aurai pas le temps*, Mémoires, Seuil

P. 62 – « *Je serais un jour promu… notre vaste planète !* ». *Je n'aurai pas le temps*, Mémoires, Seuil

P. 63 – « *J'avais fait des cours… type d'étoiles arrive ?* ». *France Culture, Petits voyages dans le cosmos d'Hubert Reeves* – Etienne Klein (2020)

P. 64 – Les Annales de la Société Scientifique de Bruxelles, tome 47A, pages 49–59 (1927)

P. 65 – « *Tout comme Einstein… l'échelle du cosmos* ». *Je n'aurai pas le temps*, Mémoires, Seuil

P. 68 – Interview de Georges Lemaître, le père du Big Bang (1964) : https://www.vrt.be/vrtnws/fr/2022/12/31/la-vrt-a-retrouve-dans-ses-archives-une-interview-de-1964-de-geo/

P. 68 – Archives de l'Université catholique de Louvain : https://archives.uclouvain.be/exhibits/show/georges-lemaitre/commencement-ou-creation/formation

P. 68 – *Sous le voile du cosmos : Quand les scientifiques parlent de Dieu.* Jacques Arnould, Albin Michel (2015)

P. 68 – Andrei Borisovich Severny : https://link.springer.com/content/pdf/10.1007/BF00146225.pdf

P. 68 – « *Comme je m'étonne… mon séjour en URSS* ». *Je n'aurai pas le temps*, Mémoires, Seuil

P. 69 – « *J'ai eu cette espèce… des choses comme ça* ». *France Inter* – Émission Vous êtes cernés de Sylvain Augier (1992)

P. 69 – « *Il est au courant… ne se réalisera jamais* ». *Je n'aurai pas le temps*, Mémoires, Seuil

P. 70 – *Mort de M. René Bernas, spécialiste mondial de la spectrométrie* : https://www.lemonde.fr/archives/article/1971/07/14/mort-de-m-rene-bernas-specialiste-mondial-de-la-spectrometrie_2453698_1819218.htm

P. 74 – « *Prise dans l'émotion… retour possible au paradis* ». *Je n'aurai pas le temps*, Mémoires, Seuil

P. 76 – « *Mozart fait vibrer… déjà existantes ?* ». *Poussières d'étoiles*, Seuil

P. 77 – « *Je me sens bien… vous êtes confortable* ». *France Musique* – Chemin rêvant (2012)

P. 78 – « *Le Sacre du Printemps… tout ça ne valait rien* ». *Radio France* – Émission d'Elsa Boublil (2017)

P. 78 – « C'est ce que j'aime… une espèce d'addiction ». *France Musique* – Chemin rêvant (2012)

P. 79 – « *Je ne sais pas comment… me concentrer* ». *Je n'aurai pas le temps*, Mémoires, Seuil

P. 80 – « *J'ai découvert… celui de l'audition* ». *Je n'aurai pas le temps*, Mémoires, Seuil

P. 80 – *Le Monde – Au concert avec l'astrophysicien Hubert Reeves* (2010)

P. 81 – « *La musique… commence un mystère* ». *Je n'aurai pas le temps*, Mémoires, Seuil

P. 86 – « *La beauté… celui qui la perçoit* ». *Malicorne*, Seuil

P. 86 – Musée du Louvre à Paris : https://collections.louvre.fr

P. 87 – « *S'insérer dans le courant du temps… une histoire* ». *L'espace prend la forme de mon regard*, Myriam Solal

P. 87 – « *Les aurores boréales… Jules Verne* ». *France Culture* – Les nuits magnétiques (1979)

P. 89 – « *Devant l'océan serein… Rien de plus* ». *Malicorne*, Seuil

P. 91 – L'œuvre du peintre Zao-wou-ki : https://www.artnet.com/artists/zao-wou-ki/

P. 91 – « Poursuivant notre périple… à New York ». *Je n'aurai pas le temps*, Mémoires, Seuil

P. 93 – « *Pour explorer le champ des possibles… la plus efficace.* » *L'espace prend la forme de mon regard*, Myriam Solal

P. 93 – Le Monde – Les neurosciences recherchent la source de notre créativité : https://www.lemonde.fr/sciences/article/2023/08/29/les-neurosciences-recherchent-la-source-de-notre-creativite_6186972_1650684.html (2023)

P. 93 – *Stellar neutrons source* : https://adsabs.harvard.edu/full/1966ApJ...146..447R

P. 94 – « *Un terrain particulièrement fertile… très éloignés* ». *Je n'aurai pas le temps*, Mémoires, Seuil

P. 95 – « *L'humour, c'est fondamental… l'idée de l'humour* ». *Je n'aurai pas le temps*, Mémoires, Seuil

P. 104 – « *La rupture de notre mariage… m'enfoncer* ». *Je n'aurai pas le temps*, Mémoires, Seuil

P. 104 – « *Il y a… tenter de rejoindre* ». *Je n'aurai pas le temps*, Mémoires, Seuil

P. 109 – « *C'est un lieu où… si cruellement* ». *Malicorne*, Seuil

P. 110 – « *Planter des arbres… réaliser* ». *France Culture*, Dialogue avec les arbres millénaires (2019)

P. 110 – « *Être responsable de ces arbres… de la Voie lactée* ». *Arbres aimés*, Seuil

P. 114 – « *A Malicorne… l'automne est déjà là* ». *Malicorne*, Seuil

P. 114 – « *Là, une grande paix… l'évolution de l'Univers* ». *Malicorne*, Seuil

P. 116 – « *5 mai… plumage jaune vif* ». *Malicorne*, Seuil

P. 124 – « *J'aime regarder… les plus secrets* ». *Je n'aurai pas le temps*, Mémoires, Seuil

P. 133 – « *La mort… plus merveilleux que l'on croit* ». Interview de Jacques Véry

P. 134 – « *La lumière émise… sa propre matière* ». *Chroniques des atomes et des galaxies*, Seuil

P. 134 – « *Voici ma propre autocritique… des autres* ». *KTO TV* – Émission du 10/01/2009

P. 136 – « *La réalité du monde… tous les secrets* ». *Savoir, penser, rêver*, Flammarion (2018)

P. 138 – *L'astrophysique nucléaire – CEA* : https://www.cea.fr/multimedia/Documents/publications/livrets-thematiques/cea_Astrophysique.pdf

P. 138 – *Synthesis of the Elements In Stars* : https://journals.aps.org/rmp/pdf/10.1103/RevModPhys.29.547

P. 141 – *Reeves, Hubert – A review of nuclear energy generation in stars, and some aspects of nucleosynthesis* : https://ntrs.nasa.gov/api/citations/19660023892/downloads/19660023892.pdf

P. 141 – *Carbon, Oxygen, and Neon Thermonuclear Reaction Rates* : https://adsabs.harvard.edu/full/1962ApJ...135..779R

P. 142 – *The Production of the Elements Li, Be, B by Galactic Cosmic Rays in Space and Its Relation with Stellar Observations* : https://articles.adsabs.harvard.edu/full/1971A%26A....15..337M

P. 142 – *La nucléosynthèse primordiale* – CNRS : https://books.openedition.org/editionscnrs/11570?lang=en

P. 143 – *Solar Wind Composition Experiment* : https://an.rsl.wustl.edu/apollo/data/a12/stationLM/swc/docs/swc_psr.pdf

P. 144 – *On the Origin of Lithium* : https://adsabs.harvard.edu/full/1990ApJ...355...18R

P. 145 – « *Au cours de ma carrière… perception du cosmos* ». *Je n'aurai pas le temps*, Mémoires, Seuil

P. 146 – « *Adolescent, au Québec… dans les Cantons-de-l'Est* ». *Je n'aurai pas le temps*, Mémoires, Seuil

P. 148 – « *Plutôt que de dire… existentiellement impliqués* ». *Malicorne*, Seuil

P. 149 – « *Mon envie de devenir chercheur… son fonctionnement* ». *Je n'aurai pas le temps*, Mémoires, Seuil

P. 149 – « *Il y a aujourd'hui des demandes… l'Univers* ». *Le Courrier de l'UNESCO* (janvier 1993)

P. 152 – « *L'au-delà de moi-même… mes églises* ». *Malicorne*, Seuil

P. 154 – « *J'ai retrouvé… n'y pouvait rien* ». *Je n'aurai pas le temps*, Mémoires, Seuil

P. 154 – « *Tout au long de ma vie… les intuitions du maître* ». *Je n'aurai pas le temps*, Mémoires, Seuil

P. 155 – « *Winnicott a montré… la même origine* ». *Je n'aurai pas le temps*, Mémoires, Seuil

P. 156 – « *J'ai besoin de prendre… un peu déboussolé* ». *Télérama* Propos recueillis par Nicolas Delesalle (2016)

P. 158 – « *Sur une planète minuscule… pas une larme* ». *Chroniques du ciel et de la vie*, Seuil

P. 161 – « *Si la science… orienter votre vie* ». *Je n'aurai pas le temps*, Mémoires, Seuil

P. 162 – « *Le Putain de Facteur Humain… ce que cela implique.* » *France info* – Ouvrez le 1

P. 162 – « *Mes premiers contacts… en résulter* ». *Je n'aurai pas le temps*, Mémoires, Seuil

P. 165 – « *Souvent les gens me disent… savoir comment agir* ». *Le Courrier de l'UNESCO* (2008)

P. 169 – « *90 % des espèces… à quoi elles sont dues* ». *France info* – Portraits sensibles de Kriss

P. 169 – « *Nous avons engagé… sommes perdus* ». CNRS, Colloque en hommage à Hubert Reeves, (2024)

P. 169 – *Le Monde* – Protéger les récifs coralliens : un défi crucial pour l'avenir (2024)

P. 170 – *Planetary Health Check* – https://www.planetaryhealthcheck.org

P. 170 – « *L'espèce la plus menacée… à une telle échelle* ». *Chroniques du ciel et de la vie*, Seuil

P. 172 – « *C'est le facteur humain qui va faire ce qui va se passer* ». *France info* – Ouvrez le 1

P. 172 – « *Nous découvrons… aussi un élément* ». *Chroniques du ciel et de la vie*, Seuil

P. 173 – « *Ce qui m'a le plus profondément affecté… l'Amérique du Nord* ». *Je n'aurai pas le temps*, Mémoires, Seuil

P. 174 – « *L'espèce humaine… ce qui se passe* ». Conversation avec Jean-François Clervoy

P. 174 – « *Si on n'annonce que les choses… c'est foutu* ». *Journal de Montréal*, Chronique du 10 octobre 2010

P. 175 – Philippe Couillard est premier ministre du Québec de 2014 à 2018

P. 182 – « *Personne ne sait vraiment… droit au mystère* ». *Patience dans l'azur*, Seuil

P. 183 – « *Le soleil… cinq milliards d'années* ». Émission *Apostrophes* de Bernard Pivot, (23 octobre 1981) https://madelen.ina.fr/content/apostrophes-special-sciences-en-compagnie-dhubert-reeves-1981-111888

P. 184 – « *Nous habitons… d'autres galaxies* ». *Patience dans l'azur*, Seuil

P. 186 – « *Personne… petits-enfants* ». Conférence d'Hubert Reeves à l'Espace des sciences à Rennes (2014)

P. 190 – « *Mon auteur favori était Edgar Allan Poe… l'épisode les captivait* ». *Je n'aurai pas le temps*, Mémoires, Seuil

P. 193 – « *J'aime beaucoup la peinture… je n'y arrive pas* ». *KTO TV* – Émission du 10/01/2009

P. 198 – « *Je ne suis pas sûr… et comprendre* ». *France Inter* – Émission Vous êtes cernés de Sylvain Augier (1992)

P. 199 – « *Je crois que pour bien comprendre… l'histoire de l'univers* ». Émission Radioscopie de Jacques Chancel (1982)

P. 202 – « *Je n'ai jamais cru… la chose au début* ». *KTO TV* – Émission du 10/01/2009

P. 209 – « *Vous êtes une troupe… mes conférences* ». *Télérama* Propos recueillis par Nicolas Delesalle (2016)

P. 212 – « *Je demande toujours… m'écoutent.* ». *Radio France* – Émission d'Elsa Boublil (2017)

P. 213 – « *Je n'aime ni me voir ni m'écouter… de façon définitive* ». *KTO TV* – Émission du 10/01/2009

P. 218 – Définition de la pensée critique par Elena Pasquinelli : *La pensée critique est la capacité à trier et à qualifier les informations disponibles afin de se forger sa propre opinion.*

P. 219- « *Quand on évoque… qu'ils avaient choisies* ». Lettre à la Fondation Saint-Jean-Baptiste. 15 mai 2003

P. 220 – Les Prix du Québec : https://prixduquebec.gouv.qc.ca

P. 221 – « *Mes parents étaient des campeurs… que vous l'aimez* ». Émission d'Elsa Boublil (2017)

P. 225 – « *Terre, planète bleue… enfance* » – *Chroniques du ciel et de la vie*, Seuil

P. 226 – « *L'important… de la contemplation* ». *L'espace prend la forme de mon regard*, Myriam Solal, (1995)

P. 233 – « *Avant d'être chercheur… notre faute* ». *Télérama* (18 août 2004)

P. 237 – « *Quand j'ai planté… où je ne serai plus* ». *Intimes convictions*, Paroles d'Aube (1997)

P. 244 – « *Quelle planète préparons-nous… possibles ?* ». Le Monde – Pour une vie meilleure, par Hubert Reeves (2009)

P. 245 – « *Pourquoi le soleil… notre Univers* ». *Soleil : histoire à deux voix*, La Noria (1977)

P. 247 – *The Future of Earth's Oxygen* : https://astrobiology.nasa.gov/news/the-future-of-earths-oxygen/

P. 248 – *Reduced contribution of sulfur to the mass extinction associated with the Chicxulub impact event* : https://www.nature.com/articles/s41467-024-55145-6

P. 248 – « *Astronomie et écologie… l'espèce humaine* ». *Télérama* Propos recueillis par Nicolas Delesalle (2016)

P. 249 – *La Redirection Écologique des Entreprises*, Jérôme Cuny, Sinonvirgule, Jeanne Baverey, Margot Boitel, Raphaëlle Garnier, Éditions DUNOD (2025)

P. 250 – *Le Monde – Le rapport de synthèse du GIEC*, « un guide pratique pour désamorcer la bombe à retardement climatique » : https://www.lemonde.fr/planete/article/2023/03/20/le-rapport-de-synthese-du-giecun-guide-pratique-pour-desamorcer-la-bombe-a-retardement-climatique_6166256_3244.html?utm_source=chatgpt.com

P. 251 – « *La vitesse à laquelle… notre garantie de survie* » et « *Il y a des personnes… sur une autre* ». UNESCO – Internationale de la Planète Terre – Propos recueillis par Jasmina Šopova (2008)

P. 254 – *How to create an artificial magnetosphere for Mars* : https://www.sciencedirect.com/science/article/abs/pii/S0094576521005099

P. 255 – *AR6 Synthesis Report* : https://www.ipcc.ch/report/ar6/syr/

P. 255 – *Making Mars Habitable* (1991) : https://lunar.earth.northwestern.edu/courses/438/mckay1991.pdf

P. 257 – « *Aux vitesses que l'on… notre planète* ». *TF1 info* (2017)

P. 258 – « *La question… cesser cette détérioration* ». *France Info* – Portraits sensibles de Kriss

P. 259 – *Global Assessment Report on Biodiversity and Ecosystem Services* : https://www.ipbes.net/global-assessment

P. 260 – *Le Monde – Le solutionnisme technologique, qui considère que nous pouvons optimiser une nature imparfaite, ne remplacera pas le courlis à bec grêle*

P. 260 – « *Nous menons une guerre… nous sommes perdus* », *Hubert Reeves et le message des tortues.* Science-Presse Québec (2018)

P. 261 – « *Chaque geste compte. La pire illusion serait de croire que nous sommes impuissants* ».

P. 262 – « *Les tortues… 200 millions d'années* ». *France Culture, Petits voyages dans le cosmos d'Hubert Reeves* – Etienne Klein (2020)

P. 266 – « *Toutes mes démarches… somatisations qu'avant* ». Conférence Cosmologie et créativité (2013)

P. 271 – « *Je suis un abonné aux questions naïves. Du type : y a-t-il un projet dans la nature ? La vie a-t-elle un sens ? Le cosmos nous veut-il du bien ?* ». *Le Banc du temps qui passe.* Seuil (2017)

P. 273 – *Snow Crystals* : https://www.snowcrystals.com

P. 274 – « *Si vous avez chez vous des albums… quantités de variétés* ». Conférence Cosmologie et créativité (2013)

P. 275 – « *Quel est le rôle du hasard… atomes…* ». *Pourquoi moi ? : Le hasard dans tous ses états*, Belin (2021)

P. 275 – « *Ma définition favorite du vivant… particulièrement éclairante* ». Conversation avec Jean-François Clervoy

P. 275 – *What is Life ? : How Chemistry Becomes Biology* by Addy Pross (2012)

P. 281 – « *Ce que je crois… quoi en faire* ». *Radio France*, L'astrologie ou la vie extraterrestre vues par Hubert Reeves (2023)

P. 283 – « *Je ne sais pas si la vie… comprendre et vivre* ». *Le Monde*, 16 octobre 2023

P. 291 – *Pourquoi moi ? : Le hasard dans tous ses états*, Belin (2021)

P. 286 – « *Disons que l'hypothèse de l'infini… la plus compréhensible* ». *La Vie* (13 octobre 2023)

P. 292 – « *La science… mes papilles* ». *Télérama*, Propos recueillis par Nicolas Delesalle (2016)

P. 294 – « *Ce qui me différencie des "croyants"… de tout connaître* ». *Le Monde*, 16 octobre 2023

P. 295 – « *Estimer correctement… nécessaire* ». *Patience dans l'azur*, Seuil

P. 296 – « *Qui serait assez téméraire… communications ?* ». CNRS, Colloque en hommage à Hubert Reeves, (2024)

P. 298 – « *Nous sommes une espèce… pensée abstraite* ». *Le Monde*, 16 octobre 2023

P. 299 – « *Les vivants… herbes prétendues mauvaises* ». *France-Culture*, Dialogues du ciel et de la vie (3 janvier 2004)

P. 306 – « *Nous ne savons pas… d'avancer de plus en plus* ». *France Inter*, Parenthèse avec Laurence Luret (2008).

P. 307 – « *La grande question… nous-mêmes* » – Conversation avec Jean-François Clervoy

P. 308 – « *J'ai l'impression… Qui sait ?* » – CNRS, Colloque en hommage à Hubert Reeves, (2024)

P. 310 – « *J'aime lire les biographies… sous silence* ». *Je n'aurai pas le temps*, Mémoires, Seuil

P. 312 – « *L'homme a besoin d'écrire une histoire* ». Alain Connes et Hervé Zwirn –https://youtu.be/F1K-pHjIRksc?si=LS9qrj4p3woDIsbP

P. 313 – « *Agiter la vie… mille autres choses* ». *KTO TV* – Émission du 10/01/2009

P. 317 – *Il y a quelque chose… la réalité* ». Visions du monde, texte (2019)

Site officiel d'Hubert Reeves, créé par Gilles Reeves : https://www.hubertreeves.info

Poèmes cités :

P. 29 – *Incompatibilité*, Charles Baudelaire, poème inachevé, publié à titre posthume (1868)

P. 31 – *Sans âge*, Paul Éluard, *Cours naturel* (1950)

P. 47 – *Le cygne*, Stéphane Mallarmé, *Poésies* (posthume, 1899)

P. 71 – *Sensation*, Arthur Rimbaud, *Poésies complètes* (1870 ; écrit à 15 ans)

P. 83 – *La Musique*, Charles Baudelaire, *Les Fleurs du mal*, section Spleen et Idéal (1857)

P. 117 – *Correspondances*, Charles Baudelaire, *Les Fleurs du mal*, section Spleen et Idéal (1857)

P. 127 – *L'extase*, Paul Eluard, *Poésie ininterrompue* (1946)

P. 135 – *Annie*, Guillaume Apollinaire, *Alcools* (1913)

P. 153 – *Evadné*, René Char, *Fureur et Mystère* (1948)

P. 168 – *Le Loup et l'Agneau*, Jean de la Fontaine, *Fables*, Livre I, Fable 10 (1668)

P. 210 – *Le Cimetière marin* (extrait), Paul Valéry, *La Nouvelle Revue Française* (1922)

P. 222 – *A Dream Within a* Dream (Un rêve dans un rêve), Edgar Allan Poe (1849) ; la traduction de Stéphane Mallarmé est parue dans *Poèmes* – Traductions de Edgar Poe (1875)

P. 291 – *Calendrier* (extrait), René Char, section Feuillets d'Hypnos dans *Fureur et Mystère* (1948)

P. 325 – *Chanson d'automne*, Paul Verlaine, *Poèmes saturniens* (1866)

REMERCIEMENTS

Merci à toutes et à tous : membres de la famille d'Hubert, amis, étudiants, enfants spirituels, personnalités publiques, artistes, philosophes, sociologues, scientifiques, poètes, lecteurs, lectrices, amoureux du ciel, de la terre et de la vie. J'ai eu la chance de recueillir vos récits, ceux par lesquels vous avez, chacun et chacune, esquissé le portrait d'Hubert – non sans émotion – et évoqué ce lien intime et singulier qui vous relie à lui. Chacun de vos témoignages affine le trait, la profondeur, les contours, ajoute matière, couleurs et lumière – autant de touches sensibles et essentielles pour exprimer, au plus juste, toutes les nuances d'Hubert, un personnage hors du commun.

Anna Alter - Astrophysicienne, journaliste scientifique, autrice
Jérémy Anquetin - Paléontologue, maître d'enseignement et de recherche, Université de Fribourg
Jean Audouze - Astrophysicien, directeur de recherche émérite au CNRS
Alexandre Belliard - Auteur, compositeur, interprète et biographe
Jean-Pierre Bibring - Astrophysicien à l'Institut d'astrophysique spatiale d'Orsay, professeur émérite à l'Université Paris-Saclay
Nelly Boutinot - Autrice, assistante d'Hubert
Michel Cabaret - Biologiste, directeur de l'Espace des sciences de Rennes
Madeleine Caron - Avocate, cousine d'Hubert
Catherine Cesarsky - Astrophysicienne, membre de l'Académie des sciences
Bernard Chevassus-au-Louis - Biologiste et écologue, directeur de l'association Biodiversité et Humanité
Alain Cirou - Journaliste, consultant scientifique à *Europe 1* et pour la revue *Ciel & Espace*
Jean-François Clervoy - Astronaute de l'Agence Spatiale Européenne, président d'honneur de la société Novespace
Yves David - Physicien, collaborateur d'Hubert

René Doyon - Astrophysicien à l'Université de Montréal et philosophe
Jérôme Dupras - Titulaire de la Chaire de recherche du Canada en économie écologique - Musicien au sein du groupe *Les Cowboys Fringants*
Xavier Emmanuelli - Médecin urgentiste, ancien Secrétaire d'État, fondateur du SamuSocial International
Hervé Fischer - Artiste, philosophe, sociologue et écrivain
Louisiane Gauthier - Psychologue praticienne - Vice-présidente de l'Espace Hubert-Reeves de Charlevoix
Olivier Hernandez - Astrophysicien - Directeur du Planétarium de Montréal
Julie Hlavacek-Larrondo - Astrophysicienne - Titulaire de la Chaire de recherche du Canada en astrophysique observationnelle - Récipiendaire de la bourse Hubert Reeves
Daniel Kunth - Astrophysicien, Institut d'astrophysique de Paris
Alain Lefèvre - Pianiste et compositeur québécois
Jean-Pierre Luminet - Astrophysicien et écrivain - Directeur de recherches au CNRS
Bernard Malenfant - Président fondateur de l'Astrolab du mont Mégantic au Québec
Jean-Paul Meyer - Astrophysicien
Nicolas Prantzos - Astrophysicien, Institut d'astrophysique de Paris
Rémi Quirion - Chercheur en neurosciences - Scientifique en chef du Québec
Dorian Reeves-Ribière - Chef d'entreprise, petit-fils d'Hubert
François Reeves - Médecin cardiologue, neveu d'Hubert
Nicolas Reeves - Architecte et physicien - Professeur à l'École de design à Montréal, fils d'Hubert
Jean-René Roy - Astrophysicien
David Saint-Jacques - Astronaute - Agence Spatiale Canadienne
Camille Scoffier-Reeves - Journaliste, seconde épouse d'Hubert
Claude Sérillon - Animateur de télévision, chroniqueur et auteur
Michèle Stanton-Jean - Sous-ministre de la Santé au gouvernement fédéral canadien, autrice
Jean-Sébastien Steyer - Paléontologue, chercheur au CNRS et auteur
Michel Tognini - Astronaute de l'Agence Spatiale Européenne
Jacques Véry - Enseignant, photographe et auteur

Merci également à vous qui m'avez offert votre attention, partagé votre expertise, vos éclairages et vos relectures attentives.

Maxime Abolgassemi - Professeur de classes préparatoires et écrivain
Marie-Anne Alepin - Présidente générale de la Société Saint-Jean-Baptiste de Montréal
Jacques Arnould - Ingénieur agronome, docteur en théologie. Chargé d'éthique au CNES
Alyssa Boily-Simard - Conseillère en communication à l'OBVIA
Sabin Boily - Docteur en sciences de l'énergie et des matériaux et président du Groupe Ydee
Catherine Bourdet - Neuropsychiatre - Centre Hospitalier Les Murets
Sophie D'Amours - Rectrice de l'Université Laval à Québec
Laurence David-Delain - Journaliste indépendante
Jean-Paul Delahaye - Informaticien et mathématicien à l'Université de Lille1
Sebastian Dieguez - Neuroscientifique à l'Université de Fribourg
Stéphane Durand - Chercheur au Centre de recherches mathématiques de l'Université de Montréal et professeur de physique.
Elise Fafard - Responsable du développement de la marque et stratégie collaborative - Orchestre Symphonique de Montréal
Fabrice Fischer - CEO de Blu Artificial Intelligence
Nicolas Gauvrit - Mathématicien et chercheur en neurosciences à l'Université de Lille
Lilith Grigorian - Docteure en littérature - Traductrice
Hratchia Haroutunian - Violoniste virtuose
Garik Israelian - Astrophysicien à l'Institut d'astrophysique des Canaries
Marc Lachièze-Rey - Astrophysicien, directeur de recherche au CNRS
Jean-Marc Lévy-Leblond - Physicien et essayiste
Purificación López-García - Biologiste, directrice de recherche au CNRS - Membre de l'Académie des sciences
Ginette Major - Historienne et écrivaine
Roger Mansuy - Mathématicien, enseignant en classes préparatoires, écrivain et chroniqueur
Arnaud Prost - Membre de la réserve des astronautes de l'Agence Spatiale Européenne
Evelyne Reeves - Psychologue clinicienne, fille d'Hubert
Benoît Reeves - Chef d'orchestre et médiateur scientifique, fils d'Hubert
Gilles Reeves - Informaticien, fils d'Hubert
Sylvain Reeves - Artiste peintre, cousin d'Hubert
Théophile Richard - Philosophe des sciences, Université Paris Cité

REMERCIEMENTS

Jean-Philippe Uzan - Cosmologiste, Institut d'Astrophysique de Paris
Michel Viso - Exobiologiste, conseiller scientifique

Le café Olimpico, Vieux-Montréal
La Crêperie de Josselin, Paris
Le Flore en l'Île, Paris

Olivia Recasens - Éditrice
Stéphane Watelet - Éditeur

Découvrez les vidéos de celles et ceux que j'ai interviewés à l'occasion de l'écriture de cet ouvrage :

Anna Alter, Jean Audouze, Alexandre Belliard, Jean-Pierre Bibring, Madeleine Caron, Catherine Cesarsky, Jean-François Clervoy, Jérôme Dupras, Hervé Fischer, Louisiane Gauthier, Julie Hlavacek-Larrondo, Daniel Kunth, Jean-Paul Meyer, Nicolas Prantzos, François Reeves, Nicolas Reeves, David Saint-Jacques, Camille Scoffier-Reeves, Michèle Stanton-Jean, Jean-Sébastien Steyer, Michel Tognini…

Achevé d'imprimer en juillet 2025
par l''imprimerie SEPEC AGM
Dépôt légal : octobre 2025